话说中国

集权与裂变(上)
1368年至1644年的中国故事

胡敏 马学强 著

上海故事会文化传媒有限公司
上海锦绣文章出版社

总顾问：李学勤
总策划：何承伟

本卷顾问：刘重日

主　编：　刘修明
副主编：　陈祖怀

正文作者（按卷次先后排列）

《创世在东方》	杨善群　郑嘉融
《诗经里的世界》	杨善群　郑嘉融
《春秋巨人》	陈祖怀
《列国争雄》	陈祖怀
《大风一曲振河山》	程念祺
《漫漫中兴路》	江建忠
《群英荟萃》	顾承甫　刘精诚
《空前的融合》	刘精诚
《大唐气象》	刘善龄　郭　建
	郝陵生
《变幻中的乾坤》	金尔文　郭　建
《文采与悲怆的交响》	程　郁　张和声
《金戈铁马》	程　郁　张和声
《集权与裂变》	胡　敏　马学强
《落日余晖》	孟彭兴
《枪炮轰鸣下的尊严》	汤仁泽

辅文作者（按姓氏笔画排列）

马学强　王　俊　王廷洽　王保平　王景荃
田　凯　田松青　仲　伟　江建忠　刘善龄
刘精诚　汤仁泽　杨善群　杨　婷　李　欣
李国城　何继英　张　凡　张和声　张振华
陈先行　陈祖怀　苗　田　金尔文　周雪梅
郑嘉融　宗亦耘　孟彭兴　胡　敏　赵冬梅
秦　静　栗中斌　顾承甫　殷　伟　郭立暄
盛巽昌　崔　陟　崔海莉　程　郁　程念祺

图片提供

文物出版社、河南博物院、巩义博物馆、
徐州博物馆、徐州汉兵马俑博物馆等单位
及（按姓氏笔画排列）王保平　山口直树
田　凯　田松青　朱　林　仲　伟　孙继林
杨清江　李国城　何继英　陈先行　欧阳爱国
赵　勇　殷　伟　徐吉军　郭立暄　郭灿江
阎俊杰　翟　阳　薄松年等
本页长城照片由郑伯庆拍摄

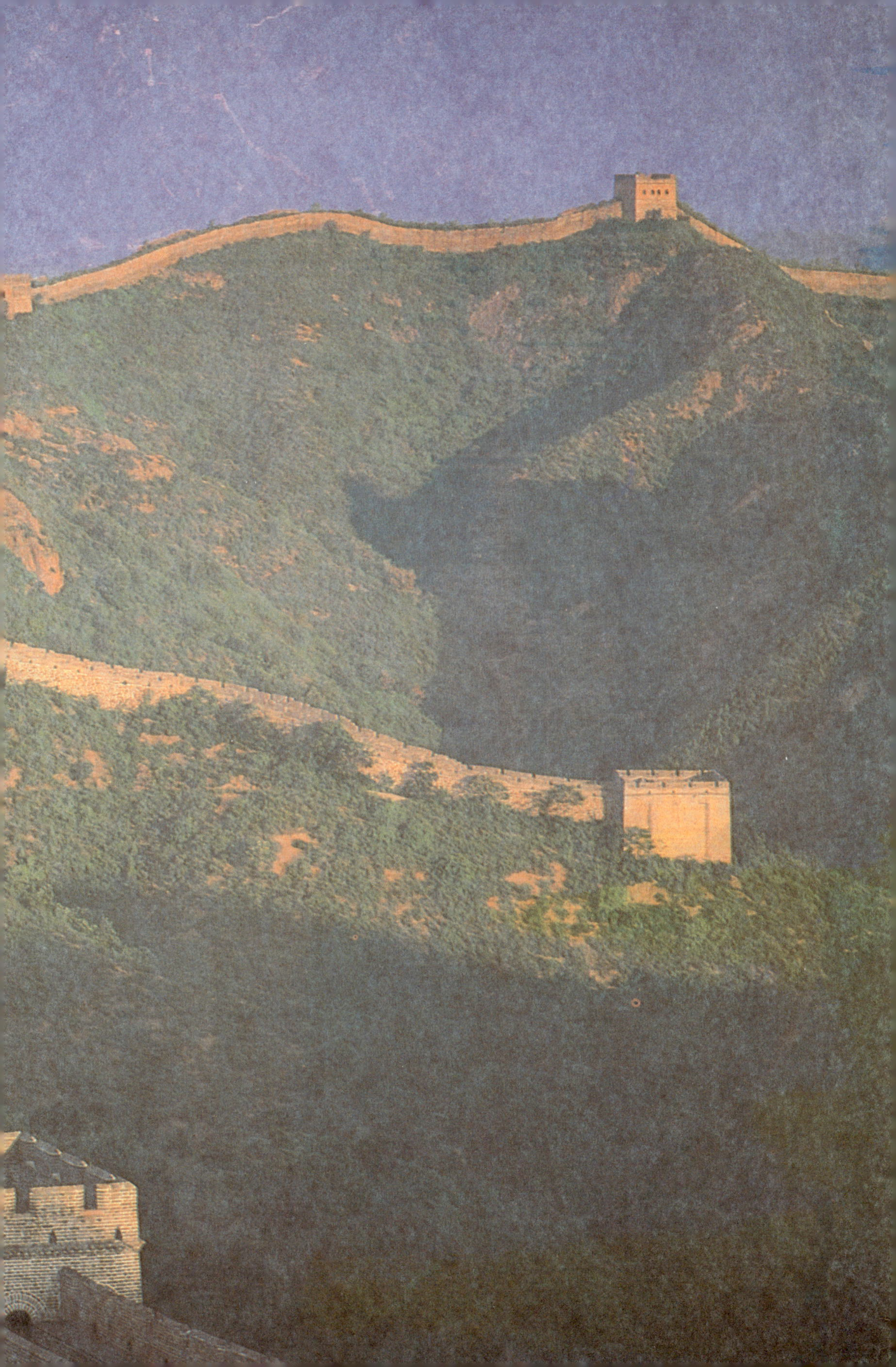

梦想与追求

何承伟

为最广大读者编一部具有现代意识的历史百科全书

> 中国是一个拥有五千年灿烂文明史、又充满着生机与活力的泱泱大国。中华民族早就屹立于世界的东方，前赴后继，绵延百代。

> 作为中国人，最为祖国灿烂的过去与崛起的今天感到骄傲。

> 作为中国的出版人，应义不容辞地以宏大的气魄为广大热爱中国历史的读者，承担起传播这一先进文化的责任；努力使中国历史文化出版物，与中国这样一个拥有五千年文明史的过去相适应，与当代中国日新月异的发展现实相适应，与世界渴望了解中国的需求相适应。

> 人民创造了历史，历史又将通过我们的出版物回赠给人民，使中华民族数千年积累起来的灿烂文化成为当今中国人取之不尽的思想宝库，让更多的读者感悟我巍巍中华五千年光辉历史进程和整个中华民族灿烂的文明成果。

> 为此，我们作了大胆的探索：以出版形态的创新为抓手，大力提高这套中国历史读物的现代意识的含量，使图书能够真正地"传真"历史；以读者需求为本位，关注现代人求知方式与阅读趣味的变化，把高品位的编辑方针和大众传播的形式有机结合起来，独辟蹊径，创造一种介于高端读物与普及读物的独特的图书形态，努力使先进的文化为最广大的读者所接受。

出版说明

> 经过多年的努力，这套融故事体的文本阅读、精彩细腻的图片鉴赏、便捷实用的检索功能于一体的中国历史百科全书——《话说中国》终于陆续与读者见面。这套书计15卷，卷名分别为：《创世在东方》、《诗经里的世界》、《春秋巨人》、《列国争雄》、《大风一曲振河山》、《漫漫中兴路》、《群英荟萃》、《空前的融合》、《大唐气象》、《变幻中的乾坤》、《文采与悲怆的交响》、《金戈铁马》、《集权与裂变》、《落日余晖》和《枪炮轰鸣下的尊严》。

> 在《话说中国》这部书里，你将看到以故事体文本为主体的感性与理性的统一。

> 现代人对历史的感悟，最能产生共鸣、最感到激动的文学样式是什么，是故事。是蕴涵在故事里的或欣喜或悲切或高亢或低回的场面。这些经典场面令人感慨唏嘘，荡气回肠。记住了一个故事，也就记住了一段历史。故事是一个民族深沉的集体记忆，容易走进读者的心灵世界，它使读者在随着故事里主人公的命运起伏跌宕之时，不知不觉地与中国历史文化进行了"亲密接触"，从而让历史文化的精华因子，潜移默化地影响着我们的行为，净化着我们的心灵。因此，《话说中国》以故事体的文本作为书的主体。同时，它还突破了传统历史读物注重叙述王朝兴衰的框架，以世界眼光、一流专家学者的史识来探寻中国历史的发展脉络与规律；以密集的信息，弥补故事叙述中知识点不足的局限，从而使故事的感性冲击力与历史知识的理性总结达成高度的统一。它让读者既见树木，又见森林；既享受了故事所带来的审美快感，同时又能寻绎历史的大智慧。

> 在《话说中国》这部书里，你将看到互为表里的图与文的精彩组合。

> 当今社会已进入"读图时代"，这一说法尽管片面，但也反映了读者的需求。在这套书里的图片与通常以鉴赏为主的图片有很大不同：

> 图片内容涵盖面广。这些图片能够深入再现历史现实，立体凸现每一不同历史时期社会生活各方面的发展变化。透过生动的"图片里面的故事"，可以体味其中蕴涵着的

深刻内容，堪称是历史文化的全息图像。它们与故事体文本相关联，或是文本内容的画面直观反映和延伸，或是文本内容的背景补充，图与文珠联璧合，相得益彰。同时，纵观整套书的图片又分别构成了一个个独立的专门图史，如服饰图史、医药图史、书籍图史、风俗图史、军事图史、体育图史、科技图史等等。

> 图片的表现形式极其丰富。这套书充分顾及现代读者的读图口味，借助现代化手段尽量以多种面貌出现，汇集了文物照片、历史遗址复原图、历史地图与示意图、透视图以及科学考古发掘现场照片在内的三千余幅图片。既有精炼简洁的故事，又有多元化的图像，读者得到的是图与文赋予的双重收获。

> 创造了一种新的读图方式。书中的图片形象丰富，一目了然，具有"直指人心"的震撼力，但在阅读过程中，尤其是在欣赏历史文化的图片中，这种震撼力很难使读者感悟到。原来他们是凭自己的文化底蕴和生活积累在品味和理解书中的图片。两者一旦产生矛盾，就不可能碰撞出火花。本书作为面向大众的出版物创造了一种全新的阅读环境：改造我们传统的图片的文字说明，揭示图片背后的信息，让读者在读完这些文字后，会产生一个飞跃，对第一眼所看到的图片有一种新的发现和新的认识。

> 在《话说中国》这部书里，你将看到一个充满数字化魅力的历史百科知识体系。

> 数字化给我们的社会生活带来了许多崭新的变化，作为文化产品的创新也不例外。为此，我们在这套信息密集型的中国历史百科全书里，大量运用了在电脑网络上广泛使用的关键词检索方式，以关键词揭示故事内核，由此来检索和使用我们的故事体文本与相关知识性信息。这套书的信息化、网络化、数字化，充分表现了中华民族不但有自强不息的过去时，前进中的现在时，而且还有充满希望的将来时。

> 一则故事，一幅图片，一个关键词，都是某个有代表性的"点"，然而这个点不是孤立的存在，而是一个有意义的叙事单位。它是中华民族的文明亮点，折射了我们民族的文化性格。把这些亮点连接起来，就会构成一条历史之"线"，而"线"与"线"之间的经纬交织，也就织成了历史神圣的殿堂。点、线、面三维一体，共同建构着上下五千年的民族大厦。

> 著名科学史家贝尔纳曾说："中国在许多世纪以来，一直是人类文明和科学的巨大中心之一。"我们知道，印刷是中国引以为骄傲的四大发明之一，中国出版在世界出版史中，曾留下许多脍炙人口的灿烂篇章。然而近代中国出版落后了，以至于到今天与发达国家相比，无论是在出版技艺上，还是在出版理念上，都存在着不小的差距。我们在本书的出版过程中善于学习、消化与借鉴，"洋为中用"，充分发挥"后发优势"，努力把世界同行在几十年中创造的经验，学习、运用到这套书的编辑过程中，以弥补两者之间的差距。事实证明，只要我们努力了，只要我们心中有了读者，我们一样可以后来者居上。

> 中国编辑中的一位长者曾说过这样一段话："我们没有显赫的地位，却有穿越时空的翰墨芬芳；我们没有殷实的财富，却有寄托心灵的文化殿堂。"

> 在编辑这套书的过程中，我们深深感到，中国历史文化太伟大了，无论你怎样赞美，都不为过；中国历史文化又太神奇了，无论你以何种方式播种，都会有意想不到的收获。今天，我们所撷取的，只不过是其中的一朵小花，还有更多更美的天地需要人们进一步去开拓。

现代人与历史

上海社会科学院研究员　刘修明

总　序

> 历史与现代人有什么关系？历史对现代人有什么用？这并非每一个现代人都能正确回答的问题。

> 过去的早就过去了。以往的一切早已灰飞云散，至多只留下遗迹和记载。时光不能倒流，要知道过去干什么？历史无用的混沌和蒙昧，不是个别现象。在科学技术高度发达的现代社会，人们更易对远离现实的历史轻视、淡漠。对历史无知而不以为然的人，不在少数。

> 不能简单地指责这种现象。一旦通过有效途径缩短了现代人和历史的距离，人们就会从生动形象的历史中取得理性的感悟，领悟历史的哲理，开发睿智，从而加深对现代社会文明的认识，使现代人的认识和实践达到一个新的层次。那时，人们就会有一个共识：历史和现代是承续的。历史是现代人生存和发展不可缺少的内容。历史和现代人是不可分的。

> 祖国的历史是一部生动的、博大精深的启迪心智的教科书。中国历史是独树一帜的东方文明史。承载中华文明的中国历史，在她形成发展的曲折而漫长的过程中，从未中断过（不像埃及、两河流域、印度文明或中断或转移或淹没）。她虽然历尽坎坷，备尝艰辛，却始终以昂首挺立的不屈姿态，耸立在亚洲的东方。即使从19世纪上半叶开始的对中华文明一个多世纪的强烈冲击和重重劫难，也没有使曾创造过辉煌的中华文明沉沦，反而更勃发了新的生机。中国的历史学家从孔子、左丘明、司马迁开始，持续不断地以一种不辜负民族的坚韧精神，把中华民族放在辉煌与挫折、统一与分裂、前进与倒退、战争与和平、正义与邪恶的对立统一的辩证过程中，将感悟到的一切，记录在史册上。以一笔有独特美感并凝结高超智慧的精神财富，绵延不绝地传承给一代又一代炎黄子孙，从而成就了中华民族及其创造的文明的延续和发展。中华文明的创造和中国历史的记载是不可分的。中国历史是兼容时空又超越时空的中华文明有形和无形的载体。

> 英国哲学家培根说过："历史使人明智。"历史的经验是前人付出巨大的代价（甚至生命的代价）才总结出来的。历史经验包蕴着发人深思的哲理。要深刻地了解现实，理智地面对将来，就应当自觉地追溯历史。现代人只有了解历史，才能感受历史启迪现

实的无穷魅力。唯有从历史的经验与哲理感知杂乱纷纭的现实，才能体会历史智慧的美感和简洁感。

> 这种由历史引发的智慧、魅力和美感，对丰富一个人的生命内涵，提升人的素质，是非常重要的。我们强调人的素质，但素质的基本内涵是什么，却未必很清楚。我认为，人文素质应该是人的素质的基本内涵。一个人的人文素质是由他所属的民族几千年文化创造的基因，积淀在他的血液和灵魂中形成的。以文史哲为主体的人文教育，对人的素质提高具有特别的价值。而中国历史往往又是文史哲三位一体的糅合和载体。只重视外语、电脑教育而忽视人文教育的偏向应引起重视并加以纠正。这种素质教育应当起步于一个人的青少年时代。对祖国的热爱，民族自信心的树立，正确的人生观、价值观的确立，都离不开对祖国历史的了解。只有这样的人，才能立志报效祖国和中华民族，并以他们的不断传承和新的创造，继续为人类文明的发展作出新的贡献。在共同文化血脉上发展起来的十三亿中国人和五千万在世界各地的华人，都应有这样的共识，都应承担这样的责任。

> 了解祖国的历史，可以从简明的历史教科书入手，也可以从浩瀚的史籍中深究。关键是引起读者的阅读兴趣。我们这里提供的是一本图文并茂用故事形式编写的中国历史。中国有一本几乎家喻户晓、发行量达几百万册的出版物：《故事会》。这是上海文艺出版总社的名牌刊物，在社会上有很大的影响。何承伟先生从几十年编辑的成功实践中，提出了这样一部以图文并茂的故事形式并包含巨大信息量的中国历史百科全书的设想。在众多学者的参与和合作下，成就了这样一部新体裁的中国通史《话说中国》。它生动形象、别开生面的编写方式，使包括老中青在内的现代中国人，都可以轻快地从这部书中进入中国历史宏伟的殿堂，从中启迪心智，增加知识，开拓眼界，追溯历史，面对未来。它把传统的教育和未来的展望，有机而和谐地结合在一起，引导当代中国人顺应悠久古老的中国文明融注世界发展的现代潮流，以期为世界的文明发展作出新的贡献。我们相信，凝聚了几十位学者和编者多年努力的这部书，一定会为这种贡献尽其绵薄之力，发挥其应有的作用。

目录

出版说明
梦想与追求——为最广大读者编一部具有现代意识的历史百科全书 004
何承伟
一位从事出版工作30年的资深编辑对出版创新的领悟和尝试

总序
现代人与历史 006
刘修明
著名学者解析中华历史如何与现代读者对话，现代人如何走进历史深处

专家导言 010
刘重日
明史专家谈其对明代历史的最具心得的研究精华

把中国历史的秀美景致尽收眼底 012
本书导读示意图

前言 016
1368年至1644年
强盛与危机：一个令人扼腕的王朝
马学强

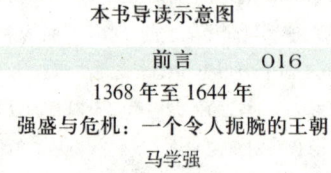

明朝是我国历史上极其重要的朝代，它处于封建社会发展的转折时代，在许多领域内，都充满了转制和变革的因素，经济迅速发展，社会矛盾激烈，斗争波澜壮阔、复杂错综。

○○一 从和尚到元帅　030
朱元璋投奔红巾军

○○二 朱升献策　033
朱升建议强固后方，积蓄实力，韬光养晦

○○三 鄱阳湖水战　035
朱元璋与陈友谅决战于鄱阳湖

○○四 围攻张士诚　038
朱元璋围攻张士诚

○○五 传奇谋士刘伯温　040
朱元璋十分器重刘基

○○六 明太祖开国　043
朱元璋登帝位，定国号为明

○○七 为人仁厚的马皇后　045
马皇后关心百姓疾苦

○○八 凤阳乞丐　048
凤阳人身背花鼓走四方

○○九 朱元璋诛杀功臣　050
朱元璋向功臣们开刀

○一○ 胡惟庸案　052
太祖以谋反罪诛杀胡惟庸

○一一 蓝党大狱　055
太祖第二次大规模诛杀功臣

○一二 锦衣卫　057
锦衣卫是臭名昭著的特务机构之一

○一三 封王建藩　060
朱元璋分封诸王，建立藩国

○一四 建文帝被迫退位　062
建文帝谋划并着手削藩

○一五 燕王"靖难"　063
朱棣取代建文帝，当上皇帝

○一六 "灭十族"与"瓜蔓抄"　066
方孝孺、景清宁死不愿归附朱棣

○一七 成祖削藩　068
朱棣着手削夺藩王

○一八 夏原吉江南治水　070
夏原吉疏浚河道，治理水患

〇一九 三保太监下西洋	072
郑和七次率船队下西洋	
〇二〇 迁都北京	075
明成祖迁都北京	
〇二一 成祖五次北征	078
明成祖五次亲率大军北征	
〇二二 解缙遇害	080
有才能的解缙得罪了皇帝被活埋	
〇二三 唐赛儿起义	082
唐赛儿组织白莲教，聚众起义	
〇二四 高煦叛乱	084
朱高煦图谋夺取皇位，宣宗亲征	
〇二五 科举取士	086
实施"南北分省取士"	
〇二六 况钟治苏	088
况钟被苏州百姓称为"况青天"	
〇二七 仁宣之治	090
仁、宣两朝勤于守成，纳谏尊贤	
〇二八 "三杨"辅政	094
"三杨"历仕五朝，共辅朝政	
〇二九 宦官王振专权	096
宦官王振肆意弄权	
〇三〇 土木之变	098
英宗成为瓦剌的俘虏	
〇三一 英宗被俘	100
瓦剌挟持英宗，明守将不为所动	
〇三二 北京保卫战	102
于谦率领京城军民与瓦剌军展开战斗	
〇三三 南宫复辟	104
一些朝臣重新拥立英宗	
〇三四 "要留清白在人间"	106
于谦两袖清风	
〇三五 曹、石乱政	108
石亨、曹吉祥相互勾结，图谋叛乱	
〇三六 传奉官	110
"传奉官"比比皆是	
〇三七 天下只知汪太监	113
宪宗宠信宦官汪直，设立西厂	
〇三八 弘治中兴	116
孝宗用贤纳谏，政治清明	
〇三九 程敏政泄露试卷案	118
科举案涉及程敏政、唐寅等名士	

〇四〇 武宗与"八虎"	120
武宗沉溺于声色犬马之中	
〇四一 刘瑾浊乱朝政	122
太监刘瑾擅权乱政，杨一清用计除之	
〇四二 刘六、刘七起义	125
刘六、刘七兄弟聚众起义	
〇四三 江彬用事	128
佞臣江彬大肆弄权乱政	
〇四四 宸濠之乱	130
宁王朱宸濠起兵叛乱	
〇四五 王阳明创立"心学"	133
王阳明的学说风靡一时	
〇四六 大礼议事件	136
世宗与朝臣在权威与正统问题上展开争斗	
〇四七 世宗崇信道教	140
世宗推崇道教，迷信方术	
〇四八 奸臣严嵩	142
严氏父子独断专行，结党营私	
〇四九 庚戌之变	144
鞑靼进扰京师	
〇五〇 俺答封贡	146
明朝封贡俺答及册封三娘子	
〇五一 争贡之役	148
日本诸道争贡	
〇五二 朱纨闽浙抗倭	150
朱纨全力剿倭，却遭陷害	
〇五三 王江泾大捷	152
张经在王江泾大败倭寇	
〇五四 胡宗宪诱斩王直	154
胡宗宪设计抓捕了海盗王直	
〇五五 "戚老虎"与"戚家军"	158
戚继光招募训练"戚家军"	
〇五六 抗倭名将俞大猷	162
俞大猷长年坚持抗倭斗争	
〇五七 范钦创建天一阁	164
范钦建造藏书楼天一阁	

聚焦：1368年至1644年的中国　　168

专家导言

中国社会科学院历史所研究员 中国明史学会名誉会长 刘重日

> 明朝自行脚僧朱重八（后改名朱元璋）在元末群雄争霸中胜出、于1368年春在南京奉天殿登上皇位算起，到1644年末代皇帝朱由检手刃爱妃吊死煤山（今北京景山）为止，传承十六帝，历时二百七十六年。

> 不管从哪一方面讲，明朝都是我国封建王朝发展历程中极其重要的朝代。历史史实说明了它处于中国封建社会发展的转折时代，在许多领域内，都充满了转制和变革的因素。经济迅速发展，社会矛盾激烈，斗争波澜壮阔，复杂错综得令人眼花缭乱。但就在这种永无休止的相互撞击中，偶而闪耀出使以前各代为之褪色的火花。

> 明朝将近三百年的岁月，从14世纪到17世纪，跨越了数个世纪，这正是西方各国动荡与变革的阶段。明朝也随着时代的脉搏在跳动，无论在政治、经济、文化以至科技方面，都有令人称道的成绩。

> 建立明王朝的朱元璋，至今褒贬不一，但谁也抹煞不了他的精明和智慧。他的身边聚拢着一批最优秀的知识分子和能臣干将。他出身于贫苦农民，最懂民心，因此他治国讲"爱民"、"养民"、"使民丰衣足食"。他和几个文臣讨论如何恢复生产，刘基说"在于宽仁"，他立即指出："不施实惠而概宽仁，亦无益耳"，说政策得落实，"阜民之财而息民之力"；还得有具体的措施，在上要"省费"节俭，在下要"薄税敛"，科差征派不能"苛细"，还要严禁贪官污吏、豪强恶霸的胡作非为，不然"是徒有其名而民不被其泽也"。因而，他采取了一系列具体的政策和措施：在很大范围内大批移民垦种，实行民屯、军屯以至商屯，采取轻徭薄赋的政策，甚至三年五年免征；提倡兴修水利；鼓励种植经济作物，如桑、麻、棉、枣等。所有这些休养生息之道，很快使天下"田野辟，户口增"，"民物蕃阜"，为农业的进一步发展打下了坚实的基础。尤其是棉花等经济作物的种植和推广，以及中叶以后玉米、白薯等农作物的引进，不仅为纺织业的繁荣增强了活力，也使人民饮食结构发生了许多变化。

> 别小看了这位曾是牧童的皇帝，他是最善于汲取历史教训的人，"君舟民水"，他说得最响，今天仍是至理名言。以史为鉴，使他对政治体制作了革新。他总结了汉、唐、宋、元以来的利弊，在地方政体上除府、州、县仍沿袭一长制外，省一级则设"都、布、按"三司。都指挥使管军政，布政使管民、财两政，按察使管司法；他们的官秩品级有高低之分，但事权与职守互不相属，形成军、政、司法三权分立，避免一长专擅、威福一方，使他们相互监督，便于中央集权。在中央，朱元璋首罢"百司纲领"的冢宰制，他认为自秦以来的皇帝都没有吸取宰相"专擅威福"的教训，使其大权在握，"指鹿为马"，是乱之源。明朝废相之后，政归六部，"以尚书任天下事"，吏、户、礼、兵、刑、工六部各负职责，有事直接向皇帝请示。

> 在司法机构上，除刑部外还设有都察院和大理寺，各有执掌权限，合称"明代三

法司"。刑部掌刑狱,都察院是监察机关,大理寺有点特别,"掌审谳平反刑狱之政令",就是说刑部与都察院审结的案子,要交大理寺"详谳",若有冤抑或量刑不当,大理寺有"驳令改拟"之权,性质属慎刑机关。由此可见,明代的政治体制,已把秦汉以来的"宰相三省制"改变成"府、部、院、寺"的新体制,一卿独尊改为九卿并列。"权不专于一司",各部门首长,"彼此颉颃,不敢相压",使他们"犬牙相制",达到"事皆朝廷总之"的目的。说白了就是权力高度集中,天子一人独断。

> 其实"天子"也是人,国家大事千头万绪,他又不是万能的,只好找几个文臣学士到内廷馆阁值勤,说是以备"顾问",各部门的奏折让他们先看,该怎样处理,提出个初步意见,曰"票拟",供皇帝参考。于是渐渐形成了明代的"内阁制"。总而言之,明朝的政治体制,从地方到中央都贯穿着三权分治的思想。可见三权分立古亦有之,不独西方而然,只是两者内涵与性质不同罢了,在明代最高、最后权力统一于皇帝。作为封建专制制度,明朝是中央集权的最高形式,基本上避免了汉唐以来宰相、藩镇、外戚、宦官为患,祸及皇权皇位的局面。

> 明朝的重要和辉煌,还反映在手工业的高度发展、市镇繁兴和商品货币经济的繁荣,其规模与发达的程度都是空前的。在工、农业生产普遍提高的基础上,明中叶以后形成以长江三角洲和珠江三角洲为典型的经济中心区。在这些地方都出现了专业性农业经营和农副产品的商品化,原有的农村市镇迅速崛起和转型,成为手工业和交易的场所。苏、杭、嘉、湖一带,丝绸纺织比以往更加繁盛,天下富商云集,松江很快变成了棉纺织的中心,有"衣被天下"之称。正是在这一区域里,在个别手工业行当中,出现了资本主义生产关系的雏形,一般称为资本主义萌芽。虽未成气候,却意味着新的未来,意味着明朝已处于封建社会经济和时代发展的转折与变化阶段。

> 明代社会经济的长足发展、科学技术的提高,才使它在二百七十六年的岁月里留下了不少光彩的印记。郑和"七下西洋"的壮举,是世界航海史上最光辉的典范,千吨级以上的造船技术,全方位的航海先进设备,多次"涉沧溟十万里",无船毁人亡的纪录,即使西方学者也不能不惊叹它标志着18世纪以前造船与航海的尖端。

> 另外,社会经济的繁荣以及物质生活条件的提高,必然在思想文化方面反映出百花争艳的局面。大型类书《永乐大典》的编纂,医药学《本草纲目》的修撰,农学、地理学、工艺学专著的相继出版,以及民间歌词、说唱、平话、通俗小说、戏剧等等,无不空前兴盛。"三言"、"两拍",各种话本,琳琅满目;《水浒传》、《西游记》、《三国演义》等伟大长篇小说问世,成为不朽的名著。

> 封建王朝迟早要随着自身的腐朽一个个倒掉,明代在吏治败坏、赋役苛敛和人民愤怒中也倒掉了。但倒不掉的是时势使然的那些业绩和人民创造出的文化和文明。

011

把中国历史的秀美景致尽收眼底
本书导读示意图

《话说中国》作为融故事体的文本阅读、精彩细腻的图片鉴赏于一体的中国历史百科全书,其中包含着无数令人神往的中国历史的秀美景致,它们经纬交织,互为表里,形成了中华民族上下五千年的灿烂文明。

如同游览名山大川离不开导游和地图的指点,通过以下图例的导读提示,读者定能够尽兴饱览祖国历史美景,流连忘返。

随时感受历史文化的魅力与编纂创意的匠心

整个版面构成充分体现出本书以故事体文本为主体的特点,体现出本书作为历史百科全书的知识信息密集、图文并重的特点,使读者在本书任何一个页面上,都能感受到历史文化的魅力与编纂创意的匠心。

导读、段落标题与编号,
能更好地理解故事精髓,更好地运用故事

为了更好地理解故事,在实际学习生活中运用故事,本书在故事体文本中,特地为读者准备了故事导读、故事段落标题与故事编号等三个重要内容。故事导读是概述故事精要,它与故事段落标题,都是为了让读者更好地理解故事的精髓,同时让读者以一种轻松便捷的方式快速获得文本重要信息。

人物、典故和关键词具有很大信息量和实用性

在每一则故事中,都含有故事核心内容(即故事内核)、故事人物等基本要素。本书将此提炼出来,标注在每则故事的右上角(加上故事来源),使之具有很大的信息量和实用性。

建构多元、密集的知识性信息,
构成了全书另一个重要组成部分

以密集的信息,弥补故事叙述中知识点不足的局限,从而使故事的感性冲击力与历史知识的理性总结达成高度的统一。它让读者既见树木,又见森林;既享受了故事所带来的审美快感,同时又能寻绎历史的大智慧。如"中国大事记""世界大事记""历史文化百科"和图片说明文字等专栏中的有关内容,都是经过精心选择的练达的知识板块,既是历史知识的精华,又是广泛体现"活"的历史,体现当时社会人生百态,体现当时寻常百姓的寻常生活。

再现历史现实的图片系统

图片内容涵盖面广泛,能够深入再现历史现实,观赏效果细腻独到,立体凸现了每一不同历史时期社会生活各方面的发展变化。透过生动的"图片里面的故事",可以体味其中蕴涵着的深刻内容,堪称是历史文化的全息图像。

《话说中国》以精美绝伦的文字和图片,将中华民族最可宝贵的民族精神和生生不息的文化传统,演绎得生动而传神。看了这张导读图,你就开始一程赏心悦目的中国历史文化之旅吧。

故事标题。

故事编号:与"人物""典故""关键词"等相联系。

历史文化百科:是精选的历史文化百科知识,分别涉及政治、经济、文化、科技等十余个知识领域。

- 中国大事记：以每卷所在历史年代为起止，精选与故事相应相近年代的中国历史文化重大事件，以此体现中国历史发展的基本脉络。

- 故事导读：概述故事精要，更好地理解故事精髓。

- 世界大事记：以中国大事记为参照，摘选相应年代的世界各国历史文化重大事件，以此体现本书"世界性"的理念。

- 人物、典故、关键词、资料来源：将故事的人物、关键词提炼出来，标注于此（加上故事来源），使之具有很大的信息量和实用性。

- 图片：涵盖面广泛，能够深入再现历史现实。纵观整套书的图片，又分别构成了一个个独立的专门图史。

- 以直观的表格形式，便于读者对分散信息作系统的查考。

- 图片说明文字：深入揭示图片"背后"的历史文化内涵，读完这些文字，就会对图片有新的发现和新的认识。

- 故事段落标题：揭示本段故事主题，具有阅读提示和增加阅读悬念的作用。

013

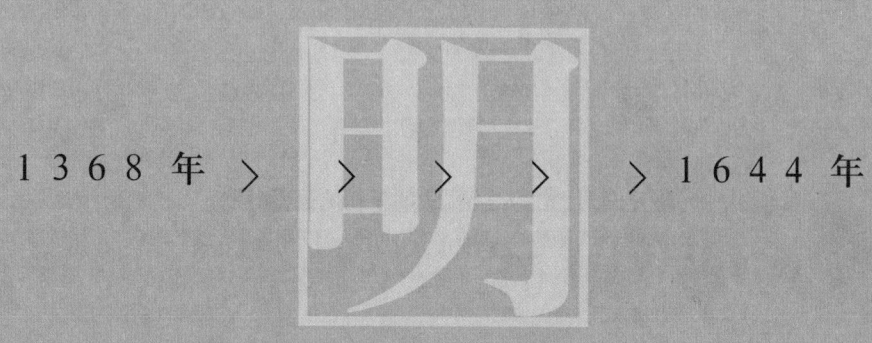

1368年 ＞ 明 ＞ 1644年

前言

1368年至1644年
强盛与危机：一个令人扼腕的王朝
明代

上海社会科学院历史所研究员　马学强

明代是我国历史上又一个统一的王朝。公元1368年，朱元璋在应天府（今江苏南京）称帝建国，国号大明，年号洪武，是为太祖高皇帝。至成祖永乐十九年（1421），迁都北京，成南北两京体制。崇祯十七年（1644），李自成领导的农民军攻克北京城，思宗自缢死，明朝灭亡。自太祖始，传历十六帝，统治全国共二百七十六年。

从朱元璋开国到"仁宣之治"：明王朝的强盛时期　元代末年，群雄纷起。经过韩山童、刘福通等领导的农民起义军的扫荡，元王朝名存实亡。出身贫寒、做过和尚的朱元璋雄才大略，崛起于乱世，依靠手下的谋士武将，运筹帷幄，攻取战胜，逐渐扫灭群雄，终于开国做了皇帝，他就是明太祖。洪武二年（1369），明太祖亲定功臣位次，下令在南京建功臣庙，已死的功臣设像祭祀，未死的空着座位。第二年，徐达、李文忠等北伐将士凯旋，太祖亲自出迎，不久，重叙诸将的功绩，再定次第，大封功臣，赐宴三日，并赐诰命铁券。明太祖为了使他的公侯将相们对他忠心不贰，先后编写《铁榜文》、《臣诫录》、《志诫录》，反复告诫文武勋臣保持晚节，切莫效仿西汉韩信、彭越。然而，朱元璋对他的功臣们总是不放心。随着北方局势的稳定和南方割据的逐一平定，明王朝的统治得到进一步巩固，朱元璋对功臣们的猜疑也日渐加深。而这时，一些功臣开始恃功骄恣，越礼不法，有的甚至横行霸道，鱼肉百姓，危及朱明王朝的统治。以胡惟庸为首，一些功臣宿将结党专行，与君权发生冲突，使朱元璋产生了大权旁落的不安全感。于是，他决心向功臣们开刀。朱元璋借胡惟庸一案，广为株连，把那些骄纵违法、僭越礼法的文武功臣，大加铲除。以后，又兴蓝党大狱，这是朱元璋第二次大规模的诛杀功臣。至此，明朝开国文武功臣已被诛杀殆尽。作为开国之君，明太祖在政治、经济、军事等制度上进行了一系列革新创建。这些制度的利弊得失，影响到整个明王朝的走势。朱明王朝建立后，在经济上采取了一系列恢复和发展社会经济的措施，在国防上则摒弃了蒙元时期的扩张态势，注重守势，逐渐内敛。在政治制度上，对明代政体产生影响最为深远的莫过于废除丞相了。洪武十三年（1380），胡惟庸案发生后，朱元璋罢中书省，废除丞相，分相权于吏、户、礼、兵、刑、工六部。六部尚书直接执行皇帝的命令，对皇帝负责。如此一来，皇帝一人独揽大权，亲裁政务。朱元璋又告诫往后的皇帝，不许再设置丞相，朝臣有敢奏请设立者，论以极刑。自秦汉以来实行了一千多年的丞相制度从此废除。＞然而，皇帝一人的精力是有限的，中国如此辽阔，全国政务纷繁复杂，光是每天数百份奏疏，就已让皇帝疲乏不堪，而那些文人出身的官员写起奏疏来总是洋洋洒洒，不厌其烦。军政大权集于一身的朱元璋，常常是"百僚未起朕先起，百僚已睡朕未睡"，但纵然日理万机，也难一一裁定政务，他一度甚至十分羡慕江南富翁"日高丈五犹堆被"的悠闲生活。皇帝身边毕竟少不了襄助批阅文件、处理日常事务的人。于是，洪武十五年（1382），朱元璋下令设华盖阁、文华殿、武英殿及文渊阁、东阁等大学士，以品级较低的编修、检讨、讲读等官充任。开始的时候，殿阁大学士只是帮助皇帝阅读奏章，起草文书，备皇帝顾问而已，没有多大权力。＞永乐年间，阁臣受到皇帝的信任，参预机务，但品级仍然低微，且没有属官，不能压制其他机构。到了仁、宣时期，"三杨"（杨士奇、杨溥、杨荣）以尚书入阁兼大学士，不仅官阶大大提升，而且许多国政由他们拟定及施行，所谓"政在三杨"。此后，随着票拟制度的形成，内阁首辅专权用事，压制百官，其权势之重，赫然宰辅丞相。然而，阁臣毕竟不是丞相，担当的职责仍不尽相同。＞丞相之职的废除，使朝无重臣，引起了帝国最高权力层格局的深刻变动，至后世，朝中大权常常入于阉宦之手。＞明太祖通过对前朝多项制度的革旧鼎新，极大地加强了君主专制统治。＞值得一提的是明代的特务政治。锦衣卫是明代最为臭名昭著的特务机构之一，它最初也是由朱元璋设立的。朱元璋在开国后，对功臣勋贵很不放心，颇多猜疑。他豢养了一批人，称为"检校"，这些人不仅侦探有关军事、政治的情报，而且还对官员的家庭生活琐事进行监视。朱元璋在此基础上完善特务机构，建立了锦衣卫。锦衣卫作为一个固定的特务机构此后便被保存、沿袭下来，一直到明朝灭亡为止。锦衣卫与后来设立的东、西、内行厂等机构相勾结，厂势强时，锦衣卫便依附于厂，厂势弱时，锦衣卫则凌驾其上。厂、卫成为明代政治的一大祸害。＞此外，朱元璋还开创了廷杖大臣的先例。起初，主要是一些不遵守法纪的将领大臣被廷杖鞭死，后来，遇有朝臣上书激烈，触怒帝意，也动辄施以廷杖之刑。终明一代，廷杖作为威慑公卿、维护皇权的手段，经常被滥用。＞为了保持朱氏王朝的长久统治，朱元璋总结了历史上的经验教训，他对宋、元两代皇室孤立、宗室衰弱、朝廷一旦危急宗室无力援助的教训印象深刻。所以，洪武初年，朱元璋就决定采用古时的封建制，实行封王建藩，以此达到"外卫边陲，内797夹辅"的目的。但是，与他的主观愿望相反，藩王势力的发展与膨胀，形成尾大不掉之势，直接威胁到中央政权的统治。也就是朱元璋的封王建藩，直接埋下了靖难之役的祸根。在明代历史上，藩王谋反叛乱的事件屡屡发生。＞朱元璋死后不久，皇室内部的矛盾迅速激化。建文帝即位后，采用大臣黄子澄、齐泰的建议削藩。这时，势力最大的燕王朱棣乘势以"清君侧，诛讨齐、黄"

> 1368年至1644年
> 强盛与危机：
> 一个令人扼腕的王朝
> **明代**

为名，起兵靖难，并最终取得胜利，以武力从侄子手中夺得了帝位。朱棣即明成祖。▷明成祖即位后，以强有力的手腕稳定了政局。在他的统治下，多有非凡之举。▷首先是修建雄伟壮丽的北京城，把京城迁到北京。永乐四年（1406），明成祖下令参照历代建都成规，仿照南京宫殿的样式，对北京进行大规模改建。在营建北京的过程中，为了保证将来都城的物资供应，从永乐九年（1411）起，着手对大运河进行了修浚。到永乐十八年（1420），北京城的营建工作基本完成。明成祖见大功告成，便宣布自翌年起，以北京为京师，原来的京师改称南京，为留都。南京除没有皇帝外，其他各种机构设置完全与北京一样。次年正月，明朝正式迁都北京。▷明成祖的另一大手笔是派遣郑和出使西洋。明成祖以武力夺取天下，极想耀兵于域外，显示中国的富强。他决定派遣一支人马出使海外，此举还有一个不便声张的原因，就是寻访侄子建文帝的去向。靖难之役后，建文帝下落不明，有人说他已逃亡海外。建文帝的生死，一直是隐藏在成祖内心的一块心病。这项任务很特别，他考虑再三，选中了自己的心腹宦官郑和。▷郑和率领他的船队浩浩荡荡地出发了。这支船队拥有六十多艘大海船，每艘海船长44丈，宽18丈，船上共有各类人员二万七千余人。这样的规模在当时是很少见的。可以说，在第一次世界大战之前，没有一个西方国家的船（舰）队能与之相比。哥伦布公元1492年首次进行远洋航行时只有九十名水手和三艘船，其中最大的船长仅85英尺。郑和前后七次下西洋。到过东南亚、中亚、西亚及东非、中非海岸当时三十多个国家，最远到达非洲的木骨都束国（今索马里摩加迪沙）。郑和下西洋，是我国也是世界航海史上的一大壮举，它显示了"天朝"国威，也扩大了中国与亚、非各国的经济、文化往来。▷明成祖在位二十二年，为了肃清北方蒙古贵族的残余势力，消除边患，曾五次千里出师，亲征漠北。▷成祖的文治，最重要的体现是修纂《永乐大典》。从永乐元年（1403）七月起，成祖就诏令臣下主持编写，要求他们把"散载诸书"中的古今事物，分类辑编，"统之以韵"，编成一书，以便皇帝随时披览。经过四年的通力合作，至永乐五年（1407），书稿完成，成祖为之题名为"永乐大典"，并亲自撰写序言。全书辑录先秦至明初书籍七八千种，天文地理，人事名物，无所不包，其内容篇目之繁富、卷帙之浩大，为中国有史以来第一部综合性的大型类书。▷在明代帝王中，明成祖的地位仅次于其父明太祖，也是中国古代为数不多、具有雄才大略的封建帝王之一。▷成祖之后，仁宗朱高炽、宣宗朱瞻基父子相继即位，前后共十一年。他们承继洪武、永乐开国创业的成就，采取了一系列休养生息、巩固社会安定的措施，史称"仁宣之治"。仁、宣两朝君主承继明太祖、成祖奠定的基础，勤于守成，政治清明，史家常以此与汉代的"文景之治"相媲美。

从英宗到武宗：由盛转衰 ▷宣宗死，由太子朱祁镇即位，是为英宗，年仅九岁，由阁臣杨士奇、杨荣、杨溥等主持政务，因此维持了仁宣之治的遗风，政治较为清明，社会也较安定。然而不久，宦官王振倚仗英宗的宠信，逐渐擅权用事，政局为之一变。▷明初，朱元璋鉴于历代宦官干预朝政、酿成祸乱的教训,立下条规,不许宦官读书识字、兼任外官,官职不得超过四品等,并在宫中立一铁碑,上书:"内臣不得干预政事,预者斩!"对太监的管制十分严厉。明成祖在靖难时,因得内监为内应,故即位后开始重用宦官。他经常选派宦官出使、征税、采办、监军,甚至还赋予镇守地方边防的重任。到宣宗时,在宫中设内书堂,选太监人中读书,从此宦官读书成为定制。不过,成祖、宣宗对太监们尚能严加管束,所以宦官们不敢放肆。>英宗年少,不知轻重,用王振掌管司礼监。在王振及其党羽的扰乱下,英宗朝的政治日渐败坏,而此时,明帝国的北部边防正受到瓦剌等部的不断侵扰,朝廷对此却置若罔闻,不作积极御防,边防力量日益衰落,终于酿成"土木之变"。正统十四年(1449)八月,明朝北征大军在土木堡遭瓦剌围歼,英宗本人被俘。京城危急。>鉴于瓦剌挟英宗胁迫明朝的不利形势,英宗之弟、郕王朱祁钰接受群臣的推举,于九月初即皇帝位,改元景泰,遥尊英宗为太上皇。朱祁钰是为景帝。在瓦剌军进攻北京时,于谦等率领京城军民坚决抵抗,拼死战斗,终于保卫了北京,摆脱困境。>然而,暂时躲过危机的明王朝统治者,并没有从王振专权中吸取教训。英宗被瓦剌释放回京后,以太上皇的身份居住在南宫。这位前皇帝后来在武清侯石亨、太监曹吉祥等人的策划下,发动了一场宫廷政变,史称"南宫复辟",又称"夺门之变",重新即位,改元天顺。>英宗复辟后,论功行赏,对参与"夺门之变"的功臣大加封赏。石亨本来就总领各军,此时进爵为忠国公,在武将中权势最重。曹吉祥晋升为司礼太监,成为内臣之首,总督三大营。曹吉祥原是王振的余党,因迎复英宗之功,其嗣子曹钦,侄子曹铉、曹铎等都被任为都督,执掌兵权,曹钦还被封为昭武伯。曹吉祥门下厮养的冒功当官者多至千人,朝中也有一些人趋赴依附,其权势与石亨相当,时人并称"曹石"。他们两人倚恃英宗宠信,屡次擅权行事培植党羽,一面排斥异己,屡兴大狱,陷害忠良,许多弹劾他们的文武官员遭黜戍。当时,企图加官晋职者纷纷投到"曹石"门下,他们则乘机收纳重贿,卖官鬻爵。后石亨、曹吉祥谋反作乱,被诛杀。英宗开始时宠信王振,后又任用石亨、曹吉祥,用的多是一些宦官、佞臣,致使祸乱不断。他死后,儿子朱见深即位,是为宪宗。>宪宗也是一个荒淫的君主。在位期间,迷恋方术,破坏朝纲,滥授官职,以致出现了数以千计的所谓"传奉官"。宪宗一度还设立西厂,让宦官汪直为主管。一时,佞幸、宦官交结,把持朝政,一些没有廉节的士大夫也争相依附,搞得朝政乌烟瘴气。>宪宗后,继任的是孝宗,朝政才有所好转。>孝宗即位后,决心清除成化年间的弊害。他先将宪宗朝的一批奸佞冗官尽数罢去。随后,着手选拔贤能委以重任。他起用徐溥、刘健、李东阳等几位素负声望的大臣进入内阁,参预机务,并任用一些正直贤能的官员。史称"弘治朝中多君子",朝廷风气为之一新。>鉴于前几朝宦官专权乱政的教训,孝宗对宦官严加管束,东厂、锦衣卫再不敢任意行事,只能奉守本职,这是明代中后期各朝罕见的现象。孝宗力求节俭,诏减皇宫的开支与供奉,不大兴土木,主张"节费用以苏民困"。他还屡次下诏,禁止宗室、勋戚侵占民田,鱼肉百姓。他体恤民情,多次下诏减免一些地方的夏税、秋税。这些都

1368年至1644年
强盛与危机:
一个令人扼腕的王朝
明代

有利于缓和社会矛盾和社会危机。正统、成化年间，农民起义几度高潮，而弘治一朝几乎没有大规模的农民起义。＞孝宗弘治一朝"朝序清宁，民物康阜"，史称"弘治中兴"。可惜，孝宗寿命不长，死时年仅三十六岁。＞此后即位的是朱厚照，是为武宗。武宗的作风与其父孝宗大不一样，先是宠信太监刘瑾等人，继而亲近奸佞江彬。而他本人整天沉溺于声色犬马歌舞角抵之戏，大兴土木，搜罗美女，纵情放荡，巡游无度。武宗是明朝最荒淫腐朽的皇帝之一，正德朝的政治由此急剧恶化。＞刘瑾原是东宫宦官，武宗上台后，逐渐得势。他十分羡慕英宗朝太监王振擅权时的风光，于是也一心仿效。他大肆打击敢于直谏的大臣，并将自己的党羽引入内阁。为达到专权的目的，刘瑾还千方百计让武宗沉溺于歌舞声色之中。乘武宗玩乐忘形，窃取了批阅奏章等大权。后来，武宗又作出更为荒唐的决定：吏、兵二部官员进退要先在刘瑾处讨论；南京、北京都察院各道奏章必须先交刘瑾。奏章先具红揭给刘瑾，称"红本"，再上交给通政司，称"白本"。随着刘瑾权势的上升，他越发为所欲为，经常借武帝之名，随意革去朝臣官职，又设内行厂，亲自提督，其行径比东厂、西厂更为残酷，一家有犯，邻里连坐，稍有触犯，就置人于死地。他还逼迫内阁发文，让各地镇守太监参预地方事务。同时，他又豢养了一批奴才，肆意妄为，到处扩修庄田，侵占官地，毁坏民房。刘瑾后虽因作恶多端被诛杀，但武宗继续宠信宦官佞臣，所以，不久又出现了江彬专权的局面。＞正德一朝，奸臣当政，朝政昏暗，由此激化了各类社会矛盾。皇族内部的一些藩王借机蠢蠢欲动，安化王朱寘鐇、宁王朱宸濠相继叛乱。这一时期，农民起义不断，其中爆发在河北的刘六、刘七起义，是明朝中期规模最大的一次农民起义，历时近三年，起义军转战河南、河北、山东、山西、湖广、南直隶等大片地区，纵横千里。这次起义声势极壮，迫使官军投入大量兵力参战，对明王朝统治是一次沉重的打击。明王朝统治已陷入深深的危机之中。

从世宗到神宗：危机四伏

＞从表面上看，王朝的危机，似乎是君王或君王在用人上的问题。明君任用贤能，所以政治清明，昏君宠信宦官奸佞，就使朝政败坏。为什么深居内廷的宦官会频频走上前台干涉朝政？君主昏庸，政局为何便一败涂地，无以补救？说来还是与明代的政体有关。明初废除丞相制与相关制度的实施，引起了政府的改组及外廷最高权力层的最终消失，从此，王朝的支撑性行政职能便经常由君主及其内廷来承担。这是一个有着严重缺陷的政体。＞嘉靖以后的朝政继续紊乱，帝国日趋衰败。武宗无子，根据《皇明祖训》中规定的"兄终弟及"等条款，兴献王朱祐杬长子朱厚熜以外藩入继，是为明世宗。世宗即位后的第六天，就下令礼官讨论其父兴献王的祭礼与尊称，"大礼议"之争由此而起。这场争议前后历时近二十年，一波三折，看似名分之争，实际上隐藏着世宗与顾命大臣、朝廷官员的深刻争斗。以"礼仪"为焦点，引爆出一系列高层的权力之争，首辅杨廷和在大礼仪中因违忤世宗的旨意，被迫辞职，一些正直的官员纷纷罢黜，士气大受挫折。与此同时,在大礼仪中迎合世宗的阿谀奉承之徒相继荣升,有的还进入内阁。但他们入阁执政后,不仅缺乏杨廷和整饬朝政的魄力,而且为争权夺利互相攻讦。世宗本人,则在与朝臣的争斗中,身心疲倦,逐渐对朝政失去热情,这时,他开始崇信道教,并深陷其中。＞其时,倭寇大起,东南沿海深受其害。北方蒙古势力也大举入侵,嘉靖时,曾三次入犯京畿。有一次,北京城外火光冲天,严嵩竟蒙骗世宗,说是民家失火。而此时的世宗昏愦至极,他只知道迷恋道家方术,完全信了严嵩所言。世宗在位四十一年,长期不理朝政,以致法纪废弛,内外官员相率媚从,进香火,献祥物,奸臣严嵩因而得以窃掌大权,明朝政事大坏。＞世宗死后,穆宗即位不久而亡。穆宗临终前,将高拱、张居正指定为顾命大臣,辅佐太子朱翊钧继位。朱翊钧就是神宗。神宗年幼,张居正便联络司礼监太监冯保,撵走了内阁首辅高拱。在皇太后的支持下,张居正出任首辅。张居正极富才干,他掌握实权后,便大刀阔斧地在政治、经济、军事等方面进行改革。此为明朝中兴的一个好机会。＞张居正改革的目的"务在强公室",维护明王朝的统治,挽救危机。明朝政治久苦因循,张居正主张"唯才是举",实行严格的考成法,提出"尊主权,课吏职,信赏罚,一号令"的主张,采取措施加强中央集权以号令天下,同时要求各级官员为官要清廉,治政要清平。于是,吏治大有起色。张居正又克服重重阻力,在全国范围内清丈田粮,实行一条鞭法,使千疮百孔的财政有所好转,国库也迅速充实起来。张居正还极其重视整饬军备,他任用了一批英勇善战、效忠王朝的守边将领,加强边防。另外,张居正对俺答采取了安抚政策,通好互市。＞由于张居正的坚定决心,使改革得以贯彻执行,暂时缓解了一些社会矛盾,政局出现了相对的安定,史称"海内肃清,边境安全"。＞但是,张居正的一些改革措施触犯了权贵和豪绅的利益,遭到他们的强烈反对。万历十年(1582),张居正病逝,神宗亲政,他辅政十年所推行的改革措施,也被一项项取消,朝政复又昏乱。神宗怠荒,经常罢朝,而张居正之后的几任首辅,则听之任之。从神宗亲政,到万历四十七年(1619)去世,其间有二十多年不与臣僚共议朝政,由此造成万历一朝政治的极度败坏,群臣竞相结党攻击。其时,无锡顾宪成等人,居东林书院讲学,喜欢谈论时政。于是,朝廷的朋党和民间的清议,渐至纠结而不可分。争争斗斗,是是非非,晚明的政局愈发不可收拾。＞神宗不仅长期不理朝政,晏居深宫,整天沉浸在花天酒地之中,而且còn贪财好货,为了满足自己穷奢极侈的欲望,在他当政时期,经常派遣亲信宦官,分赴各地充当矿监税使,肆意搜括民脂民膏。这些矿监税使,借为皇帝收取币帛珍宝为名,狐假虎威,为非作歹,四处骚扰,从中贪赃渔利。各地掀起了轰轰烈烈的反矿监税使风潮。其中,苏州织工反对税使孙隆的斗争,声势极大,震动一时。＞神宗万历年间,日本丰臣秀吉发动了侵略朝鲜的战争。明王朝派遣大兵力入援,与日军前后相持七年。虽然最终把日本侵略军逐出了朝鲜,但明政府为此支出浩大,"糜饷数百万",且有数以万计的明军将士战死在异国他乡。＞在明王朝内部危机重重之时,外在的因素也在影响着帝国的统治。明代边疆一直存在着"北虏"、"南

1368年至1644年
强盛与危机:
一个令人扼腕的王朝
明代

021

倭"的威胁，北虏指北方的蒙古势力，南倭指东南沿海的倭寇。由于明帝国在边防上采取守势，故常显被动。>先说"北虏"。元朝灭亡后，蒙古势力北撤，经明太祖时期多次打击，内部发生分裂，分为鞑靼、瓦剌和兀良哈三部，其中以鞑靼最为强悍。朱元璋对蒙古三部采取了通好与防御相结合的政策。明成祖朱棣继承了这一政策，陆续封蒙古部落酋长为王，赐予金银、布帛、粮食等物品，并多次派官员出使鞑靼等部，意欲与之修好相安。但随着鞑靼势力的强盛，又公然向明帝国挑战。鞑靼可汗有一次把明成祖派去的使者也杀了。明廷决定派大军征讨。永乐年间，明成祖本人曾五次亲征漠北，打击了鞑靼势力，消除了边患，但为此也耗费了大量人力物力。仅第三次出征就征发驴子三十四万头，运粮车十七万架，民工二十三万五千人，运粮三十七万石，老百姓负担沉重。>以后，瓦剌部逐渐强大起来，其首领脱欢率领部众攻杀了鞑靼的阿鲁台，吞并了各部落，立元朝后裔脱脱不花为可汗，自称丞相。脱欢死后，其子也先嗣位，他继承其父的扩张政策，东征西讨，数次侵扰明朝辽东、宣府、大同等边镇，以致明朝连年边警不断。此时，明朝正是王振专权之时。王振为藻饰太平，一意讨好瓦剌，以求边境的安宁，对瓦剌的贡使有求必应，给予优厚的赏赉，金银珠宝无以计数。正统十四年（1449）七月，也先诱胁其他部落一起进攻明朝，他自己亲率人马攻打大同，又分兵骚扰辽东、宣府、甘肃。>边镇告急！边报接二连三地传到京城。王振极力怂恿英宗亲征。英宗听信王振之言，不听群臣规劝，率军五十万出发。八月初，大军到达大同，王振还想北进，这时，前方全军覆没的消息传来，英宗这才慌张起来，决定班师。然而为时已晚，在土木堡被瓦剌兵重重包围，明军死伤几十万人，英宗被俘。这就是明史上的"土木之变"。>随后，也先以送回英宗为名，大举侵犯北京，企图逼迫明廷就范。于谦组织明朝军民同仇敌忾，保卫京师，大败瓦剌军。这时，明朝的各路援军陆续赶往北京，也先害怕后路被切断，便带着英宗匆匆而去。由于明朝加强边镇防御，瓦剌部后来不得不把英宗送回北京，恢复与明朝通贡和互市。>说到明代的北方边防，不能不说长城。早在春秋战国时期，即有长城的修筑。以后历代为抵御北方游牧民族，各在形势险要地带筑过长城。至明代，面对鞑靼、瓦剌族的侵扰，自洪武至万历，前后兴工修筑长城达十八次，西起嘉峪关，东至山海关，称为"边墙"。宣化、大同二镇之南，直隶山西界上，并筑有内长城，称为"次边"。明长城总长约6700公里，其遗迹至今还大量保存着。居庸关一带墙高8.5米，厚6.5米，顶部厚5.7米，女墙高1米。长城气魄雄伟，是世界历史上伟大工程之一。与此同时，明帝国在东起鸭绿江西起嘉峪关一线先后设置辽东、宣府、大同、榆林（延绥）、宁夏、甘肃、蓟州、太原、固原九个要镇，称为"九边"，派驻重兵守御。>边境的安危与否，与国力及国内政局密切相关。万历年间，张居正执政之时，国库逐渐充实，同时十分重视整饬军备，任用了一批英勇善战、效忠王朝的守边将领，如任用戚继光镇守蓟门，重用李成梁镇守辽东，他们修饬边备，积极练兵，保证了边境的安宁。此外，张居正对俺答采取了安抚的政策，封俺答为"顺义王"，通好互市，使蒙汉两族人民得以和睦相处，相安无事。>有明一代，蒙古势力对帝国的威胁始终存在，只是或明或隐，强弱不同而已。当北方蒙古势力的威胁尚未解除，15、16世纪在东南沿海又出现了严重的"倭患"。>日本古时有"倭奴国"之称。所谓"倭患"，主要是指日本的骚扰侵犯。倭乱问题，早在元末明初即已出现，其原因是多方面的，既与我国的国内政局有关，如与元末群雄争长的战局有一定关系，又与日本国内的形势密切相关。14世纪初，日本进入南北朝分裂时期，藩侯割据，战乱不息，战败的武士、浪人窜到我国沿海地区进行走私抢劫，从事海盗活动。但那时明朝国力强盛，海防巩固，朱元璋先后派遣汤和等著名将领巡视海疆，建立卫所，度地筑城，严阵以待。所以，在明初，倭乱未酿成大患。>到了嘉靖以后，日本陷入了战乱纷飞的"战国"时代，在封建诸侯支持下，日本的一些军人、盗寇与我国东南一带奸商、土豪、海盗相勾结，在沿海地区进行烧杀抢夺。这时，所谓的"倭寇"已不仅是日本人，中国的海商、海盗也占了很大部分。>倭患在嘉靖年间的加重，并非偶然。时奸臣严嵩当道，朝政败坏，无暇顾及海防建设，造成闽浙海防久弛，战船、哨船十存一二，兵力也严重不足，由此倭寇往来剽掠，无所顾忌。沿海七省，无一不受其侵扰。>面对倭寇的疯狂侵扰，明朝军民进行了艰苦卓绝的抗击。其间，涌现了戚继光、俞大猷等一批杰出的抗倭将领。为消灭倭寇，戚继光特地招募浙江义乌等地的矿工、农民，组成"戚家军"。这支部队经过严格训练，勇敢善战，纪律严明，迅速成为抗击倭寇的劲旅。戚继光率领"戚家军"驰骋南北，转战东西，屡屡告捷。嘉靖末年，戚继光又挥师南下，与俞大猷并肩作战，肃清广东一带的倭寇残余。至此，长期困扰东南地区的倭乱基本平定。>明朝在应付"北虏"、"南倭"时已显得力不从心，而东北女真族（即后来的满族）的兴起，更直接威胁到明王朝的统治。>明代，女真族分为三大部：建州女真、海西女真、野人女真。明王朝为了防止东北各部与蒙古势力的结合，加强对东北的统治，在那里设立数百卫所，并实行笼络政策对女真各族的上层人物，不断封官晋爵。明政府在建州女真中陆续设立了三卫，即建州卫、建州左卫、建州右卫，这三卫互不统属，都受明王朝的节制，史称"建州三卫"。>明朝中叶以后，建州女真崛起。随着势力的强盛，开始骚扰明辽边境，明廷出兵弹压，双方由此冲突不断。万历十年（1582），建州右卫首领阿台率部进攻辽沈，明辽东总兵李成梁前往弹压，一路破之，并进围阿台所在的城堡古埒城。建州部中的苏克素护部首领尼堪外兰，派城中人杀阿台投降。建州左卫首领叫场（又叫觉昌安）和他的儿子塔克世（也作塔失），在城中亦遭杀害。建州部由此受到重创。>塔克世的儿子就是努尔哈赤，时年二十四岁，得知其祖、父遇难，强忍悲愤，审时度势，自知现在实力不是明军的对手，便主动修好，接受明王朝的赏赐与任命。第二年，努尔哈赤用其祖、父留给他的十三副遗甲，武装自己的亲信，以"复仇"之名发兵攻打尼堪外兰。以后他不断征战，逐渐统一了女真各部，成为女真族的杰出领袖。>为了适应不断变化的形势，万历三十一年（1603），努尔哈赤在苏子河畔修建赫图阿拉城（今辽宁新宾），以后又经过几次加修，赫图阿拉城成为女真的政治、经济、文化中心。至万历四十四年（1616）正月，努尔哈赤在赫图阿拉城称

1368年至1644年
强盛与危机：
一个令人扼腕的王朝
明代

汗,年号天命,国号大金,历史上称为后金。〉随着努尔哈赤实力的增强,他开始有意与明朝对抗。后金天命三年(1618,这年为明万历四十六年)四月,努尔哈赤率八旗诸贝勒大臣,在尊号台上举行仪式,以"七大恨"焚香告天,意思说与明朝廷有七大仇恨,以此誓师,兴兵反明。后金对明的战争由此拉开序幕。经过萨尔浒大战,明军惨败。此后,明军节节后退,在军事上转入战略防御。后金军则步步进逼,虎视眈眈,对明王朝构成巨大威胁。〉后金后来迁都沈阳,改名盛京。努尔哈赤死后,由其子皇太极即可汗位。在皇太极统治时期,后金的军事力量得到了进一步加强。后金天聪十年(1636),皇太极称帝,并改国号为"大清"。皇太极即清帝位,标志着中国历史上的最后一个封建王朝——清王朝正式诞生。从此,清更加紧了灭明的步伐,争取入主中原。

从光宗到思宗:王朝的崩溃

〉明朝后期,内忧外患,外有强敌进犯,边境告警,而国内各种社会矛盾日益激化,朝廷内部各大政治势力为了各自利益,依然内讧不休,纷争不已。梃击案、红丸案、移宫案,号称"明末三案"。这三大事件的发生,与当时朝廷激烈的党争有密切关系。〉熹宗天启年间,太监魏忠贤与内宫客氏朋比为奸,把持朝政,时称"客魏"。魏忠贤等人在朝中结成阉党,胡作为非,当时的朝政无处不在他们的控制之中。阉党专权横行,为前所未有,这是明代历史上最黑暗的时期。阉党官员为了逢迎魏忠贤,恣意排斥、打击正直官员,罗织"朋党"罪名,置人死地,先后制作大量关于东林人士的黑名单。在魏忠贤阉党集团的残酷打击下,杨涟等十余人被杀于诏狱,入狱然后充军者数十人,被罢黜者三百余人,其余贬谪降调者不计其数。东林狱案成为中国古代迫害士人悲剧中最惨烈的一幕。〉天启七年(1627),熹宗病死,他没有儿子,由其弟信王朱由检入继帝王,改元崇祯,是为思宗。思宗即位后,参定"逆案",将恶贯满盈的魏忠贤阉党势力清除出政局。同时,先前被迫害死难的东林烈士均得昭雪赐恤,幸存的东林党人逐渐被重新起用,朝政为之一刷清,一时间气象更新,大家都以为"中兴"有望。〉但是,明末数十年士风败坏,朋党门户积习已深,不久朝廷宗派之争重又燃起,思宗大失所望。而思宗本人,生性猜疑,为了控制百官,加强统治,不久又重蹈前代皇帝的覆辙,信任宦官。崇祯一朝,宦官与朝臣的争斗时起时伏。但此时,距明朝灭亡的日子也不远了。〉明末政治黑暗,官场腐败,土地兼并严重,苛捐杂税多如牛毛,百姓日益不堪。为了解决在辽东与后金战争的费用,明王朝又加派"辽饷",横征暴敛,这无疑是饮鸩止渴。其时,一些地方连年出现灾荒,各种灾害接踵。西北一带的灾情尤其严重,很多地方"野无青草,十室九空",老百姓无以为生,靠挖树根、吃观音土度日,甚至还出现骨肉相残食的悲惨景象。但明朝的大小官吏根本不顾百姓死活,照样催租征税,盘剥压榨。天灾人祸,为了生存,一些农民铤而走险,起来反抗。天启末年,陕西澄城县一批饥民冲进县城,杀死知县,揭竿而起。澄城县饥民的发难,好像在干柴上点了把火,火势迅速在陕西各地蔓延,至崇祯朝便发展成为轰轰烈烈的农民战争。〉在与明官军的长期战斗中,李自成、张献忠等领导的农民军发展壮大。至崇祯十七年(1644)三月,李自成率领大顺农民军攻占北京,冲进皇宫,崇祯皇帝自缢煤山。明王朝在农民战争的烈火中倒塌了。
〉明朝中央政权灭亡后,福王朱由崧等人相继在南方建立弘光等政权,史称南明。随之,满洲贵族的铁骑横扫过来,在兵燹的余烬中确立起新的统治秩序。

一度辉煌的经济文化

〉中国历史发展到明代,由于自身的体制,在科技文化诸多领域已无法再现唐宋时期的辉煌与昌盛,缺乏创新,少了活力。然而,在这种社会制度走向衰亡之时,其内部也会催生出新东西,孕育出新事物,在一些领域呈现转制,变革的迹象与萌动。
〉明代社会发展的一个显著特点是商品经济的繁荣。这是有很多因素促成的。〉其一,与明初实行的一系列恢复与发展社会经济措施有关。譬如,朱元璋曾提倡广种棉桑政策,"初立国即下令,凡民田五亩至十亩者,栽桑、麻、木棉各半亩,十亩以上倍之。麻亩征八两,木棉亩征四两"。朝廷鼓励各地栽种棉、桑、麻等经济作物。经济作物的广泛种植,是一个发端,为商品交换与流通创造了条件,同时也促进了手工业的发展。后来许多地方的老百姓纺纱织布,缫丝织绸,显然与这一政策的实施与推行相关。〉其二,明王朝从建立到灭亡,其间二三百年,虽然出现多次危机,但是,帝国的疆域基本上是完整的,中央集权的格局没有改变。统一的王朝为商品经济的发展与繁荣奠定了良好的基础。中国疆域辽阔广大,各地物产资源差异较大,加上区域间经济发展极不平衡,因此,一方面,物产丰富多彩,各取所需,具有一定的互补性;另一方面,物价上存在着不小的差额,这种差额,有时往往与路程之远近成正比。为了攫取其中的高额差价,商贾们趋之若鹜,竞相角逐。"因地有无以通贸易,视时丰歉以利屈伸",地区差价、时效差价,正是商人在经营活动中获取商业利润的基础,他们也是在依据空间、时间合理调配资源货物上起着自己的作用,由此推动了商品经济的发展。〉正是在这些基础上,明代的社会经济日益繁荣,各地市镇勃兴,徽州等地域性商人集团开始兴起,一些地方的纺织、酿造、瓷器、矿冶等行业的手工业作坊达到了相当规模,并产生出新型的雇佣关系。这些社会经济生活中出现的新气象、新气息,对明代中后期的社会结构、思想文化产生了深远的影响。〉明代中后期,出现了多次城市民变。万历年间,继湖广的荆州、武昌等地市民掀起反矿监税使风潮后,在江南著名城市苏州,爆发了织工、市民反对税使孙隆的斗争。天启朝时,宦官魏忠贤专权,迫害忠良,苏州市民激于义愤,发动民变。颜佩韦、杨念如、周文元、马杰、沈扬五义士挺身而出,后英勇就义。明代市民屡次发难,是城镇市民阶层兴起的标志,体现出时代的新特点。〉学术思潮方面,明代前期占统治地位的是程朱理学,但理学在明代中期已走向衰落。而这时,王阳明的心学应运而生。"心学"的理论很高深,它是在批判朱熹哲学的基础上,继承和发展了战国时代思孟学派和宋代陆九渊的学说,从而形成了一整套主观唯心主义理论体系。明朝后期,"心学"曾经风靡一时,并繁衍出许多流派,如"浙中王门"、"江右王门"、"南中王门"、"北方王门"等等,使"心学"成为明清之际一股影

> 1368年至1644年
> 强盛与危机:
> 一个令人扼腕的王朝
> **明代**

025

响很大的社会思潮。>随着社会的分化，一些人开始公然向传统的正统思想、道德观念挑战。在万历年间，有一个文人，好以异端自居。这个人就是李贽。李贽是那个时代的反叛者，最突出的表现就是敢于打破千百年来对圣人孔子的迷信，他蔑视六经，提出了"不能以孔子的是非为是非"的著名理论，指责道学家对孔子的盲目崇拜，认为那不过是"一犬吠影，众犬吠声"。他抨击道学，批判礼教，同情妇女，公然倡言："人有男女之分，而见识高低则没有男女之别。"他还赞同寡妇再嫁，对程朱理学所谓"饿死事小，失节事大"进行批判。道学家把正常的男欢女爱诬蔑为"淫乱"、"失身"，在李贽看来，男女相爱，善择佳偶，完全合乎"自然之性"。李贽离经叛道，然而，在他的思想中却包含着许多合理、进步的内容。在明代的思想界，他独树一帜，放发出耀眼的光芒。>在文学方面，最引人注目的是小说的兴盛。明代的小说，与唐诗、宋词一样，在中国古代文学史上占有突出的地位。明代产生了大量以历史、神怪、公案、言情和市民日常生活为题材的长篇章回小说和短篇的话本、拟话本。>明代的长篇小说十分繁荣，特别是《三国演义》、《水浒传》、《西游记》堪称一代名著。三国的故事早已在民间广为流传，在这基础上，元末明初文学家罗贯中参照陈寿《三国志》和裴松之注，将原有的《三国志平话》编写成一部雅俗共赏的历史小说《三国演义》。小说描写了东汉末年大小军阀在镇压了黄巾起义后乘机发展势力，形成魏、蜀、吴三国鼎立的局面，为争夺全国统治权而展开的错综复杂的政治、军事斗争。它反映了当时的一些历史情况，塑造了众多栩栩如生的人物形象，以其强烈的艺术感染力而受到人们的长期喜爱。《水浒传》是元末明初文学家施耐庵在长期积累的民间水浒故事的基础上改写而成的。它以北宋末年宋江领导的农民起义为题材，描写了李逵、鲁智深、武松、林冲等农民英雄的不同经历和遭遇，以及从个人反抗到聚义梁山，形成强大起义队伍的斗争过程。小说深刻地揭示了北宋末年社会的腐朽黑暗，赞扬了梁山英雄的反抗斗争精神，人物形象的描绘非常出色。《西游记》的作者是吴承恩，他根据宋元以来关于唐朝僧人玄奘"西天取经"的故事加以再创造，编写成一部优美的神魔小说。此外，出现于明代中叶的长篇小说《金瓶梅》也具有广泛的社会影响。明代的这些长篇小说在中国古代文学史上，对于小说体裁和创作的发展都起到了重要的作用。>明中期以后，在宋元话本的基础上，短篇小说也迅速盛行起来。到明末，形成了短篇小说的繁盛期。冯梦龙编纂的"三言"与凌濛初写成的"两拍"，就是其中的代表作。冯梦龙以毕生精力从事通俗文学的搜集、研究和整理，后编成"三言"，即《喻世明言》、《警世通言》、《醒世恒言》三部短篇小说集。凌濛初则从古今文献和民间故事中选取题材，经构思组织，创作成"两拍"，这就是《初刻拍案惊奇》和《二刻拍案惊奇》两部短篇小说集。这些作品语言通俗、朴素，故事情节生动，具有较高的艺术性。>明代的一些小说较以前有了很大的突破，不拘泥以才子佳人、科举仕宦为主题，而把关注的视角、描述的对象转移到了城镇中商人、手工业者甚至娼妓歌女、贩夫走卒等寻常百姓身上，叙述他们的喜怒哀乐，讲述他们的生活经历。这些小说具有鲜明的时代性，反映了一定的社会现实。《金瓶梅》以《水浒传》里的西门庆为主角，描写他由一个破落户发迹成为大财主,勾结官府,榨取他人血汗,拐骗奸淫,谋害人命,贪赃枉法,最后自取灭亡的经过。它强烈地暴露了明代社会的黑暗,在相当程度上反映了商品经济发展过程中市民的社会生活状况。"三言"内容涉及的社会面十分广泛,如描写妓女、贵族小姐和城市妇女不同类型的爱情故事分别有《杜十娘怒沉百宝箱》、《王娇鸾百年长恨》、《宋小官团圆破毡笠》等。明代的科学技术也取得了一些新的成就,出现了像李时珍、徐光启、宋应星、徐霞客这样杰出的科学家,他们分别在医药学、农学、手工业生产技术、地质地理学等方面作出卓越的贡献,他们的作品《本草纲目》、《农政全书》、《天工开物》、《徐霞客游记》,都是流传百世的鸿篇巨制,在中国乃至世界科技史上都占有重要的地位。然而,从总体上,明代是中国与西方拉开差距的重要时期。明代前期我国曾有郑和七下西洋的壮举,许多人据此认为,当时的中国不仅没有落后于西方,而且在世界上都是领先的,特别是在造船和航海技术方面。但是,我们忽略了重要的一点,即中西方的体制与社会结构有所不同,郑和下西洋的背景与西方商人航海的背景存在着巨大差异,前者有庞大的国家力量作支撑,而后者显然没有。当西方耶稣会传教士利玛窦等人来到中国,输入了当时在欧洲并不算最先进的科学技术时,明朝官僚士大夫阶层中的大多数对此却表现得茫然无所知,甚至出现了许多荒唐可笑的举动,由此可知当时的中国在科学技术方面事实上已落后于西方。值得注意的是,明朝士大夫中的一些明智之士也意识到西方科学技术的先进性。如徐光启,他在万历二十八年(1600)在南京结识了利玛窦后,就很敬佩利玛窦的学识,彼此结为知交。三年后,徐光启加入天主教。从此以后徐光启与利玛窦保持着密切的联系,通过利玛窦,徐光启学习到不少西方的科学知识。一次,徐光启从利玛窦那儿得知,西方有一本数学著作叫《几何原本》,是古代希腊数学家欧几里得写的重要著作,他便决心将它翻译成汉文。后由利玛窦讲述,徐光启笔译,两人合作,花了一年多时间,终于完成了《几何原本》前六卷的翻译。徐光启把欧洲书籍译成汉文,由此闻名于世。徐光启广泛涉猎西方科学技术,数学而外,在天文、测量、历法、水利等方面他都投入了很大的精力进行学习。后来,他在研究我国古代天文历法的基础上,吸收了西方的天文知识,主持编成了《崇祯历书》。徐光启对早期西学的传播起到重要作用。然而,早期中西之间在这方面的接触与交流十分有限,而绝大多数的中国人对外部世界了解甚少,他们只知道中国地大物博,物产丰富,并沉醉于自己的光辉灿烂的悠久文明之中。近代英国学者罗素对中国的艺术文学、风俗习惯赞不绝口,甚而认为"在文艺复兴时代,欧洲在任何方面都不能与天朝媲美",但同时,他也指出:"不幸的是,中国文化中有个弱点:缺乏科学。"而正是中国文化中的这一缺憾,使我们后来饱尝痛苦与耻辱。从历史进程上看,当1640年英国取得资产阶级革命的胜利,西方跨入资本主义时代,中国却经历了一场农民战争、民族战争之后的改朝换代,虽然也颇惊心动魄,但那多半是身世家国之变,历史仍在旧的圈子中缓慢盘旋而行。

1368年至1644年
强盛与危机:
一个令人扼腕的王朝
明代

《清明上河图》的续篇：
明代《皇都积盛图》（部分）

明

1368年 — 1644年

明时期全图

选自谭其骧主编《中国历史地图集》第七册：明时期

明世系表

1 太祖朱元璋 → 2 惠帝朱允炆 → 3 成祖朱棣 → 4 仁宗朱高炽 → 5 宣宗朱瞻基 → 6 英宗朱祁镇 → 7 代宗（景帝）朱祁钰 → 8 宪宗朱见深 → 9 孝宗朱祐樘 → 10 武宗朱厚照 → 11 世宗朱厚熜 → 12 穆宗朱载垕 → 13 神宗朱翊钧 → 14 光宗朱常洛 → 15 熹宗朱由校 → 16 思宗朱由检

公元1368年

中国大事记：正月，朱元璋即位于应天府，定国号为明，建元洪武，朱元璋为明太祖。

从和尚到元帅

朱元璋不甘落魄寺院，投奔红巾军，崛起于群雄之间。

落发为僧，栖身寺庙

元代末年，群雄纷起。经过刘福通等领导的农民起义军的扫荡，元王朝名存实亡。北方先后崛起了察罕帖木儿等地主武装，他们集中力量镇压农民起义军。等到农民军基本被击败后，他们又互相争权夺利。这时，在南方活跃着的几支起义部队，势力逐渐壮大起来。其中，由朱元璋领导的一支部队，引人注目。

明太祖朱元璋
明代的开国皇帝，采用"高筑墙，广积粮，缓称王"的策略，东征西讨，统一了中国。他加强中央集权，采取多种措施恢复和发展农业生产。为维护统治，在位期间制造了很多冤案，杀戮功臣。1398年在南京病逝。

朱元璋，濠州（今安徽凤阳）人，祖籍江苏沛县。父亲朱五四是一位本分老实的农民，一生辛勤劳作，仍过着贫困的生活。朱元璋念过几个月的私塾，认识几个字，因家境贫苦，被迫辍学，去给地主放牛。徐达、汤和、周德兴这些明代的开国功臣，都是当年朱元璋放牧时的伙伴。朱元璋从小就很有胆识，敢作敢为，勇于承担责任，所以，在同伴中颇有威信。

元至正四年（1344），朱元璋十七岁，淮北大旱，赤日似火。随后，又是蝗灾、瘟疫。接踵而来的灾难，弄得淮北一带人烟寥落，饥民遍野，满目凄凉。朱元璋的父母与大哥因瘟疫相继去世，在好心邻居的帮助下，朱元璋把三位亲人的遗体用破衣衫一裹，草草掩埋。走投无路的朱元璋，为了生存，只好剃了光头，去皇觉寺当和尚。

在皇觉寺，朱元璋除了扫地，兼做一些杂活，虽然很累，总算还有口饭吃。可是，这样的日子也不能长久。因为是灾年，来寺院当和尚的很多，寺里的供给发生了困难。于是，皇觉寺的住持就打发僧众云游，化缘度日。朱元璋也加入了化缘行列，又过了三四年的游方僧生活。

投奔义军，身入行伍

云游化缘，敲着木鱼，山栖野宿，使朱元璋备尝艰辛，同时，也让他深切地了解了百姓的疾苦。这期间，他走遍了淮西、豫南，熟悉了当地的山川地形，这对他后来带兵打仗极有好处。而淮西一带，当时正值彭莹玉等人在那里宣传弥勒教，进行秘密活动，朱元璋对此也有所耳闻。这段经历既锻炼了他深沉机警的性格，也让他沾染上游民的习气。至正八年（1348），朱元璋回到了皇觉寺。三年后，红巾军起义爆发了。

公元1368年

世界大事记：日本南朝后村上天皇卒，长庆天皇即位，足利义满任幕府将军。■第二次丹麦-汉萨同盟战争爆发。

人物：朱元璋 郭子兴 李善长
关键词：逆境 机遇 尊贤
故事来源：《明史·太祖纪》《明史·李善长传》

当地的郭子兴等人起兵响应红巾军领袖韩林儿，濠州城内刀光剑影，声势很大。虽身居佛门清净之地，但见过世面的朱元璋内心也不平静，他不断打听外面的形势，关注事态的发展。一天，儿时的朋友汤和派人捎来口信，让他前去投军，此时，汤和已在郭子兴的军中当了军官。几经思量，朱元璋毅然离开皇觉寺，去濠州投奔郭子兴，那年他二十五岁。

朱元璋起初只是一名小兵，但他作战勇敢，为人仗义，很快被郭子兴看中，收为亲兵，不久又将义女马氏许配给他。做了郭元帅的女婿，朱元璋在军中的地位就与众不同了。

自谋发展，任用贤人

当时，濠州城内共有五位元帅，彼此不服气，时常闹矛盾。他们打下濠州不久，便不思进取，只知争权夺利，不去扩展壮大。朱元璋心内明白，郭子

清代年画《洪武出世》

此幅名为《洪武出世》的清代民间年画画的是朱元璋小时候的一个故事：朱元璋幼时家贫，为刘太秀家放牛为生。一日，顽皮的朱元璋心生一计，与小伙伴一起杀了头小牛饱餐一顿，然后将牛尾插入石缝中。待刘太秀问起，朱元璋说小牛钻进石缝中了。刘太秀不信，便去查看，朱元璋只得暗中祷告："山神、土地，快来保佑！"刘太秀见到牛尾，发现牛尾在动，用手拉扯，石缝中有牛叫声，只得作罢。

兴、彭大、赵均用这些人都没有多大远见，成不了大事，于是，暗中培植自己的势力。不久，朱元璋奉命回老家钟离（今安徽凤阳东北）去招募兵士，小时候的放牛伙伴徐达、周德兴和乡里的许多青年都来报名。（这些人后来南征北战，立下赫赫战功，先后成为朱元璋的得力将帅。）没有几天，朱元璋就招募到七百人，带到濠州，郭子兴异常高兴，提升朱元璋为总管。这时的朱元璋已不想呆在濠州城，他立志要去外面闯荡，扩大地盘。在征得郭子兴的同意后，朱元璋带着徐达等贴身兵士离开濠州。

031

公元1369年

| 中国大事记 | 朱元璋诏修《元史》，同年成书。 |

元末农民起义示意图

朱元璋进展顺利，沿途消灭了一些地主武装。他的部队纪律严明，一般不骚扰百姓，所以前来从军者很多，势力逐渐壮大。攻克定远后，当地士人冯国用、冯国胜兄弟带着自己的武装主动前来归顺。朱元璋见冯氏兄弟身着儒服，气宇不凡，便时常向他们请教，让他们参预军中机务。

在进军滁州途中，又接纳了李善长。李善长也是定远人，从小熟读诗书，长期研究兵法，颇有谋略。有一次，朱元璋问李善长："现在天下大乱，到处都在打仗，什么时候才能太平？"李善长答道："秦朝末年，也这样大乱。汉高祖刘邦是平民出身，他为人豁达，知人善用，不乱杀无辜，只花了五年时间就统一了天下。"停了一下，李善长接着说："现在元朝的政治如此黑暗，天下顷刻土崩瓦解。您是濠州人，距刘邦的家乡沛县不远，您何不向汉高祖学习呢？"朱元璋听后大喜，从此更加礼贤下士。

升任元帅，雄心勃勃

至正十五年（1355），郭子兴病死。这时，刘福通已派人把韩林儿接到亳州，立为皇帝，称为小明王，建国号为宋，年号龙凤。小明王任命郭子兴的儿子郭天叙为都元帅，朱元璋为左副元帅。不久，郭天叙战死，朱元璋成为大元帅，顺利地接管了郭的旧部，成为独当一面的领袖。

随后，朱元璋采纳冯国用的建议，趁元朝廷无暇南顾之机，于次年攻克集庆（今江苏南京）。这位做过和尚的大元帅，雄心勃勃，开始实施他的下一步计划。

> **历史文化百科**
>
> 〖二十四衙门〗
>
> 明代内府十二监、四司、八局的总称。十二监分别为：司礼监、内官监、御用监、御马监、司设监、尚宝监、神宫监、尚膳监、尚衣监、印绶监、直殿监、都知监。四司是：惜薪司、宝钞司、钟鼓司、混堂司。八局为：兵仗局、巾帽局、针工局、内织染局、酒醋面局、司苑局、浣衣局、银作局。二十四衙门中，除浣衣局外，其余都设在皇城中。

公元1369年

世界大事记：英法战事再起。

《明史·朱升传》
朱升　朱元璋　谋略
人物　关键词　故事来源

○○二

朱升献策

"高筑墙、广积粮、缓称王"，朱升建议朱元璋强固后方，积蓄实力，韬光养晦。

四周强邻的处境

出身贫贱的朱元璋，利用元末的政局动荡，几经辗转，渐渐崛起于群雄角逐之中。至正十六年（1356），朱元璋接受韩林儿的任命，为江南行省平章，他将集庆路改称为应天府，以此为中心，向四周发展，在此后的一年多时间里，先后攻克镇江、长兴、常州、宁国、江阴、常熟、池州、徽州、扬州等周围地区，地盘迅速扩展。

与此同时，在朱元璋的北面是韩林儿、刘福通；东面张士诚据平江（今江苏苏州），占有淮水下游、江苏东部和浙江北部；西面两湖、江西和皖南等地则为徐寿辉所据。各方势力都在积极扩张。另外，还有元军及南方一些小股割据势力。处于这种特殊的形势之下，如何生存，怎样发展，便成了朱元璋和他的谋臣将士经常讨论的问题。

"高筑墙，广积粮，缓称王"

朱元璋在攻下徽州后，召见当地名流名士，询问策略。其间，有一人名叫朱升，字允升，休宁人。此人好学不懈，熟读经书，即使是在兵荒马乱、东躲西藏之时也从不荒废诵读，人称枫林先生。这时他见朱元璋礼贤下士，胸怀大志，便侃侃而谈，畅所欲言，提出三条战略方针，这就是著名的"高筑墙，广积粮，缓称王"，虽然只有九个字，却极富韬略。第一条重在强固后方军事；第二条旨在发展农业生产，积蓄经济实力；第三条是不急于称王称帝，以免树大招风，引起群雄

垦地产业凭证

这件开垦帖是明初发给直隶徽州府祁门县农民黄玄生开垦荒地的产业凭证。帖中把他开垦荒地的名称、地理位置、四至、面积、三年后应交纳税粮数量都记录在案。帖中明确规定所开垦荒地"永为己业，俟三年后将该科税粮依期送纳，毋为"。意思是说这块田永远归黄氏所有，三年后要依照规定纳税。这与明初规定农民开垦的政策是完全一致的。

033

公元1370年

| 中国大事记 | 元顺帝死于应昌，子爱猷识里达腊嗣位。 |

《太祖兵取金陵府》
此图出自《皇明英烈传》。

历史文化百科

〔明代的主食〕

明人的主食有饭、粥、面条、糕、馒头、包子、饺子、各种名点小吃以及小米、黄米、高粱米等杂粮食物。饭从食物构成来看，有米饭、麦饭、黍饭、粟饭、高粱饭、甘薯饭、玉蜀黍饭等。明代粥的品种较多，因成分、用途和食用季节不同而分，高濂《遵生八笺》卷十一《饮馔服食笺上卷》中记载了莲子粥、竹叶粥、牛乳粥、山药粥、羊肉粥、绿豆粥等达四十种。这些粥不但注重选料和搭配，而且以食补养生、祛病益寿为宗旨。明代面食的种类也很丰富，煮食的有汤饼、水滑面、馄饨、扁食、饺子等；蒸食的有蒸饼、花卷、馒头、包子、烧卖等；烤烙的有烧饼（炊饼）、烙饼、月饼、煎饼等；油炸的有油饼、薄脆、油条、麻花等。

关注，而备受四方攻击。朱元璋听了，十分赞赏，当即将朱升留在军中，参与军务谋议。

朱升的建议得到了逐步实施。此后不久，朱元璋即派出营田使，分巡各处，负责农事，兴修水利，另外还拨出一部分将士开荒屯田。不到几年时间，战时粮食困难的问题得到了解决，农民负担也有所减轻，军心稳定，百姓安居。就这样，朱元璋有条不紊地花了整整十年时间巩固根据地，积蓄政治、经济力量，以确保最后的胜利。

在改元称王方面，虽然一再有部下劝进拥戴，但朱元璋不急不忙，一直在名义上接受小明王韩林儿的领导。韩林儿早在1355年就已称帝，而徐寿辉在起义当年（1351）即称帝，国号天完，后为部将陈友谅杀害。陈友谅先自称汉王，1360年正式称帝，国号汉。张士诚则在起事次年（1354）称王，国号大周，后改称吴。朱元璋直到1364年始称吴王，但仍用龙凤年号。此前一年，韩林儿遭张士诚部将攻击，朱元璋前往救援，挟带韩林儿南还，奉养于滁州。1366年，朱元璋派人到滁州迎韩林儿，渡江时覆舟，韩林儿溺死江中，龙凤政权就此结束。第二年（1367），朱元璋顺理成章地改元纪年，是为吴元年。

公元1371年

世界大事记：日本北朝后圆融天皇登位。同年，日本向明朝派遣贡使。

人物：朱元璋、陈友谅
关键词：康茂才诈降、谋略
故事来源：《明史·太祖纪》

鄱阳湖水战

朱元璋以水军二十万对陈友谅六十万水军，决战于鄱阳湖，结果如何？

康茂才诈降

当朱元璋以应天府为中心，向四周发展势力时，首先遇到的强敌是陈友谅。陈友谅原是徐寿辉起义军的部将，公元1360年，他杀了徐寿辉，自立为帝，国号汉。他占据江西、湖南、湖北一带，地广兵多。最为显耀的是他有一支强大的水军，拥有数百艘战舰。因此，他根本不把朱元璋放在眼里，称帝不久，就亲率水军沿江东下，进攻应天府，准备一举消灭朱元璋。

大军压境。应天城内，朱元璋的将领议论纷纷，有的主张弃城逃跑，有的主张趁早投降，有的坚决要求拼一死战。朱元璋向谋士刘基请教，刘基说："来敌骄横，可待其深入，以伏兵痛击，我们以逸待劳，肯定能取胜。"经过商议，他们定下了诱敌深入的计策。朱元璋叫来陈友谅过去的老朋友康茂才，要他写信给陈友谅，假装投降作内应，并向他提供假情报，建议陈友谅兵分三路，以达到分散其兵力的目的。

陈友谅信以为真，立刻率水军出发，直驰约定地点——江东桥。按约定方法，连喊数声"老康"，谁知无人答应。陈友谅这才发觉上当，急忙命令撤退。但为时已晚，伏兵四起，陈友谅仓促应战，死伤、溺水者无数。陈友谅在部将的保护下，乘小船逃走。

火攻巨舰

此战陈友谅折损严重，他不甘心失败，养精蓄锐，大造巨舰，决意报仇。过了三年，即公元1363年，他统帅六十万水军，数百艘巨舰，进攻已被朱元璋占领的洪都，即今江西南昌。洪都城中将士奋战死守，陈友谅围攻八十五天，都未攻破洪都。这时，朱

明代年画《鄱阳湖》
鄱阳湖一战，朱元璋以少胜多，大败陈友谅，为日后称帝打下了良好的基础。此幅明代年画画的正是鄱阳湖水战的激烈场面，但其中加入了神话色彩，如龙王参战，表示朱元璋是依靠了神力才取得了奇迹般的胜利。

《伯温计破陈友谅》
此图出自《皇明英烈传》。

035

明孝陵神道

公元1372年

世界大事记

倭寇侵掠高丽,大将李成桂奉命征讨。
■法军击败英军,收复普瓦提埃等地。

元璋亲率二十万水军前来救援,陈友谅只得撤去包围,东出鄱阳湖,准备与朱元璋决一死战。

朱元璋首先派兵封锁了鄱阳湖的出口,扼住陈友谅的退路。随即布阵展开进攻。然而,陈友谅的战舰都是高大无比的巨舰,且以铁索相连,旌旗楼橹,望之如山;相比之下,朱元璋的水军都是些小舟。连打了三天,朱军屡屡失败。水军元帅郭兴向朱元璋进言:"不是将士不死命作战,双方战舰大小相差实在太远,非用火攻不可。"

朱元璋觉得有理,立刻命人准备七条小船,满载火药、芦苇,并挑选数名敢死队员。傍晚时分,刮起了东北风,七条小船受命出发,直冲陈军水寨,稍

明孝陵神道(左页图)
明孝陵是明代开国皇帝朱元璋和皇后马氏的合葬陵墓,坐落在江苏南京紫金山南独龙阜玩珠峰下,东毗中山陵,南临梅花山,是我国古代最大的帝王陵寝之一。陵墓的修建工程从洪武十四年(1381)动工,到永乐十一年(1413)才告结束,前后历时三十二年,动用十万军工。其总体布局分为导引建筑的神道和陵寝主体建筑两部分。但其地面木结构建筑大多毁于1853年清军与太平军之战,现仅存下马坊、禁约碑、内红门、碑亭中壁、石像路、方城明楼下部等砖石建筑。

高速战船:走舸
明代的战船发展迅速,战船种类也明显增多。走舸是一种轻便高速的战船,来去如飞,乘人不备时予以突袭。

明神火飞鸦
神火飞鸦是以风筝的形式,结合火箭推动的原理而发明的燃烧弹,可飞行300米,多用于火战。

稍靠近,便乘风纵火。风急火烈,霎时间,数百艘巨舰全部延烧起来,烟焰弥天,湖水皆赤。陈军舰队因连接在一起,无法脱逃,将士被烧死和溺水者不知其数,陈友谅的两个弟弟也被烧死。

陈友谅败亡

之后,又经过几次战斗,锐气已挫的陈军再也无法组织起有效的攻守,频频失利。士气日益低落,连左、右金吾将军也投降到朱元璋军中。陈友谅一气之下,下令将俘获的朱军将士全部杀死。朱元璋闻讯,马上命令释放俘虏,并给受伤的俘虏治疗,传令全军:今后如俘获陈军将士,一律不杀。如此一来,陈军将士更无斗志,而朱军将士则进一步坚定了死战的决心。

陈友谅眼看大势已去,只得率残部向湖口突围,朱军齐发箭矢。陈友谅探头舱外窥视,竟被一支流矢射中当场毙命。其部将载着陈友谅的尸首,带着他的儿子陈理乘夜逃回武昌。

在这场著名的鄱阳湖水战中,朱元璋以少胜多。次年(1364),朱元璋又亲率大军征武昌,歼灭陈友谅的残余势力,陈理投降。这样一来,陈友谅的国土尽归朱元璋所有。这一年,朱元璋宣布称王,国号为吴。

公元1371年

中国大事记：朱元璋策试天下贡士。

○○四

围攻张士诚

张士诚据平江后上下嬉娱懈怠，朱元璋围而攻之。

对手张士诚

消灭陈友谅后，朱元璋遇到的下一个强劲对手便是张士诚。张士诚，小名张九四，泰州人，贩盐为业。元末群雄纷起之时，他也乘势聚众起兵。十年经营，拥兵数十万，占有了淮水下游、江苏东部和浙江北部的广大地区。公元1363年，张士诚以平江（今江苏苏州）为都，自称吴王。

张士诚外表持重寡言，轻财好施，招延四方宾客，也知道笼络人心。看来他很大气，但其实没有什么远见，特别是占据平江后，身处繁华之地，渐渐骄奢懈怠。手下将官都忙于聚敛，终日笙歌宴舞。逢有战事，将官们一个个都不愿出战，非得张士诚重赏官爵、田宅，才勉强领命。丧师失地，张士诚往往也不加追究。上下嬉娱，全无斗志。

朱元璋与陈友谅大战时，陈友谅曾派人前往平江，约请张士诚协同作战，以对朱元璋形成夹击之势。但那时，张士诚一心想"守境观变"，始终按兵不动。

朱元璋取得对陈友谅的胜利后，迅即回师，攻击张士诚占据的淮东地区，包围高邮。张士诚这时才如梦方醒，急派水军溯江前往救援。但战机已失，各路兵马节节败退，尽失淮水下游地区。

合围平江

在应天府，朱元璋已开始谋划对张士诚的进一步攻击。有人表示担忧，认为张士诚虽损兵折地，但兵力未衰，土沃民富，积储丰厚，立即攻击恐怕难以成功。朱元璋乘胜进军的主张，得到大将徐达等将官的响应。公元1366年，朱元璋发布檄文，声讨张士诚，并命徐达、常遇春统帅二十万大军出击。出发前，朱元璋与诸将商议，定下了先取湖州、杭州，再围平江的战略，同时通令全军："城下之日，毋杀掠，毋毁庐舍，毋伐丘垅，士诚母葬平江城外，毋侵毁。"

徐达等率军从太湖进围湖州，张士诚派六万人前往救援，仍难解其围。张士诚感到情况紧急，亲自督战，也被打败，湖州守将出降。随后，嘉兴、松江、杭州守将相继投降，平江成为一座孤城。

徐达等很快对平江形成合围，张士诚坚守城池，数月不出。其间，朱元璋派人送信给张士诚，劝他投降以全身保族。张士诚不加答复，组织了几次突围，都不成功。张士诚军中有勇胜军，号称"十条龙"，骁猛善战，为张士诚所宠任，常穿银铠锦衣出入战阵，此次在突围战中也被打败，全部溺水而死。形势对张士诚越来越不利。这时，原部将李伯昇派人前来游说，建议张士诚"开城门，幅巾待命，当不失万户侯"。张士诚沉思良久，对来人说："让我再考虑一下。"但最终还是没有走投降这条路。

久困之下，有人向张士诚献计，拆城中木石，甚至毁祠庙民居，制成飞炮，对付攻城将士。徐达等马上想出对

武士俑

此明武士俑所持盾牌极高大，接近一人高，可供士兵在城防时使用。

公元1373年

世界大事记：日本南北朝在肥后水岛交兵。

《明史·张士诚传》《明通鉴·太祖》

人物：张士诚 朱元璋 徐达
关键词：享乐 果断 尊严

策，用树木架起屋框，上面覆盖竹笆，士兵在下面，抬着它攻城，躲过城中施放的矢石，继续猛攻，终于在公元1367年攻下平江。

张士诚自尽

城破后，张士诚想纠集残余再战，然而，树倒猢狲散，走的走，逃的逃，所剩仅数骑，张士诚只得

盐贩出身的草头王
张士诚盐贩出身。在元至正十三年与弟弟士德、士信率盐丁起兵，攻下高邮等地。次年称诚王，国号周，十六年定都平江（今江苏苏州）。降元后受封为太尉，曾与方国珍从海道运粮，接济元都。至正二十三年攻安丰，杀红巾军领袖刘福通，自称吴王。后屡被朱元璋击败，二十七年秋平江城破，被俘至金陵缢死。

《徐元帅平定姑苏》
此图出自《皇明英烈传》。

仓皇回府。早在被围困之时，张士诚曾忧虑地对他的夫人刘氏说："我快要败亡了，你们怎么办？"刘氏回答道："请君不要担忧，我决不辜负于你。"刘氏在齐云楼下堆积木柴，城破之时，她将群妾都赶到齐云楼上，纵火焚烧，自己则自缢而死。

张士诚悲愤交加，独坐府中。日暮时分，他关起门户自缢，被人救起，醒来后，面对徐达派来劝降的人，闭目不语。徐达只得叫人将他抬出，用船运往应天府。在船上，张士诚绝食求死不成。船到应天，终于自缢而死，时年四十七岁。

吴地获罪

消灭了张士诚，朱元璋便于次年（1368）称帝，定国号为明，将平江改为苏州府。平江之围达十月之久，朱元璋因此迁怒于城中士民，特别是豪族，责怪他们帮助张士诚守城，攻下平江城后，即迁徙苏州富民到濠州。朱元璋一时盛怒，又加重赋于苏、松地区，没收豪族和富民的土地为官田，在此后很长一段时间里，苏州人苦于重赋，民间传言："困我吴民年五百，祸由明祖怒张王。"

公元1372年

> **中国大事记**
> 朱元璋下令以农桑、学校的状况考察官吏政绩的优劣。

○○五

传奇谋士刘伯温

朱元璋十分器重刘基，将他比作刘邦的谋士张良

明太祖朱元璋在夺取天下的过程中，帐下集中了一批文人谋士，为他出谋划策。其中最著名的谋士，便是富有传奇色彩的刘基。

刘基，字伯温，浙江青田人。从小聪颖过人，他的老师曾预言他将来前途无量。刘基遍览群书，博通经史，尤其精通象纬之学，有人因此将他与诸葛亮相提并论。元末中进士，做过高安县丞、江浙儒学副提举等官，后弃官还乡，著《郁离子》。

出谋划策

朱元璋的军队打到浙东，听说刘基大名，再三延请。于是，刘基出山，投归朱元璋。朱元璋十分高兴，特地为刘基及宋濂等四人盖了一座礼贤馆，恩礼备至。初到军中的刘基即向朱元璋进言："张士诚固步自守，不足为虑。陈友谅挟持徐寿辉，名号不正，地处上游，处心积虑要进攻我们，应当设法先消灭他。陈友谅覆灭，张士诚就孤立了，可一举攻取之。然后北向中原，成就王业。"以后的形势发展，正如刘基所预料。战陈友谅、围张士诚、北伐中原，朱元璋的每次较大的军事行动，都有赖于刘基的智谋。

刘基长得高大挺拔，满脸虬髯，谈论天下时势，往往慷慨激

鸂鶒补子（上图）

这方明代的补子边长36厘米，正方形，双层，黄色提花缎面衬，衬里用连续排列的四合云图案，缎面素色，质地柔软，金线刺绣。上部堆绣十二朵祥云，下部绣湖石、松竹梅和牡丹花，梅花枝条盘错，直插云中。中部绣两只鸂鶒，一仰一俯翱翔在鲜花彩云中，主题突出，布局有序，选料上乘。刺绣图案和谐，绣工精绝，根据禽鸟、花卉、云彩的不同部分采用不同的绣法，即便是禽鸟的一根羽毛、花卉的一根小小的花蕊、枝干上一条纤细的缠枝等都用枪针、反枪针、铺针、缠针、滚针、接针等不同的针法，处理得恰到好处。绣面光泽明亮，富丽堂皇，是刺绣的佳品。

> **历史文化百科**
>
> 〔官品的识别标志：补子〕
>
> 也叫"背胸"，是明朝官吏代表品级的徽识。《明史·舆服志三》中规定文武官冠服："(洪武)二十四年定，公、侯、驸马、伯服，绣麒麟、白泽。文官一品仙鹤，二品锦鸡，三品孔雀，四品云雁，五品白鹇，六品鹭鸶，七品鸂鶒，八品黄鹂，九品鹌鹑，杂职练鹊，风宪官（御史）獬豸。武官一品二品狮子，三品四品虎豹，五品熊罴，六品七品彪，八品犀牛，九品海马。"凡文武官员，不论级别，都必须在袍服的前胸和后背缀一方补子。文官用飞鸟，象征其文采；武官用走兽，象征其威猛。这是明朝官服中最具特色的装束，只要看清前胸和后背上的补子，就知道是文官还是武将以及官品的高低。

公元1375年

> 世界大事记：英法签订《布鲁日休战协定》。

《明史·刘基传》
谋略 博学 韬晦
刘基 朱元璋 胡惟庸
人物 关键词 故事来源

龙纹铜体水罗盘
我国古代"天人合一"的思想几乎贯穿于社会的各个层面，反映在建筑业，即表现为在修建住宅、陵墓之前看风水，以断吉凶，称之为堪舆。图中的明代龙纹铜体水罗盘为当时相墓时用的罗盘。

昂，义形于色。常能急中生智，出其不意，解危急于一旦。朱元璋十分器重刘基，称他老先生，而不直呼其姓名，并将他比作刘邦的谋士张良。

料事如神

刘基密切关注天下形势的变化发展，以自己渊博的学识和异乎寻常的洞察力，进行分析推断，因而预测事情极准，赢得了"料事如神"的赞誉，民间甚至传说他未卜先知，还传说他有呼风唤雨的本领。其实，这与他精通天象有关。刘基常通过观察天象，根据天气变化，制定策略，安排行军打仗。另外，他也常利用天气变化，做一些好事。如吴元年，江南大旱，刘基夜观天象，知道近日将降大雨。于是，他对朱元璋说："天一直不下雨，是因为狱中有冤案。"古时，天文现象常跟人间吉凶连在一块，故而朱元璋对刘基的话深信不疑，马上派刘基复查狱中的案子，平反冤案。几天后，果然乌云密布，下了一场透雨。刘基又乘机劝朱元璋制定法律，以免滥杀。其后，又多次利用类似机会，谏劝朱元璋不要太过严刑峻法，他

说："严霜冻雪之后，必定是阳春季节。国家已经安定，施政当宽和一些。"

朱元璋开国当了皇帝后，封刘基为诚意伯，一度还想叫刘基做丞相。刘基顿首推却道："选丞相就如换栋梁，必须用大木头，如果用小木头，房屋就会倒塌。"朱元璋问，杨宪、汪广洋、胡惟庸三人可否做丞相，刘基说："做宰相的人，要持心如水，以义理作为权衡的标准，公正无私。杨宪有宰相之才，却没有宰相的器量。汪广洋则更加褊狭。至于胡惟庸，就如一驾马车，只怕有一天会辕倒车翻。"朱元璋便坚持要刘基做丞相，刘基说："我疾恶如仇，又耐不住事情繁剧，担当不了重任。天下有的是人才，希望陛下悉心物色。目前诸位实在不堪此任。"后来，杨宪、汪广洋、胡惟庸都曾先后为相，但不幸被刘基言中，很快被罢相，并相继被诛。

足智多谋的刘伯温
刘基，字伯温，元末进士，弃官归隐后加入朱元璋的起义军，是朱元璋的重要军事参谋。明朝建立之后，封诚意伯。尽管他像范蠡一样功成身退，但仍然受到朱元璋的猜疑，被牵入胡惟庸案，忧愤而死。

公元1373年

中国大事记	颁定《大明律》。

防蛀纸
明代造纸技术发达，相应地对书籍的保护方法也得到提高。当时有一种防蛀纸，是铅丹涂布纸，主要成分为四氧化三铅，有驱虫作用。明代用这种纸加装于书的首尾两页，对保护书籍起到重要作用。

韬光养晦

朱元璋做了皇帝后，对开国文武功臣很不放心，多有猜忌。刘基很早就看出了这一点。加上刘基性情刚烈嫉恶，得罪了一些人，如李善长、胡惟庸等权臣。于是，就在封为诚意伯的第二年，告归还乡。

刘基回到青田后，饮酒下棋，过着隐居生活，从不谈论自己过去的功劳。青田县令一再求见，都被婉言谢绝。一次，县令扮成乡人前去拜访刘基。刘基正在洗脚，见来人，连忙穿了鞋子，将他请进屋，并热情地留饭。当请教姓名时，县令只得实说："我是青田县令，特来拜访先生。"刘基连忙起身称民。此后，再也不与县令见面。

横遭陷害

然而，即便如此，刘基也没能逃脱陷害。在浙江瓯、括之间，有一块地方叫谈洋，为盐盗出没之地。刘基考虑到，朝廷若在谈洋设立巡检司，就可遏制盗匪，便叫在京任官的长子刘琏上奏此事。刘琏直接奏报皇帝，没有先通过中书省。这时，胡惟庸正执掌中书省，意欲独断专权，自然对此事不快，加上之前已有矛盾，便设计陷害刘基，对朱元璋说，"谈洋这块地方有王气，刘基想用来做墓地"，等等。朱元璋将信将疑，虽没有加罪，但还是削夺了刘基的俸禄。

在青田的刘基大为惊恐，连忙入京谢罪，并留在南京，不敢再回乡里。他在忧愤之下，一病不起。胡惟庸假意前来探望，并带了一位医生来给刘基看病。刘基服了这位医生的药后，当即感到似有拳头大的石头堵在腹中。朱元璋见刘基的病越来越重，便派人护送他返乡。到家一月后，即病逝，享年六十五岁，时为洪武八年（1375）。

除了足智多谋外，刘基的文章也为人们所推崇，评者认为他的文章"气昌而奇"，堪称一代文宗，与宋濂齐名。除《郁离子》外，刘基还有《覆瓿集》、《犁眉公集》等著作，均收入《诚意伯文集》中。

《高昌馆来文》书影
《高昌馆来文》又称《高昌馆课》，是明代高昌馆编辑的一部公文集，用汉文和回鹘文书写，是研究明代回鹘文字的重要文献资料。

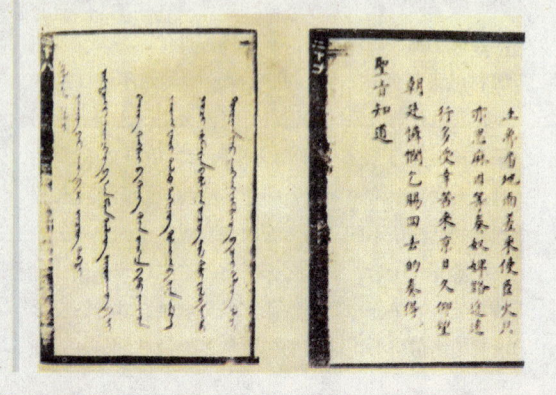

公元1378年

公元 1378 年

世界大事记：日本幕府将军足利义满移居京都室町街，正式称室町幕府。意大利佛罗伦萨梳毛工人起义。威尼斯－热那亚战争又起。

人物：朱元璋 李善长
关键词：威仪 质朴
故事来源：《明史·太祖纪》

○○六

明太祖开国

1368年朱元璋登帝位，定国号为明，年号洪武，史称明太祖。

称吴王

经过十多年的征战经营，朱元璋威名日著，霸业渐成。他手下的文武将官李善长、徐达等人屡屡上表，劝他称王立国。朱元璋表示"俟天下大定，行之未晚"。后来，陈友谅败亡，小明王韩林儿被朱元璋奉养于滁州。见时机成熟，朱元璋遂于元至正二十四年（1364）正月，称吴王，建百司官属，但仍用小明王的龙凤年号，明确提出要以元朝衰败为鉴，"立国之初，当先正纪纲"。

《晓关舟挤图》（明·袁尚统绘）

袁尚统（1570—约1661），字叔明，江苏苏州人。其画山水浑厚，人物野放，颇得宋人笔意，多画民间风俗，作品有浓厚生活气息。此图用笔粗犷豪放并具稚拙感，在人物处理上，简括精练，着眼于"挤"，通过对人物或呼或喊、或坐或站的不同姿态的描写，以及各种神态各异的人物面部表情，来渲染热闹的气氛。

两年后，朱元璋命亲信廖永忠等前往滁州，迎小明王到应天。在瓜步渡江时遇险翻船，小明王落水，溺死江中，龙凤政权终结。朱元璋便顺理成章地改元了，至正二十七年（1367），称吴元年，立宗庙社稷，建宫室，开科举。与此同时，朱元璋派出的各路兵马捷报频传，徐达、常遇春等攻破苏州，生俘张士诚；汤和等降方国珍，擒陈友定。一时，淮南、浙东、江西、荆楚等地尽归朱元璋。朱元璋意气风发，一鼓作气，派徐达、常遇春统兵二十五万，北伐中原。

登帝位

长期跟随朱元璋征战的武将谋士们，都希望朱元璋能尽快登帝位，他们推李善长为首，奉表劝进，

太祖登基

043

公元1375年

> **中国大事记**
> 立钞法,罢宝源局铸钱,禁用金、银、货物交易。

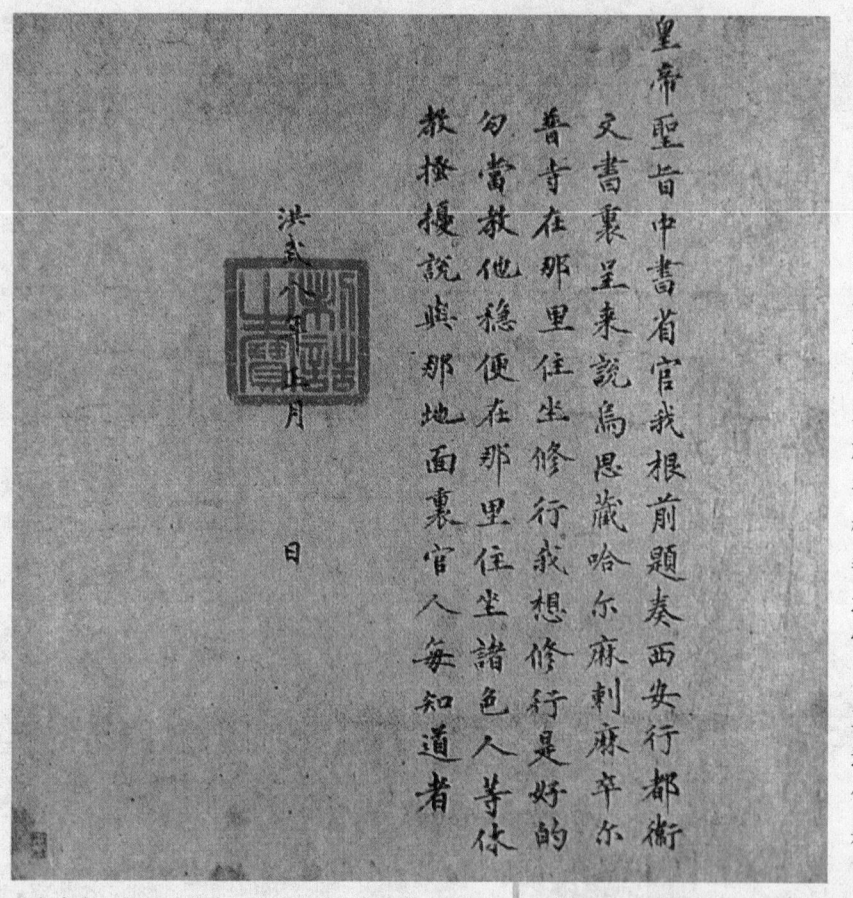

朱元璋颁发的圣旨
古代,为了表示对最高统治者的尊敬,凡是皇帝颁发的诏、令、制、诰等,统称为"圣旨"。此图为明太祖朱元璋洪武八年(1375)颁发的一道圣旨,被完整地保存着。

皇帝圣旨中书省官我根前题奏西安行都卫文书裹呈来说为恩藏哈尔麻剌麻辛尔普寺在那里住坐修行我想修行是好的句当教他稳便在那里住坐诸色人等休教搅扰说与那地面裹官人每知道者

洪武八年七月　日

三上表章。经再三谦让,朱元璋终于宣布接受群臣的请求,于翌年正月初四正式即帝位。于是,应天府上上下下,开始忙于各项准备工作。一日,朱元璋见预备好的仪仗旗中,有"天下太平,皇帝万岁"字样,便对身边的李善长说,这是夸大之词,非古制,把它去掉吧。

公元1368年正月初四日,在接连雨雪阴霾后,天气放晴,有人说这是升平的预兆。

朱元璋这天精神焕发,率群臣赴应天南郊,祀天地及诸神,行祭告礼,即皇帝位,定国号为明,建元洪武。李善长领着文武百官叩拜,山呼万岁。朱元璋随后颁即位诏,告示中外,晓谕天下;然后,祭太庙,追尊前四代祖为皇帝;礼成返跸,升殿接受群臣朝贺,立马氏为皇后,世子朱标为皇太子,以李善长、徐达为左右丞相,刘基为御史中丞兼太史令,诸功臣皆加官进爵。

自此,明室肇基,朱元璋成为明太祖。

> **历史文化百科**
>
> 〔明代综合性的法典:《大明律》〕
> 由明太祖朱元璋下令编修,洪武年间更定颁行。其篇目为名例、吏、户、礼、兵、刑、工七篇,隋唐以来沿袭已久的封建法律篇目至此一变。《大明律》增加、充实、加强了专制主义中央集权制度的内容,是一部比唐律有所发展的法典。

公元1380年

世界大事记

英法停战。法王查理五世卒，子查理六世嗣位。

善行　仁爱　民本
马皇后　朱元璋　沈万三
《明史·后妃传》《明通鉴·太祖》
人物　关键词　故事来源

〇〇七

为人仁厚的马皇后

马皇后跟随朱元璋转战创业，同甘共苦；立国后关心百姓疾苦，时常劝谏太祖。

贤德的皇后

马皇后，明太祖朱元璋的结发妻子，太祖称帝后，册立为皇后。

马皇后本为凤阳宿州人，其父与郭子兴是好朋友，病逝较早，临终前将女儿托付郭子兴，郭子兴收为养女。朱元璋投奔郭子兴，勇敢善战，郭子兴十分器重，便把养女马氏许配与他。从此，马氏便跟随朱元璋转战创业。

贤德的马皇后

马皇后(1332—1382)，宿州（今属安徽）人。马公之女，后托之郭子兴，为其养女，嫁给朱元璋为妻。明洪武元年(1368)册封为皇后。卒谥孝慈。

战争期间的生活动荡不安，十分艰苦，马氏总是想尽办法安排好朱元璋的饭菜，自己却常顾不上饮食。有一段时间，郭子兴听信别人的话，对朱元璋多有猜忌，有一次甚至把朱元璋关了起来。马氏想到丈夫饿着肚子，便到厨房偷了些热炊饼，藏在怀中，送给朱元璋吃。饼热，把马氏的皮肤都烫焦了，朱元璋深为感动。马氏还经常走访郭子兴夫人，礼重情厚，终使嫌隙得释。后来，朱元璋回顾那段日子，对

世界皇冠奢侈豪华之最

凤冠是皇后在接受册封、谒庙、参加朝会时所戴的礼帽。定陵出土的万历孝靖皇后凤冠用漆竹扎抽帽胎，前部饰有九条金龙，口衔珠滴，下有八只金凤，后部也有一只金凤，共九龙九凤。冠上共嵌有红宝石一百余颗、珍珠五千余粒，金龙、翠凤、珠花、翠叶、金彩交辉，富丽堂皇，堪称瑰宝。从中可以看出明代帝王后妃豪华奢侈的宫廷生活，后期装饰远远超过明初所订制度，可见明末奢侈之风更盛。

045

公元1376年

> 中国大事记：朱元璋改行中书省为承宣布政使司。

银质鎏金白玉花鸟纹霞帔坠饰

该器直径4厘米，装饰在霞帔下部，鸡心形，正面分为内外两区。内区圆形，镶嵌玉镂雕牡丹绶带鸟纹，绶带鸟侧身作回首状。外区鸡心形，錾刻繁密的花朵，每朵花蕊镶嵌红色或蓝色圆宝石，惜多脱落。背面镂刻龙凤牡丹纹，中间一朵牡丹花，外层花瓣平铺，内正含苞待放，左右两条龙，龙首一上一下，昂首张口穿插在牡丹丛中，上下各一只凤凰展翅翱翔。整体自上至下达三个层次。

马氏说："芜蒌豆粥，滹沱麦饭，时记于心，永久不忘。"入住应天府后，马氏对前方战事十分关心，亲制军衣、军鞋以鼓舞士气，与陈友谅大战时，她尽发宫中金帛，犒劳将士。

"夫妇相保易，君臣相保难"

朱元璋称帝后，曾有意访召皇后的宗族，加以爵秩，因为马皇后力辞而罢。太祖经常向群臣称赞马皇后的贤德，将她比作唐长孙皇后。马皇后则对太祖说："我听说，夫妇相保易，君臣相保难。陛下没有忘记我与你同贫贱的事，希望也不要忘记群臣与你同艰难的日子。我有何才德，敢与长孙皇后相比？"

有时，太祖在前殿裁决事情震怒，作出了一些对大臣不利的决定。等太祖回宫后，马皇后便委婉劝谏，设法保全大臣，有不少大臣因此而得缓刑戮。胡惟庸案发后，株连众多，就连已退休在家的大学士宋濂，也因孙子被指为胡党而受到牵连。马皇后知道后，对太祖说："老百姓家为孩子请个老师，尚且恭恭敬敬，善始善终，何况天子？再说，宋濂退休在家，孙辈们的事情他未必知道。"太祖正在气头上，不听其劝。过了一会儿，马皇后陪太祖吃饭，她坐在一旁，不沾酒肉。太祖见状发问，马皇后难过地说："我在为宋先生祈福。"太祖动了恻隐之心，投箸而起。第二天，下令赦免宋濂死罪。类似这样的事例还有很多。

"子（民）之安否，何可不问？"

马皇后虽深居内宫，但十分关心百姓疾苦。一天，她问太祖："现在天下的百姓是否安居乐业？"太祖认为这不是她要关

> **历史文化百科**
>
> **〔古代女性荣耀的象征：凤冠霞帔〕**
>
> 凤冠是中国古代贵族妇女所戴的礼冠，因以凤凰点缀得名。凤凰是万鸟之王，所以只有皇后或公主才配得上它，通常只在隆重庆典如婚礼上才戴，普通平民一概不能佩戴。汉代，太皇太后、皇太后、皇后祭服的冠饰上有凤凰。明代，皇后礼服的冠饰有九龙四凤，皇妃九翟四凤。凤冠讲究用金翠珠玉做出种种花样。另外，婚礼女子盛饰时所用彩冠也叫凤冠，样式多样。
>
> 霞帔是唐宋社会中比较重要的一种装饰品，吴自牧《梦粱录》中记载当时临安（今浙江杭州）富贵之家婚嫁时，必备金钏、金镯、金霞坠这三件金聘礼，若无金器，则以银镀代之。可见南宋时民间广泛使用金霞帔。明代对霞帔的使用作了明确具体的规定，即一至五品的命妇可用金霞帔，六至七品者用镀金霞帔，八至九品用银霞帔。"坠子中及花禽一，四面云霞纹，禽如霞坠，随品级用。"可见霞帔不仅是一种装饰品，也是身份地位等级的一种标志。
>
> 以后不断发展，凤冠霞帔遂成为嫡妻的例服，相沿至清末。

公元1382年

> **世界大事记**
> 日本北朝后小松天皇登位。■意大利佛罗伦萨开始寡头统治时期，施行宪法改革。

清代杨柳青年画《沈万三打鱼》

沈万三是元末明初的巨富。相传他原为秦淮河边的渔夫，一日见一人捉了一袋青蛙准备杀来吃，心有不忍，便花钱买下青蛙，并于附近水池中放生。到了晚上，沈万三突然被喧鸣的蛙声吵醒，出门一看，只见被他放生的青蛙围着一只瓦盆，便将瓦盆拿回家。他的妻子一次不小心掉了一小块银子在瓦盆中，谁知很快变成了一盆银子，这才知道这是一个聚宝盆。从此沈万三大富。民间有关沈万三得聚宝盆的传说有许多。此幅年画画的是龙王赠聚宝盆于沈万三。

心的事情，她却说："陛下是天下之父，我是天下之母，子民的事，怎可不问。"又曾询问太学生妻儿的衣食来源，朝廷因而为太学生的家属立仓积粮，并成为制度。

元末明初，江南吴兴有一个巨富，叫沈秀，世称沈万三，他的资产以万万计，田户遍布江南。但他好夸富斗雄，南京筑城，他出钱助筑，占总额三分之一；后又提出要犒劳军队。沈万三过于招摇，引起太祖忌恨，朱元璋大怒："匹夫犒天子军，是扰乱民心，这样的人应该诛杀！"皇后知道后，劝谏道："妾听说有法的人，应诛不法的人，而不是杀这种不祥之人。他富可敌国，本身就是不祥。不祥之民，老天爷会惩戒的，陛下又何必要去诛杀他呢？"由于马皇后劝谏，沈万三方免于死，仅被流放云南。

洪武十五年（1382），马皇后病卒，时年五十一岁。临终前，她遗言太祖，要他"求贤纳谏，慎终如始"。马皇后相从朱元璋多年，深知他的脾性，故有此遗言。马皇后死后，朱元璋一直怀念着她，至死没有再立皇后。

马皇后的慈厚，与明太祖朱元璋的严厉，是一个鲜明的比照。

公元1380年

中国大事记：朱元璋以谋杀罪名杀左丞相胡惟庸，株连众多。

○○八

凤阳乞丐

凤阳人身背花鼓走四方，竟与明开国皇帝朱元璋有关。

凤阳花鼓

凤阳出乞丐，因为那首脍炙人口的《凤阳歌》而闻名："说凤阳，道凤阳，凤阳本是好地方。自从出了朱皇帝，十年倒有九年荒。大户人家卖田地，小户人家卖儿郎。奴家没有儿郎卖，身背花鼓走四方。"凤阳人打着花鼓逃荒，扯出他们的老乡朱皇帝做招牌，这里还有一段故事。

朱元璋的家乡在濠州钟离，那一带流行唱花鼓。朱元璋平常没有什么娱乐爱好，但从小耳濡目染，对花鼓情有独钟，高兴的时候也会唱上几句。据说，朱元璋做了皇帝以后，他的家乡选派最优秀的花鼓手前去祝贺。等他们来到京师，登基大典正好结束，赶上朱元璋设宴款待群臣宾客。朱元璋见家乡来人，顿时大喜，连忙赐座。席间，有人提议唱花鼓助兴。朱元璋当即传旨，让乡亲们放声歌唱。于是，锣鼓声起，花鼓手们尽情歌舞，唱的多是些颂扬朱元璋的词句。这位新登基的洪武帝听了，龙颜大悦，对乡亲们说："如今我得了天下，不会忘记你们的。"并当场宣布："你们中间，有的可以去做官，有的可以帮我看守陵园，种田的可以不要缴纳租税，年老的只管快活地喝酒，保证衣食无忧。以后，一年三百六十天，你们就唱着过吧。"

皇帝的话就是圣旨，乡亲们在京城唱完花鼓，兴高采烈地回家去了。在凤阳，许多人以为好日子就要

明中都城墙
明洪武二年（1369），明太祖朱元璋将自己的家乡凤阳定为中都，并建造皇城，但由于皇城规划过于庞大豪华（其三大殿的规模甚至超过了后来的故宫三大殿），后不得不下诏停建。图为凤阳中都城内城西南角的城墙遗址。

《瀛洲图》犀角杯
杯身为山石状，杯内浮雕四爪云龙，杯外运用透雕、深雕、浮雕、阴刻等技法描绘一幅《瀛洲图》。瀛洲是古代传说的仙境之一。此杯富有文人意趣，曾被项子京收藏，有乾隆御题，雕工精湛，古朴雅致，传世犀角杯无出其右。

历史文化百科

〔明代的饮料〕

明代的饮料主要有酒、茶、冷热汤、乳酪以及各种蔬菜水果制成的汁等，其中酒、茶、汤消费量最大。明代的酿酒业极为发达，酿酒作坊和烧锅遍及城乡。随着制茶技术的不断改进、茶叶品质的继续提高、茶叶种类的增加，以茶待客成为明人生活中的重要习俗。喝牛奶的习俗也自北而南，被江南人所认同。

公元1383年

世界大事记：日本南朝后龟山天皇嗣位。

人物：朱元璋
关键词：贫穷
故事来源：《明史·太祖纪》《明史·刑法志》

来了，倾家中所有，整天大吃大喝，歌舞不止，把种田干活的事情忘个精光。

而朱元璋做了皇帝之后，也确实常以"朕本淮右布衣"自称，并将凤阳作为"龙兴"之地，在他登基后的第二年，即定临濠（凤阳）为中都，动工兴建城池宫阙，进行大规模营建，并迁来了一批又一批的移民。一时间，凤阳好不热闹。随后，大量土地被封赠给皇亲国戚。

众乡亲左右顾盼，以为洪武皇帝接下来就会想到他们，兑现诺言，给他们封官赏赐、发送皇粮。然而，等了很长时间，未有音信，凤阳人情急之中，只好背着花鼓沿途乞讨。边走边想：我们凤阳出的皇帝怎么说话不算数？再一琢磨，恍然明白：原来家乡出的朱皇帝，就是叫我们打着花鼓去讨饭，"以后，一

《凤阳花鼓》
此图出自清代《村庄生涯图册》。

漆绘盒
漆器是雕塑和漆绘高度结合的产物，胎体的造型和漆绘的图案与色彩都反映了人们的审美观念和艺术品位。就漆绘艺术而言，漆器的漆绘既有装饰性抽象化的动植物纹样，也有写实性的情景绘画。漆绘内容多与器物造型紧密配合。漆绘艺术在明代已经非常发达，"周制"与"镶嵌"法反映了明人对于漆绘工艺的贡献。

年三百六十天，你们就唱着过吧"。他把凤阳人钦点为叫花子了。于是，大家怨气满腹，编了首《凤阳歌》，用花鼓来痛骂朱元璋。

江南富民徙凤阳

上面的故事，传说的成分较多。史书上有关凤阳乞丐的来历，却另有说法。

朱元璋下令营建中都后，便强迫迁徙大量江南豪富到他的老家凤阳，严禁他们私自回归。江南富民每每想回乡扫墓祭祖，无奈之余，男女老幼成行，都只得扮作乞丐，逐队散入村落间乞食，"潜归祭扫，冬去春回"。可怜昔时钟鸣鼎食，今日颠沛流离于凤阳道上，困厄悲凉。相传，那首歌谣"家住庐州并凤阳，凤阳本是好地方；自从出了朱皇帝，十年倒有九年荒"，就是这时流传开的。人们都以为是凤阳遭荒乞食，其实，即使不是灾荒之年，他们也来行乞。以这种形式出现的乞丐，说来令人难以置信，竟与大明开国皇帝有关。

049

公元1380年

中国大事记：罢中书省，废丞相，更定六部官秩。

〇〇九

朱元璋诛杀功臣

做了皇帝后的朱元璋对功臣们的猜疑日深，开始向功臣们开刀。

论功行赏

明太祖朱元璋雄才大略，依靠手下的谋士武将，运筹帷幄，攻伐战守，终于开国做了皇帝，跟随朱元璋打天下的一班人也都成为开国功臣。

洪武二年（1369），太祖亲定功臣位次，下令在南京西北鸡笼山下建功臣庙，已死的功臣设像祭祀，未死的空着座位。次年，徐达、李文忠等北伐将士凯旋，太祖亲自出迎。不久，重叙诸将的功绩，再定次第，大封功臣，进封李善长为韩国公、邓愈为卫国公、常遇春子常茂为郑国公，汤和以下二十八人封为侯，汪广洋为忠勤伯，刘基为诚意伯。赐宴三日，并赐诰命铁券。

明太祖为了使他的公侯将相们对他忠心不二，先后编制《铁榜文》、《臣诫录》、《志诫录》，反复告诫文武勋臣保持晚节，切莫效仿西汉韩信、彭越。朱元璋还让儒臣在武将操练的闲暇讲解古代的忠臣烈士，对他们倍加劝勉。

大开杀戒

尽管如此，朱元璋对功臣们还是十分不放心。随着北方局势的稳定和南方割据的逐一平定，明王朝的统治得到进一步巩固，朱元璋对功臣们的猜疑也日渐

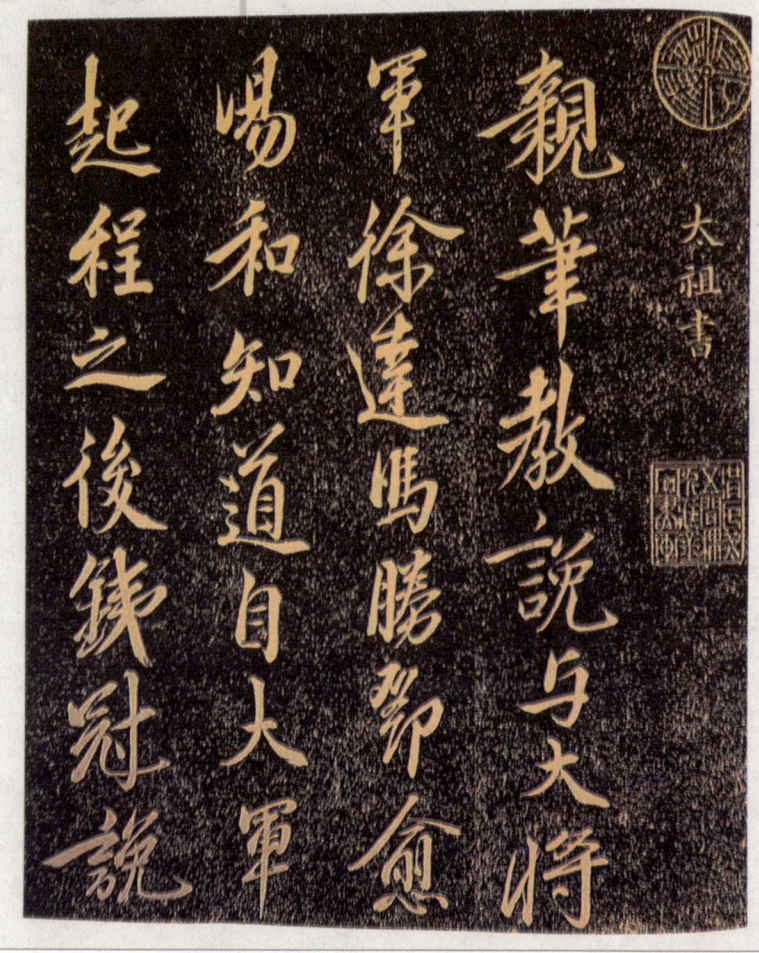

明太祖的手迹
《教说大将军》拓本（部分）
这封是保存至今的朱元璋写给他的大将徐达等人的亲笔书信。"亲笔教说与大将军徐达"等文可以看出这位和尚皇帝文笔简洁明了，不讲俗套。

公元1384年

| 世界大事记 | 英-苏格兰战事再起。 |

人物：朱元璋、胡惟庸、蓝玉、朱标
关键词：猜疑、残忍、冤狱
故事来源：《明鉴·太祖》

玉犬红木镇纸

上海宝山顾村明代朱守城墓出土，长28厘米、宽2.8厘米、高3.4厘米。镇纸长条形，中部卧一只圆雕白玉犬，犬身长6.2厘米，作卧伏状，两前肢交叉前伸，头伏于前肢上，两后肢曲卧，尾下坠。肋骨、指爪用阴线刻出，整体雕刻虽简朴，但形象生动逼真。

加深。而这时，这些功臣大多恃功骄恣，越礼不法，有的甚至横行霸道，鱼肉百姓，危及朱氏王朝统治秩序。以胡惟庸为首，一些功臣宿将结党专行，与君权发生冲突，使朱元璋感到了大权旁落的威胁。于是，他下决心向功臣们开刀。

洪武十三年（1380），明太祖以谋反罪杀左丞相胡惟庸等人。十年后，他又颁布《昭示奸党录》，以伙同胡惟庸谋反的罪名，赐第一功臣李善长死，杀列侯陆仲亨、唐胜宗、费聚、赵庸等，株连合计达三万余人。洪武二十六年（1393），以谋反罪杀凉国公蓝玉等，株连一万五千人，把军中的骁勇将领差不多杀了个干净。胡蓝之狱，前后延续十四年之久，元勋宿将被诛杀殆尽。此外，朱元璋还常以某罪名赐死、杀戮功臣，一些著名功臣如周德兴、傅友德、廖永忠、朱亮祖等或被赐死，或因小过而被鞭死、砍头。所谓的罪名，大多是猜疑附会而成，得以善终的功臣寥寥无几。

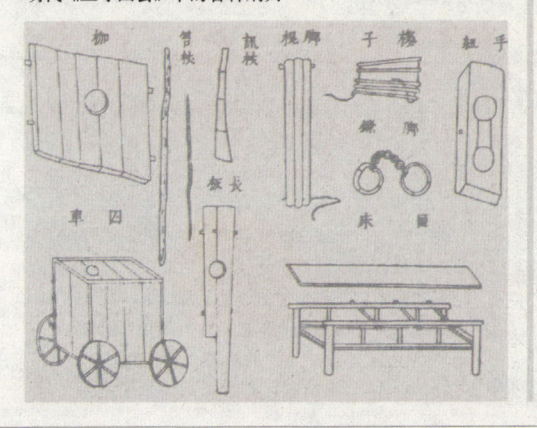

太子朱标性情仁厚，曾向朱元璋进谏道："父皇诛杀太滥，恐伤和气。"朱元璋不作声。第二天，朱元璋将一根棘杖丢在地上，叫太子拾起来。太子面有难色，朱元璋笑道："你怕刺伤你的手，如果我把刺拔去交给你，不就没事了。"一语双关。可见，朱元璋诛杀功臣，也有出于为太子去除障碍的考虑，以保证在他死后，他的子孙可以稳坐江山。

朱元璋的诛杀，搞得朝廷人人自危，当时在京的官员每天去早朝前，总要与家人诀别，交代后事，及至傍晚平安归来，便合家欢欣，认为又多活了一天。朝廷的气氛异常恐怖，洪武朝的大臣们真正感受到了"伴君如伴虎"的滋味。君主如此凭"天威"随意诛杀臣僚，对整个明朝政治造成了极其恶劣的影响。

明代《三才图会》中的各种刑具

> **历史文化百科**
>
> 〔明代刑法案例汇编：《大诰》〕
>
> 明太祖朱元璋撰，共四编二百三十六条，陆续颁布于洪武十八年（1385）至三十年（1397）间。《大诰》总共罗列族诛、凌迟、枭首案例几千件，斩首、弃市以下罪案万余种，其中酷刑种类有族诛、凌迟、枭首、斩、死罪、墨面文身、挑筋去指、挑筋去膝盖、断手、斩趾、刖足、枷令、常号枷令、枷项游历、重刑遇、充军、阉割为奴等几十种。这种以诏令形式颁布的，由案例、峻令、训导三方面内容组成的法规文献，在中国法制史上是前所未有的。

051

公元1380年

> **中国大事记**
> 改大都督府为中、左、右、前、后五军都督府，置四辅官。

胡惟庸案

胡惟庸专断结党，图谋起事。太祖以谋反罪诛之，并株连三万余人。

恃宠专断，聚敛财物

胡惟庸是安徽定远人，早年投奔朱元璋帐下，充当小吏，数年间，步步升迁。洪武三年（1370），拜中书省参知政事，与杨宪、汪广洋并列。后来，杨宪被诛，汪广洋降职，只有胡惟庸善于曲意迎合，受到朱元璋的宠信，于洪武六年（1373）又拜为左丞相，位列群臣之首。

拜相后，胡惟庸开始恃宠专断，官员的生杀黜陟多由他个人决定，甚至连明太祖也不完全知道。各部门交来的奏章，胡惟庸必定要先取来审阅，凡是不利于自己的就隐匿不报。由于胡惟庸权势日炽，许多想跻身高位的人争相取悦于他，一些犯有过失的功臣武将也奔走其门下，馈赠给他的金帛、名马、玩好不计其数。胡惟庸便乘势聚敛财物，网罗亲信。

结党图谋

吉安侯陆仲亨擅自乘专车，平凉侯费聚沉溺酒色，都曾受到太祖严厉的斥责。二人十分惶恐，为求庇护，便与胡惟庸密切往来。一日，酒酣后，胡惟庸向二人摊牌："我们的所作所为颇多不法之事，一旦事发，怎么办？"二人惶惧，胡惟庸便令他们在外搜集军马，以图大事。另一方面，胡惟庸又派人与北方的元朝及海上倭人联络，互相勾结，以作外应。

朝中一些大臣，如徐达、刘基等，对胡惟庸的专断十分不满，曾在太祖面前诉说他的种种不是。胡惟庸知道后，就设计陷害他们，刘基最终被他派人毒死。工于心计的胡惟庸更与李善长结成姻亲，把自己兄长的女儿嫁与李善长的侄子。李善长得知胡惟庸的图谋后，自感年老已罢相，管不了这些事情，只得含糊了事。胡惟庸于是更加无所畏忌了。

株连三万余人

明太祖起初很器重胡惟庸，但是随着时间的推移，胡惟庸的行为逐渐暴露，引起了太祖的不满，尤其对他的专行越来越不能忍受。这时，发生了一件意外的事。胡惟庸的儿子驰马市中，坠死车下，胡惟庸悲痛异常，竟然将车夫杀了。太祖见胡惟庸滥杀无辜，大怒，令其偿命。胡惟庸请求用金帛抵偿，太祖不准。胡惟庸慌了，连忙召集属下商议，并通知各地同谋者，准备起事。

与此同时，太祖也开始进一步深究胡惟庸的言行与活动。洪武十三年（1380），胡惟庸的亲信涂节

《剿灭胡蓝》
此图出自明刊本《承运传》。

> **历史文化百科**
> 〔掌管全国庶务的机构：六部〕
> 吏部、户部、礼部、兵部、刑部、工部的合称，洪武元年（1368）始置，初属中书省。中书省废除后，直属皇帝，成为分掌全国庶务的机构。各部由尚书主持部务，下设左、右侍郎。明初重部权，所以吏、户、兵三部之权尤其重。明中叶以后，内阁权力日重，部权渐轻。明朝特殊之处在于，明成祖迁都北京后，在南京留置了几个部，这一特殊的格局造成后来形成两套六部机构。但南京六部多闲职或老臣，各部仅置尚书、右侍郎，司员数额较少。

公元1387年

世界大事记：德意志士瓦本城市同盟与诸侯、皇帝战争爆发。

人物：胡惟庸、李善长、朱元璋
关键词：阴谋、专制、残忍
故事来源：《明史·胡惟庸传》《明鉴·太祖》

明代中央官制表

部门	官名	品级	备注
三公	太师、太傅、太保	正一品	
三孤	少师、少傅、少保	从一品	
内阁	大学士	正五品	
六部	尚书（各一人）	正二品	明代有吏、户、礼、兵、刑、工六部。明代六部，除户、兵两部各设十三司外，其余四部均各设四司，共四十二司。明迁都北京后，另设南京六部。
六部	左、右侍郎（各一人）	正三品	
六部	各司郎中（各一人）	正五品	
六部	各司员外郎（各一人）	正五品	
六部	主事（各一人）	正六品	
都察院	左、右都御史	正二品	
都察院	左、右副都御史	正三品	
都察院	左、右佥都御史	正四品	
都察院	十三道监察御史	正七品	明末增为十五道。
朝廷特派官员	总督		
朝廷特派官员	总理		
朝廷特派官员	巡抚		
翰林院	学士（一人）	正五品	
翰林院	侍读学士（两人）	从五品	
翰林院	侍讲学士（两人）	从五品	
翰林院	侍读（两人）	正六品	
翰林院	侍讲（两人）	正六品	
翰林院	修撰（史官）	从六品	
翰林院	编修（史官）	正七品	
翰林院	检讨（史官）	从七品	
翰林院	待诏	从九品	
国子监	祭酒（一人）	从四品	
国子监	司业（一人）	正六品	
国子监	五经博士（五人）	从八品	
国子监	助教（十五人）	从八品	
国子监	学正（十人）	正九品	
六科	都给事中（各科一人）	正七品	六科为吏、户、礼、兵、刑、工。掌侍从规谏、补阙拾遗、稽察六部百官之事。
六科	左、右给事中	从七品	
六科	给事中	从七品	

参考文献：陈茂同著《历代职官沿革史》。

公元1381年

公元 1 3 8 1 年

中国大事记：确立黄册制度。

明代宫廷出入证
牙牌是官员出入宫禁的通行牌，有象牙制、铜制。使用时系于腰间，备出入宫禁查验。

上告胡惟庸谋反，太祖亲自审问，将胡惟庸及其死党正法问斩，株连一万五千余人，连告密的涂节也因参与预谋而被诛杀。十年后，李善长的家丁告其主人曾与胡惟庸交结往来，太祖发怒，决意穷究清肃，以伙同谋反罪将李善长赐死，并杀其家属七十余人，陆仲亨、费聚、唐胜宗、赵庸等均被株连。此案前后共杀三万余人。太祖作《昭示奸党录》，告示天下。一时，相互告讦，株连蔓引，人心恐慌。

胡惟庸一案，祸起"擅权植党"，朱元璋借胡党之名，广为株连，意在打击骄纵违法、僭越礼法的文武功臣，加强君权，巩固统治。此案后，朱元璋罢中书省，废除自秦汉以来实行了一千多年的丞相制度。终明一朝，都没有再设丞相。丞相制的废除，引起朝廷最高权力层格局的变动，对整个明代政治产生了深远的影响。

公元1388年

世界大事记：高丽权臣李成桂政变，废国王辛禑，立其子辛昌，奉亲明政策。■印度德里苏丹菲鲁兹·图格鲁克卒，孙吉亚斯－乌德一丁二世嗣位。

人物：蓝玉 朱元璋 朱标
关键词：猜疑 残忍
故事来源：《明史·蓝玉传》《明鉴·太祖》

蓝党大狱

蓝党之狱是继胡惟庸案之后，太祖第二次大规模诛杀功臣。

封为凉国公

安徽定远人蓝玉，是名将常遇春的内弟。他随常遇春征战，勇敢有胆略，临敌锐不可当，常遇春经常在朱元璋面前赞誉蓝玉。后随徐达北征，又率兵讨西番，屡建战功。洪武十二年（1379），封蓝玉为永昌侯，赐铁券。徐达、常遇春去世后，蓝玉多次统帅大军南征北战，立下赫赫功勋。洪武二十一年（1388），太祖以蓝玉为大将军，率军十五万远征北元，大胜而归，俘获大量人员、财物。捷报传到京城，太祖大喜，赐敕褒赞蓝玉，将他比作卫青、李靖。

居功自傲

蓝玉身材魁梧，面庞黝黑，勇略过人，有大将之才，但性情残忍粗暴，建功后更是居功自傲，骄纵放任，蓄养了许多庄奴、义子，横行不法。他霸占东昌民田，御史官举劾此事，蓝玉竟怒逐御史。北征凯旋经过喜峰关，因天晚，关吏开门不及，蓝玉居然纵容兵士毁关而入。太祖听说此事十分不高兴，正好这时又有人告发蓝玉与元主妃子有私情，以至妃子自尽而死。太祖大怒，对蓝玉严加斥责，原打算封他为梁国公，这时也改成了凉国公，并把他的种种过失刻在颁赐给他的世券上，希望他引以为鉴。但蓝玉不思改过，桀骜如故。在军中自作主张，擅自升降将校，甚至在太祖面前出语傲慢。太子朱标去世后，太祖立孙子为太子，以冯胜、傅友德为太子太师，蓝玉为太子太傅，蓝玉大为不满，拎起衣袂，大声嚷嚷："我难道就不配做太师！"

开国功臣诛杀殆尽

太子朱标元妃为常遇春的女儿，故蓝玉与朱标有间接戚谊，有些往来。蓝玉北征返京后，对朱标说：

明代功臣第一：徐达

徐达（1332—1385），字天德，濠州（今安徽凤阳）人，明代开国军事统帅。元至正十三年（1353）加入朱元璋部，渡长江、取太平、克集庆，为开拓江南基地作出贡献。鄱阳湖之战，击败陈友谅军前锋。以大将军率师出征，功克平江，俘获张士诚。率师北上，攻克大都，灭亡元朝。明初，他多次率军远征漠北等地，戍守边疆。徐达长于谋略，治军严整，战功显赫，名列功臣第一，追封中山王。

战功赫赫的常遇春

常遇春（1330—1369），字伯仁，安徽怀远人，明代著名将领。元至正十五年（1355）投朱元璋军中。后随朱元璋渡长江、取太平等地，屡立战功。鄱阳湖之战，救出被陈友谅军围困的朱元璋，封锁湖口，全歼陈军。与徐达率军攻克平江，俘获张士诚。与徐达率军北上，攻克大都，灭亡元朝。后继续北征，攻克元上都俘元宗王及将士万余。回师途中病死，追封开平王。

055

公元1382年

中国大事记：朱元璋罢仪鸾司，置锦衣卫，罢四辅官，置都察院，置殿阁大学士。

"我看燕王在封国的举止，与皇帝没有多少两样，会看风水的人说，燕有天子气，殿下要有所预防。"朱标认为燕王对他一向恭敬，不会有这样的事。有人将这些话传报给燕王朱棣。朱棣不免记恨在心。太子病逝，燕王借入朝凭吊之机，向太祖进言："诸公侯纵恣无度，不诛，将有尾大不掉之忧。"矛头直指蓝玉。朱元璋由此更加疑忌功臣。

这时，蓝玉的言行，已渐渐使他失去了太祖的信任。每每奏事，太祖都不再听从他的话。蓝玉怏怏不快，对他的亲信说："皇上疑我矣。"洪武二十六年（1393），锦衣卫指挥蒋瓛告蓝玉谋反。太祖下令逮捕蓝玉，由群臣会审。审讯结果，蓝玉确实犯有谋反罪，他伙同景川侯曹震、鹤庆侯张翼、舳舻侯朱寿等图谋，计划在太祖举行藉田礼时举事。于是杀蓝玉，并夷灭三族，同时株连的有张翼、曹震、朱寿等列侯、功臣、武将及偏裨将卒一万五千人，时称"蓝狱"。朱元璋亲定《逆党录》布告天下，列名其中的有一公、十三侯、二伯。

蓝党大狱是继胡惟庸案之后，明太祖第二次大规模诛杀功臣，两案合称"胡蓝之狱"。至此，明朝开国文武功臣被诛杀殆尽。

明孝陵石兽

公元1389年

世界大事记：高丽权臣李成桂废辛昌，立王瑶为恭让王。■莫斯科大公季米特里·顿斯科伊卒，子瓦西里一世继位。

人物：朱元璋 宋濂 魏忠贤
关键词：恐怖 残忍 恶行
故事来源：《明鉴·太祖》

锦衣卫

锦衣卫是明代臭名昭著的特务机构之一。

明代的特务政治十分有名，锦衣卫就是臭名昭著的特务机构之一。

朱元璋设立检校

锦衣卫最初是由明太祖设立的。朱元璋在开国后，对功臣勋贵不放心，颇多猜疑。他豢养了一批人，称为"检校"，专门替他伺察朝廷各衙门及官员的活动，随时向他汇报。这些人不仅侦探有关军事、政治的情报，而且还对官员的家庭生活琐事进行监视。学士宋濂有一次在家请客，第二天，朱元璋遇到他，不经意地问："你昨天喝酒了吗？座上的客人是谁？吃些什么菜？"宋濂很吃惊，只得老老实实地一一回答。朱元璋听了，与他掌握的情报一致，便高兴地对宋濂说："你很诚实，没有欺骗我。"

检校的设立，使朝臣们感到自己随时都处于皇帝的监视之下，做事不得不格外小心。但朱元璋并不满足于此，他还要进一步建立一个伺察、缉捕兼备的特务机构，这就是锦衣卫。

锦衣卫成为固定的特务机构

锦衣卫的前身是拱卫司，本是皇帝的警卫机构，长官品阶为正七品。洪武十五年（1382）改为锦衣卫，其职责扩大为侍卫、缉捕、刑狱。锦衣卫内部设镇抚司，专掌缉捕、审讯和一般行政事务；后又分为南、北镇抚司，南镇抚司管理本卫的行政事务，北镇抚司则专管缉捕、审讯。锦衣卫长官称为卫指挥使，由皇帝委派的亲信勋戚或都督一级的将官充任，官阶为正三品。可见，随着锦衣卫增加了特殊职能，其地位再也不是昔日的拱卫司可以同日而语的了。

锦衣卫是奉朱元璋的诏令抓人办案的，所以被人称为"诏狱"。朱元璋对锦衣卫信任有加，把一切重大案件都交给它处理。洪武朝所兴的几次大狱，大都是由锦衣卫负责缉治的。因为非法凌虐大臣，诛杀众多，锦衣卫遭到人们的强烈不满。对此，朱元璋有所觉察，遂于洪武二十年（1387），下令罢撤锦衣卫狱，焚毁刑具，将囚犯统交与刑部审处，并颁诏天下，表示以后一切案件全归三法司审理。

没过多久，明成祖朱棣夺得帝位，他又宣布恢复锦衣卫，并重用锦衣卫指挥纪纲。后来，纪纲虽因恣横不轨被诛杀，但锦衣卫作为一个固定的特务机构仍然被保存下来，一直到明朝灭亡为止。

纪纲的被杀，使锦衣卫官校收敛了一些。但是到了宦官王振得宠专权时，锦衣卫又故态复萌。当时的锦衣卫指挥马顺是王振的爪牙，为王振侦缉、逮捕、拷打、杀害反对他的官员，流毒天下。"土木之变"后，马顺被愤怒的朝臣们活活打死在殿廷上。英宗复

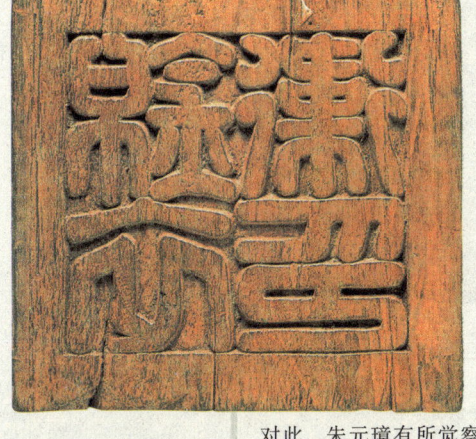

锦衣卫木印（上图）

锦衣卫是明代内廷侍卫侦察机关，始建于洪武十五年（1382），专门从事侍卫缉捕刑狱之事，是皇帝的侍卫与耳目，与明王朝相伴始终。这枚木质印信是三法司会同制的，印面篆刻"锦衣卫印"，背面为"成化十四年三法司置"。

公元1384年

> 中国大事记：颁科举取士式。

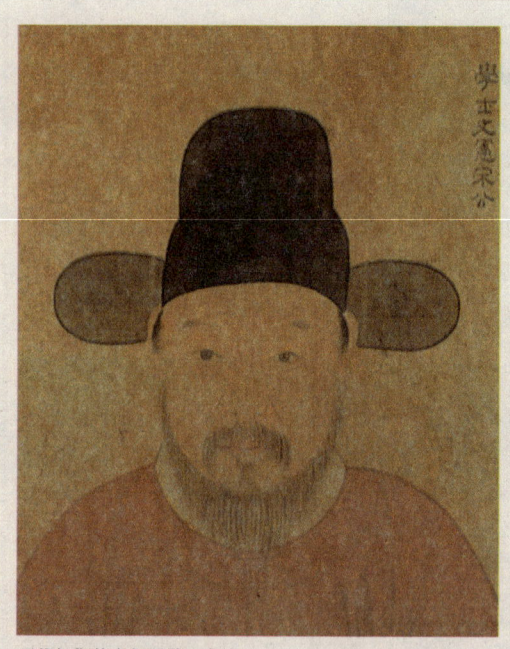

明代初期的文坛巨擘：宋濂

宋濂是明朝初期的文学家，曾经奉命主修《元史》，官至学士，承旨知制诰。明初统治者都推崇理学，宋濂等左右学坛，朱熹理学成为正统学派。宋濂的文学素养较高，生平著作丰富，散文简洁雅致，深受世人称赏。

辟后，没有引以为鉴，先后重用锦衣卫指挥门达、逯杲，他们二人恃宠胡作非为，派遣校尉四出侦缉，还在城西新建狱舍，搞得朝廷上下人人自危。一直到宪宗即位后，锦衣卫的势焰才稍为收敛。

进入明中后期，君王多昏庸，以致宦官、佞幸、权臣横行，锦衣卫及后来设立的东厂、西厂等特务机构成为他们把持朝政、为害朝臣的重要工具。

明武宗时，宦官刘瑾凭借皇帝宠信，利用东厂、西厂及自己设立的内行厂，压制百官，打击异己。而当时的锦衣卫使石文义、张采与之狼狈为奸，大作威福，被人称作刘瑾的左右翼，残害了一大批忠臣义士。

明世宗初立之时，曾下令裁减锦衣卫旗校，还谕令锦衣卫负责审讯"不轨、妖言、人命、强盗"重罪，其他均归地方处理。但渐渐地，又专任镇抚司，以致冤狱频兴，法纪大坏。朝臣纷纷上书，指责锦衣卫官校恣意妄行，他们认为，锦衣卫官校拘执士大夫，脱冠裳，加桎梏，使士大夫廉耻全无，有悖于"刑不上大夫"的传统。有的官员甚至负气上谏道："朝廷专任镇抚司，三法司可以空曹，刑官成为冗员。"但世宗一点也听不进去，锦衣卫照旧横行朝野。

魏忠贤利用锦衣卫残酷打击异己

天启年间，宦官魏忠贤窃取权柄，把持朝政。他利用锦衣卫残酷打击异己，使这个特务机构的残

洪武十年手铳
明代是火铳类兵器发展的极盛时期，随着管形火器的发展，其称谓也更加精确仔细，大口径管形火器称炮，小口径管形火器称枪。此手铳即是小型管器。

公元1390年

世界大事记：日本南北朝交兵于河内。

银丝发罩

直径9.7厘米，高5.7厘米，上海卢湾李惠利中学明代墓葬出土。半圆形网状体，先以1毫米银丝为框，继以0.8毫米银丝编结网络纹，网格有六角形和长方形两种，一侧编有牛角形镂空装饰，另一侧编有半圆形孔，内粗银丝结"寿"字。编织的孔眼均匀，没有接头破绽。发罩前部有仙女和亭台楼阁的鎏金额带饰，后部边缘为银质鎏金杂宝纹弧状条饰，内錾刻楼阁、人物故事等。发罩上插二十多件发簪，簪首有鎏金蚂蚱、蝴蝶、虾、乌龟、菊花、莲花等。发罩整体造型庄重，结构复杂，薄如蝉翼，采用极细的银丝精工编制而成，制作采用了搓银丝、掐丝、编织、填丝、垒丝、錾雕、焊接等工艺，充分反映明代金银细工复杂高超的水平。发罩，明代称"鬏髻"，是明代已婚妇女的正装，在家里或外出或会见亲友时都可以戴。从目前上海发现的戴发罩的妇人，基本都是品官命妇。

暴达到登峰造极的地步。当时掌管锦衣卫的田尔耕、许显纯是魏忠贤的义子，为了讨好魏忠贤，他们罗织罪名，将反对魏忠贤的官员一个个逮捕入狱，严刑拷打，残酷杀害。他们在锦衣卫狱中设立了械、镣、棍、拶、夹棍五刑，五刑并用，称为全刑。另外，还常使用一些极为惨剧的刑罚，如枷、断脊、堕指、刺心等。犯人一经入狱，便三天两日受刑，一个个血肉溃烂，求生不能，求死不得，凄厉呼号，令人毛骨悚然，不寒而栗。有时，锦衣卫狱卒会在狱中高叫："今晚有人该'壁挺'了。""壁挺"是锦

鎏金银质虾形发簪

此簪插在银丝发罩上，簪长7.3厘米，虾长3.8厘米，虾爪前伸盘成椭圆形，形象生动写实，工艺精湛。

衣卫狱中的专用名词，是死的代名词。死囚被独自一人关到一间牢房中，当晚即被杀害，然后陈尸狱中，一直到腐烂发臭，虫蛆遍体才用苇席裹着拖出去。因此，连亲属也不知确切的死期。许多人便是这样死在锦衣卫狱中，如左光斗、杨涟等。崇祯即位后，阉党受到惩处，冤死者得到昭雪，他们的亲属纷纷来到锦衣卫狱前，望门稽首哀号，有的还作文祭悼死者。

锦衣卫与东、西厂互相勾结。厂势强时，锦衣卫便依附于厂；厂势弱时，锦衣卫则凌驾其上。厂、卫成为明代政治的一大祸害。

> **历史文化百科**
>
> 〔明代的服饰等级制度〕
>
> 洪武年间，明太祖朱元璋主要从面料、样式、尺寸、颜色四个方面，确立了明代服饰的等级制度。这套制度的中心内容是贵贱有别、服饰有等。不同等级的人，都只能穿戴本等级的服饰，不能混同，更不能僭越。
>
> 具体规定为：士绅百姓都在头顶束发。朝廷官员的装束为头戴乌纱帽，身穿圆领袍，束带，着黑靴。士子百姓的装束是头戴四带巾，身穿杂色盘领衣，不得用黄、玄两种颜色。教坊司乐工头戴青色字顶巾，系红、绿两种帛带。士绅百姓妻子的首饰允许使用银并镀金，耳环用黄金和珍珠，钏、镯用银，穿着的衣服为浅色团衫，用纻、丝、绫、罗、绸、绢制成。乐伎带明角冠，穿皂褙子，不许与庶民的妻子相同。

059

公元1384年

中国大事记：禁内官干预外事。

封王建藩

为保朱氏王朝的长治久安，朱元璋决定采用古时的封建制，分封诸王，建立藩国。

分封诸王

明太祖朱元璋开国后，采取了一系列措施加强统治，封王建藩也是他的一个重大举措。

由于建都南京，远离塞北，北元势力时常出没塞下，威胁着明朝的统治。朱元璋已对开国文武功臣越来越不放心，不过他对宋、元皇室孤立、宗室衰弱、朝廷一旦危急宗室无力援助的教训却牢记在心。为了保持朱氏王朝的长久统治，加强对辽阔疆域的管理，朱元璋便决定采用古时的封建制，挑选一些"名城大都"分封诸王，待诸王长大后就藩，以达到"外卫边陲，内资夹辅"的目的。

洪武三年（1370），明太祖第一次分封，九位皇子和一位从孙受封为王。以后，又分别于洪武十一年（1378）、洪武二十四年（1391）两次分封，先后有十五位皇子受封。朱元璋共有二十六个儿子，三次分封，除立为太子的长子和早夭的第二十六子外，其余二十四个儿子均被封为王，加上一个从孙，共二十五个王。诸王长大后，纷纷就藩各地。

建立藩国

诸王的封国星罗棋布。为防备北元势力的入侵，明太祖在从东北到西北的漫长边防线上，选择险要地区，建立藩国。如以北平为中心的燕国，以太原为中心的晋国，以西安为中心的秦国，以大宁为中心的宁国，等等，共设九国。此外，在内地则有周（地处开封）、楚（地处武昌）、潭（地处长沙）、蜀（地处成都）等国。

诸王每年食禄米万石，在藩国建立王府，并可设置各类官属，冕服车旗邸第，享受低天子一等的待遇。公侯大臣晋见，必须俯首拜谒，不得越礼，地位十分崇重。但"列爵而不临民"，无权过问地方民政。

《帝宣十王》《各子受封》
此图出自明刊本《承运传》。

> **历史文化百科**
>
> 〔明代的财产继承权：无论嫡庶，等分均分〕
>
> 明代，继嗣制度所定的嫡长子，其权力大于嫡次子乃至众庶子，家族的权力全都集中在嫡长子的身上，尤其是主持家族祭祀等。此外，官宦之家的官职荫袭，嫡长子、孙同样具有优先权。但在财产继承权方面，法律却采用了一种依照"子数"对家财田产进行均分。按照法律"论嫡庶，等分均分"的规定，嫡、庶众子，无论是正妻所生，还是妾、婢所生，在财产的继承权上是平等的。但"奸生之子"，即所谓的私生子，却只能取得前述众子继承权的一半。女儿并不享有与儿子同等的财产继承权，只有在绝户而且同宗中确实再无人继承财产时，亲生的女儿才有权继承。

公元1391年

世界大事记：日本山名氏清反，史称"明德之乱"。■莫斯科大公国合并下诺夫哥罗德公国。

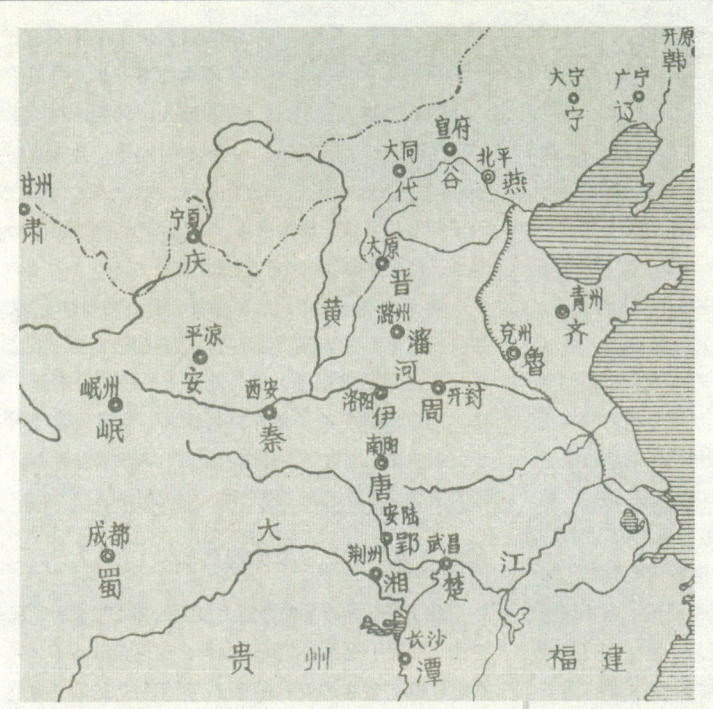

《明通鉴·太祖》 专制 正直 忠言 朱元璋 叶伯巨

人物　关键词　故事来源

明初诸王分封图

在军事上，各王府都设置亲王护卫指挥使司，每府三护卫，每卫少则三千人，多则一万九千人。诸王之中，塞王势力较大，其中宁、晋、燕三王兵力最强。宁王朱权，号称"带甲八万，革车六千"，兼辖蒙古三卫精骑，势力煊赫一时。晋、燕二王曾多次受命带兵出塞征战，军中大将均受其节制。太祖对他们也格外器重，尤其是燕王朱棣，因屡屡率军击败北元入侵，受命统辖各边镇军马，位列诸王之上。

叶伯巨上书

正当明太祖分封藩王之时，洪武九年（1376），山西平遥训导叶伯巨上书太祖，直言藩王封国太大，拥兵太盛，恐"数世之后，尾大不掉"，到那时再削藩地，夺兵权，势必造成大乱。他建议，趁现在诸王尚未分赴封国，"节其都邑，减其卫兵，限其疆域"。太祖见书，大怒道："小子离间我们父子骨肉之情，速速逮来，我要亲手射死他！"等到太祖怒气稍稍消解后，朝臣奏请，才将叶伯巨下刑部狱。叶伯巨后来死于狱中。从此以后，朝臣再也没有人敢出来反对封藩了。

叶伯巨上书之时，藩国尚未完全成形，故而人们多认为叶伯巨是危言耸听。不幸的是，矛盾的爆发比叶伯巨估计的来得还要快。朱元璋死后，先是建文帝削藩，其后就是靖难之役。直到那时，人们才想起被囚死的叶伯巨，佩服他的先见之明。

十色纸

明代是中国传统造纸技术集大成的时期，竹纸和皮纸的加工工艺相当严格和精细。当时染色纸的色彩十分丰富，在色彩调配上使用了不少中间色，染色多用植物染料。

公元1387年

中国大事记：在全国丈量土地，绘制鱼鳞图册。

人物：齐泰　高巍　黄子澄　朱允炆
关键词：盲动
故事来源：《明通鉴》《明鉴纲目》《明鉴》《惠帝》《太祖》

〇一四

建文帝被迫退位

建文帝即位后，对藩国之势十分忧虑，谋划并着手削藩。

建文帝的忧虑

洪武三十一年（1398），明太祖朱元璋去世时，皇太子朱标病故已有六年，根据嫡长制继承原则，立朱标的长子允炆为皇太孙继承帝位，年号建文。

明太祖晚年，藩国的势力日益壮大，尤其是宁、燕、晋等几位塞王，拥有重兵，又久经沙场，屡立战功，他们以"叔父之尊"自居，根本不把年轻的皇太孙放在眼里，言行多不逊。朱允炆对皇叔们的拥兵自重忧虑万分。有一天，他坐在东角门，问侍读黄子澄："诸王尊属，拥重兵，多不法，将来怎么办？"黄子澄回答道："诸王的护卫兵，仅足自守，倘若有变，朝廷大军兵临其下，谁能抵挡。"这番话大大宽了皇太孙的心。建文帝即位后，援引太祖遗诏，制止诸王入京奔丧，诸王颇多不满之辞。于是，建文帝召见黄子澄，问："先生，可还记得当初在东角门讲的话？"黄子澄表示不敢忘记。建文帝便与黄子澄、兵部尚书齐泰商议削藩。齐泰主张首先削夺权势最重的燕王，黄子澄则认为，周、齐、湘、代、岷诸王在先帝时就多次犯有不法之事，现在"削之有名"。他建议先取周王。周王为燕王的同母弟弟，削夺周王，就剪除了燕王的手足。

着手削藩

正在商议时，周王的一个儿子告发其父"谋不轨"，供词涉及燕、齐、湘三王。建文帝借此机会，命曹国公李景隆以备边为名，调兵开封，将周王及其子女嫔妃押送京城。此后建文帝有点犹豫起来，想放回周王。齐泰、黄子澄私下议论，认为皇上是"妇人之仁"，事势已如此，怎能不明断。经齐、黄两人再三奏请，建文帝终于走出了削藩的第一步，将周王废为庶人。之后，在不到一年的时间里，又先后削夺了岷、湘、齐、代四位亲王的藩王爵位，废为庶人。除了湘王自焚而死外，其余三位或是幽禁，或迁往边远地区。

建文帝削藩之初，前军都督府断事高巍曾上疏，建议建文帝不要学西汉景帝时晁错的削藩，而应效法西汉主父偃的推恩令，把西北诸王的子弟分封到东南，把东南诸王的子弟分封到西北，使王国越分越小，则诸王不削自弱。高巍的进言，建文帝虽然赞许却未采纳，而是用黄子澄之计，继续削藩。

朱棣起兵

建文帝开始着手削夺势力最大的燕王朱棣时，顾虑燕王的善于用兵和北兵的强悍，迟迟没敢动手。齐泰献计道："现在边境常有警报，可用防边的名义派遣将领守卫开平（今内蒙古多伦西北），再将燕王的护卫调往塞外，剪去他的羽翼，就不难成功了。"建文帝认为很对，便依计而行。他显然对削藩可能导致藩王起兵估计不足，没有在思想和军事上对此作充分准备。建文元年（1399）七月，早有预谋的燕王朱棣以"靖难"为名，起兵北平，一直打到南京，建文帝被迫退位。这样的结果，恐怕是建文帝未曾预料到的。

> **历史文化百科**
>
> 〔茶马互市〕
>
> 明代实行以茶叶交换西藏、青海及四川西北部少数民族马匹的政策。洪武年间，在今甘肃、四川境内设茶马司，掌管茶马互市，发给少数民族金牌信符作为交易凭证，严禁私人运茶出境与之交易。茶马交易在明代一直进行，所得马匹为明官马的一大来源。

公元1392年

世界大事记：高丽权臣李成桂废恭让王，自立为王，创建李朝。

人物：朱允炆、朱棣、盛庸、李景隆、僧道衍
关键词：果断、谋略
故事来源：《明史·恭帝帝纪》《明通鉴·太祖》《明通鉴·惠帝》

〇一五

燕王"靖难"

朱棣以"清君侧"为名举"靖难军"，向朝廷发难，取代建文帝，当上皇帝。这是一场皇室内部争夺帝位的战争。

踌躇满志

朱棣，朱元璋的第四个儿子，洪武三年（1370）受封为燕王，十年后，就藩北平。燕王精明能干，又多次率军出征，立有战功，深为朱元璋器重。他拥兵十万，又受命节制边塞各路兵马，权势最大。

建文帝即位后，在朝臣齐泰、黄子澄的谋划下，开始削藩。在不到一年的时间里，削夺了周、岷、湘、代、齐五王。但与此同时，燕王也在谋士僧道衍的谋划下，召募勇士，选将练兵，以图谋反。有个善相面的人对燕王说："殿下龙行虎步，日角插天，是太平天子的面相。"燕王听了更是踌躇满志。

掷瓜而起

面对反意日益明显的燕王，建文帝采纳齐泰的建议，任命张昺为北平左布政使，谢贵为都指挥使，负责监察燕王的动静。军事上则以备边为名，抽调燕王的精锐卫军，并派兵进驻开平。

燕王为了麻痹建文君臣，假装得了疯病，成天胡言乱语，有时还躺在地上，几天不起来。张昺、谢贵以探病为名前去察看。当时正值大热天，燕王却坐在火炉边烤火，嘴里还不停地叫冷。张、谢二人于是信以为真。

但是，建文君臣还是从别的途径得到了燕王即将起兵的消息。建文元年（1399），建文帝下诏削夺了燕王爵位，命谢贵、张昺率军包围燕王王府，索取要逮拿的王府官员。又是僧道衍定计，在王府下埋伏军士，派人拿着被逮官员名单，邀请谢、张二人。谢、张不知是计，来到王府，随从卫士都被挡在门外，只让他二人入内。燕王摆宴行酒，席间，上瓜果，燕王取刀，一边切瓜，一边骂道："如今，老百姓尚且知道照顾、体恤兄弟宗族，身为天子的亲属，却旦夕间不保性命，天下还有什么事不可为！"说完，掷瓜于地，立刻伏兵四起，将谢、张二人斩首。包围王府的士兵听说谢、张被擒杀，纷纷溃散。燕王乘机攻占北平九门，控制了北平的局势。

奋发有为的明成祖

朱棣，朱元璋之子，封燕王，发动"靖难之变"。即位后，五次亲征蒙古，并迁都北京，派郑和率庞大船队下西洋，加强与周边国家和亚非各国的经济文化交流，开通京杭大运河，促进南北经济文化交流，解决了北京的粮食供应，组织三千多名学者，编纂成中国历史上最大的类书《永乐大典》。是一位很有成就的君王。画像中成祖面色深赤，虬髯，颊旁别出三绺，显得意气风发。明代皇帝常服改为盘领窄袖黄袍、玉带、皮靴。黄袍前后及左右两肩各有一金织盘龙纹样，一般称为四团龙袍。

063

公元1393年

中国大事记：朱元璋以谋反罪杀凉国公蓝玉，兴蓝党之狱，株连甚多。

《武侯高卧图卷》（明·朱瞻基绘）
朱瞻基是朱元璋曾孙，建元宣德，庙号宣宗，自号长春真人。他擅长书法和绘画，山水、人物、走兽、花鸟、草虫无不臻妙。这幅图绘诸葛亮敞胸露怀，头枕书匣，仰面躺在竹丛下，举止疏狂。对照《三国志》记载，这应当是诸葛亮未出茅庐之前、隐居南阳躬耕自乐的形象，高卧长啸的情态，刻画得很生动。人物线条洗练，墨竹用笔潇洒，有元人绘画的意韵。

举"靖难"之师

为了师出有名，燕王朱棣引《祖训》说："朝无正臣，内有奸逆，则亲王训兵待命，为天子讨平之"，他指齐泰、黄子澄为奸臣，以"清君侧"为名举兵，称自己的军队为"靖难军"，迅速攻占了居庸关、怀来、密云、遵化等地。

此时的建文帝却为无将领可派而大伤脑筋。跟随朱元璋打天下的元功宿将，早在胡、蓝两狱中被诛杀几尽，得以幸存下来的屈指可数，其中长兴侯耿炳文已年逾六十。建文帝没有合适人选，便以耿炳文为大将，率兵征讨。耿炳文率十三万军队进到滹沱河，与燕军交接，结果一战前锋覆没，再战主力大败。黄子澄推荐名将李文忠之子李景隆。然而，李景隆更不争气，被燕军打得损兵折将，自己则落荒而逃。建文只得再以盛庸代之。

建文二年（1400）十二月，盛庸联合各路兵马，在山东东昌列阵迎战士气正旺的燕军，他们背水一战，大败燕军。燕军死伤无数，连大将张玉也死于阵中，朱棣在部将的护卫下突围而出，逃回北平。

次年二月，燕王朱棣重整旗鼓，再次出兵，这次大败盛庸于夹河（今河北武邑南），并烧毁了他的粮草漕船。建文帝闻讯大惊，这时再也无人可派，不得已，罢免齐泰、黄子澄，要求燕王罢兵。燕王不加理睬。

南京守臣投降

战争打了三年，燕军虽屡屡取胜，但所得城池仅永平、大宁、保定等地。由于兵力不足，有些地区得而复失，燕王为此也颇感忧虑。这时，南京宫中的太监派人前来联络，说南京城内兵力空虚，可以攻取。燕王感到时机来了，遂率兵大举南下，锋芒直指京城。很快渡过淮水，攻陷扬州等地。

这时，南京城中已慌作一团。建文帝见情况紧急，忙派人以割地为条件，与燕王议和。燕王识破这是缓兵之计，怎肯就此罢休！建文四年（1402）六月，燕王誓师渡江。南岸朝廷的军队全线崩溃，纷纷投降。建文帝再次派人议和，燕王对来人不加理会，继续乘胜前进。

终于，燕军兵临南京城下。李景隆负责守卫城门，他登高望见大军前来，马上开城门迎降。燕王进

永乐通宝

明代每位皇帝都曾改铸新钱，明成祖朱棣永乐年间铸"永乐通宝"。这枚为永乐六年（1408）铸的小平钱，铜色紫红，制作精良，轮廓非常严整。"永乐通宝"四字为楷书，笔画清秀，光背无文。

公元1393年

世界大事记：李朝更国号为朝鲜。

城，文武百官纷纷跪迎道旁。这时，宫中忽然起火，燕王入宫，查问建文帝下落，不知所终。于是，燕王受群臣拥戴称帝，改年号为永乐，是为明成祖。

这场朱明皇室内部争夺帝位的战争，前后打了四年，史称"靖难之役"。

建文帝下落不明

朱棣入宫，查问建文帝下落，太监们说建文帝与后妃们已自焚宫中，说着，抬出几具尸体。这些尸体都已焦烂不堪，难辨男女。朱棣见状，不禁为之垂泪，说："痴儿痴儿，何必弄成这样！"几天后，接受大臣的建议，以礼下葬，但具体的落葬地点却不见任何记载。

朱棣即位称帝后，宣布革除建文年号，仍用洪武纪年，取消建文朝更改过的政令、官制，沿用洪武朝制度。建文帝即位时，曾追尊其父朱标为孝康皇帝，这时也被取消，仍称懿文太子。朱棣这一系列举动，目的在于说明自己继承的是明太祖朱元璋的皇位，同时抹去有关建文帝的历史记载。

尽管明成祖朱棣讳言建文帝，而且，终明一代，建文帝都没有帝号、庙谥，但是有关建文帝的下落，

历史文化百科

〔明代丰富多彩的岁时节日〕

明代是中国传统岁时节日风俗的重要发展期，主要特点是岁时节日风俗已从宗教迷信的笼罩下解脱出来，衣食住行、人际交往、人生礼仪、家族生活、闲暇娱乐、民间信仰等多方面的物质生活和精神世界的内容，在节日风俗中都有展现，而且全民参与的特征更加显著。明代的节日风俗可划分为季节性、节令性、宗教和纪念性、政治性，以及少数民族节日。主要节日有元旦、元宵、立春、清明、端午、乞巧、中秋、十月朔、冬至、送灶、除夕、佛教的盂兰盆会、道教的上元节等等。

建文元年应天府铜权

权，俗称砣，是衡器的一部分，为经济生活中不可缺少的工具。此铜权是建文帝元年（1399）应天府（今江苏南京）制造的。

在当时及后世却常为人们所议论、猜测，民间更有许多关于建文帝的传闻。

其中有一说颇为盛行：宫中起火后，建文帝即由宫中的地道逃出京城，削发为僧，云游四方。这就是所谓的建文帝出亡逊国，有人因此而作《逊国记》。正统年间，有一位九十余岁的老僧人，从云南来到广西，自称是建文皇帝。地方官不敢怠慢，立即上报朝廷，经查问，认定为假冒，将其投入监狱，后来死于狱中，同谋的十二名僧人都被流放辽东。从此，有关建文帝出家为僧，往来于滇、黔、巴、蜀间的传说更加盛行。据说，建文帝在云南时，还曾在墙壁上题诗，以怀念早年的宫廷生活，其中有两联写道："款段久忘飞凤辇，袈裟新换衮龙袍。百官此日何处，唯有群乌早晚朝。"后来，明神宗听说此事，还命阁臣抄录了这首诗，呈给他看。

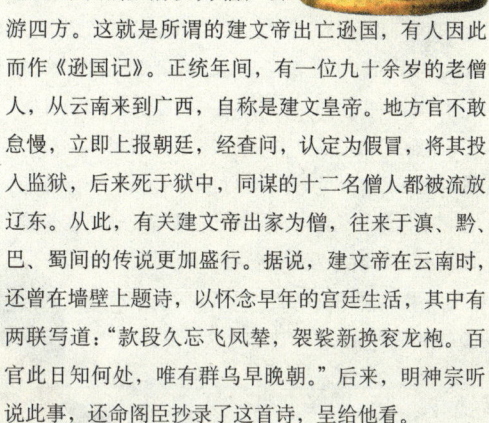

其实，明成祖朱棣对建文帝之死也有点怀疑，又听传说中描绘得有鼻子有眼，使他对建文帝的下落更不放心。为了查个水落石出，他派了心腹大臣，以求仙为名，秘密追查建文帝的下落。郑和下西洋，肩负的使命之一，也是在海外打听建文帝的去向，因为明成祖怀疑建文帝很有可能逃亡海外。

许多人试图考证建文帝的真实下落，有关这方面的著述也很多，据《明通鉴》上说，明代人对这桩公案的考辨不下数十百种，光收入《四库全书》存目的，就达二十余种。尽管如此，有关建文帝的下落，仍没有一个确切的结论，以致成为明史上一个难解的谜。

> 公元1393年

中国大事记：核实全国土田共8507623顷。

〇一六

"灭十族"与"瓜蔓抄"

方孝孺宁死不愿归附朱棣，身遭极刑，被"灭十族"。景清假装服从新君，实则怀揣匕首，伺机行刺。

方孝孺志向高远

在建文帝的群臣中，方孝孺是一位重要人物。

方孝孺，字希直，又字希古，浙江宁海人。他自幼聪明过人，双目炯炯有神。长大后师从宋濂，文才出众，渐渐有了名气，每写就一篇文章，海内争相传诵。但方孝孺自己却不以文章为重，而是时常"以明王道、致太平为己任"。朱元璋曾召见过他，当场就对太子说："此庄士，当老其才。"建文帝即位后，方孝孺受到重用，历任翰林侍讲、侍讲学士和文学博士，主修《太祖实录》，朝廷诏书、檄文大都出自他的手，他还参与朝廷决策，建文帝削藩及后来与燕军作战，他在其中提了不少建议。

燕王朱棣举兵南下时，他的主要谋士僧道衍曾对朱棣说："南方有个方孝孺很有学问，城下之日，他必定不降，请不要杀他。杀了方孝孺，天下的读书种子就断绝了。"朱棣点头答应。

宁死不屈

朱棣占领南京后，方孝孺果然不肯归附。朱棣记着僧道衍的话，没有马上杀他，而是将他投入狱中。几天后，朱棣接受百官劝进，准备即位。由于朱棣即位的情况特殊，今后能否受到朝廷上下及国人的拥戴，一份诏书至关重要。朱棣左思右想，觉得要草拟好这份诏书，非方孝孺莫属。

方孝孺被带上朝廷，当即放声痛哭。朱棣从皇座上走下来劝慰道："先生不要再苦自己了，我是想效法周公辅成王。"方孝孺问："成王现在何处？"

朱棣答："他已自焚身死。"

方孝孺再问："为什么不立成王的儿子？"朱棣解释道："国家需要年长的人来治理。"

方孝孺又问："为什么不立成王的弟弟？"朱棣耐着性子说："这是我们家里的事，先生不必操心。"

朱棣示意左右把纸笔拿给方孝孺，请他草拟诏书。方孝孺投笔于地，边哭边骂："死就死，诏书坚决不写。"朱棣大声说："你要求死，难道就不顾及九族吗？"方孝孺硬生生地回答道："就是灭十族，又能把我怎样！"

朱棣勃然大怒，令卫士用刀割方孝孺的嘴，一直割到两耳，然后，关进监狱。同时下令逮捕他的亲属朋友及门生，每逮一人，都送给方孝孺看，方孝孺始终不屈服。朱棣无奈，最后将方孝孺处磔刑，将其分尸，并"灭十族"，即亲戚九族以外，加门生朋友等也全部斩杀。

方孝孺慷慨赴死，临刑前作绝命诗一首："天降乱离兮孰知其由，奸臣得计兮

"天下读书种子"：方孝孺

方孝孺是明代前期特殊的人物，凭着无与伦比的涵养和学识，以及卓尔不群的人格力量，誉满士林，被时人推崇为"天下读书种子"。朱棣即位后，方孝孺也成了阶下囚。他把朱棣骂了个狗血喷头，自己被磔死于聚宝门外，妻子威族乃至门生都成了牺牲品，"宗族坐死者八百七十三人"，这就是骇人听闻的"灭十族"事件，人们称"自古节义之盛，无过此一时者"。

公元1394年

世界大事记：朝鲜全罗水军破倭寇，迁都汉阳（今汉城）。■日本足利义满任太政大臣，子足利义持继任征夷大将军。

人物：方孝孺　朱棣　景清
关键词：忠义　尊严　坚强
故事来源：《明史·方孝孺传》《明通鉴·惠帝》

青白玉婴戏纹带饰

上海浦东东昌路明墓出土，长7.4厘米，宽5.2厘米。长方形，边框狭窄，图案作双层透雕，地纹镂刻细密窗棂纹，主题纹饰为七童子在草地上戏耍。童子大头圆面，五官阴线勾勒，身着短衣长裤或长裙，着裙者似为女童。形态各异，有放风筝的，有撑伞的，有摇拨浪鼓的，有踢球的，生动活泼，童趣十足。以众多童子组合成群婴戏耍题材的玉带饰，考古中尚属首次发现，为明代中晚期新出现的造型。它的出土，可作为传世镂雕玉带饰的标准器。

谋国用犹。忠臣发愤兮血泪交流，以此殉君兮抑又何求。呜呼哀哉兮庶不我尤。"遇难时年仅四十六岁。

方孝孺宁死不屈，身遭极刑，而前后株连被杀者达八百七十余人，流放边疆的更是不计其数。

景清假意归附，实为行刺

建文四年（1402），燕王朱棣入南京城，建文朝的文武百官纷纷归附。其中有一御史大夫，名叫景清，也随众臣投归了朱棣，官复原职，继续做他的御史大夫。

景清，本姓耿，陕西真宁（今甘肃正宁）人，洪武年间中进士。建文初年，他曾出任过一段时间的北平参议，因为在燕王的藩国内做官，故而与朱棣有些交往。朱棣与景清接触后，觉得他言论明晰，十分赏识。有此前缘，朱棣做了皇帝，让景清继续留在朝中，似乎是顺理成章的事。

景清为人倜傥豪爽，崇尚气节，曾与方孝孺等相约以死殉国。但他为何又投归新君呢？原来他心中另有所谋。这时，方孝孺等一批建文诸臣相继慷慨赴难，有人便指责景清贪生怕死。

景清也不作抗辩，每次上朝，都怀藏利刃，耐心地等待着机会。

朱棣起初很信任景清，但时间一长，就发觉他有些可疑。一天早朝，景清身穿绯衣，站立班行之中。朱棣突然下令卫士搜查景清，发现了他随身所带的匕首，举朝震惊。朱棣喝问他为什么要这样做，景清坦然自若地说："我就是一心为先帝报仇才来的。"朱棣大怒，将景清捉拿下狱。后来景清和方孝孺一样，被判以磔刑。临刑前，景清骂不绝口，一直到被车裂分尸而死。

过了些日子，有一天白天，政务繁忙的朱棣感到十分疲乏，便睡了一觉，竟梦见景清绕殿追杀他，不禁惊出了一身冷汗。醒来，朱棣想起梦中情景，以为是景清变成厉鬼前来报仇，便下令夷灭景清的九族，发掘其家祖坟；同时，籍没其乡，景清家乡的村庄顿时化为一片废墟；继而又广为株连，凡是跟景清有一点关连的人都不放过，称之为"瓜蔓抄"。

诛杀景清的"瓜蔓抄"，与方孝孺"灭十族"之祸，是明成祖朱棣戮杀建文诸臣中最为残酷、株连最广的两起事件。

公元1395年

中国大事记：朱元璋申谕嗣君不许复设丞相，臣下胆敢请设者惩以重典。

成祖削藩

朱棣即位后，逐步着手削夺藩王，基本解除了威胁较大的几位藩王的护卫军队。

恢复藩国格局

明太祖朱元璋分封诸王，建立藩国，形成尾大不掉之势。建文帝大力削藩，削夺了周、齐、岷、代、湘五王，引得燕王朱棣以"清君侧"为名起兵，夺取了帝位。

成祖朱棣即位之初，先是恢复了被建文帝削夺的周、齐、代、岷四王的封藩，让他们返回封国。当初起兵时，朱棣曾夺取宁王朱权的兵卫以壮兵力，并将宁王诱入关内，答应事成之后"中分天下"。朱棣即位，居留京师的宁王不敢奢望"中分天下"，只求像周、齐等那样重回封国。由于过去的封国大宁已残破不堪，于是选中苏、杭两地，请求改封南土。朱棣借口未准，后来将南昌封给了他。与此同时，加封开城门迎降的谷王朱橞，徙于长沙。其余诸王都仍然维持原封国。

表面上看，似乎又恢复了明太祖的旧格局，其实不然，朱棣是以藩王起兵夺取天下的，他深知藩国与中央政权的矛盾及其对王权的威胁。故而，他明为封藩，实际上也采取了削夺手段。

逐步削夺藩王

齐、代诸王返回封国，骄纵不法，横行霸道。朱棣闻讯后，赐书诫之，有的还召来当面告诫，要他们牢记建文朝被削禁的经历。但诸王仍是我行我素，不思收敛。齐王在封国中阴蓄刺客，招募异人，调动护卫兵筑城守卫，不许守城官吏登城。守城官上告朝廷。永乐四年（1406），朱棣召齐王入朝，廷臣纷纷弹劾，要求治罪。齐王竟在朝中厉声喝道："奸臣喋喋不休，难道又想效仿建文之时！待会尽斩此辈。"成祖大怒，削齐王官属护卫。不久将其废为庶人。

在云南的岷王则处处与西平侯沐晟交恶，朱棣为此分别书谕岷王和沐晟。但岷王仍旧沉湎废礼，杀戮吏民。朱棣一气之下，夺其册宝。后念及岷王在建文朝时曾久被幽禁，便开恩归还册宝。岷王仍不改，永乐六年（1408），终被削夺官属护卫。

夜间通行证（右图及下图）

明成祖即位后，改封宁王于江西南昌，改北平行都司为大宁都司，治所迁保定。这块夜巡铜牌，是大宁卫士兵夜间巡逻佩带的证件。牌面铸"北平行都指挥使司夜巡铜牌，肃字四百六十四号"，背面铸"令"字。

公元1396年

世界大事记：英法签订二十八年休战协定。

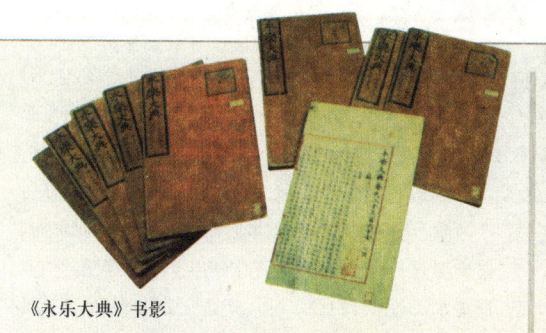

人物：朱棣、朱橞、朱权
关键词：权术、专制
故事来源：《明鉴·成祖惠帝》

《永乐大典》书影

谷王朱橞受到特别加封后，也恃功骄恣，招匿亡命，习兵练阵，图谋不轨，并声称"建文君尚在，我将为之申大义"。屡屡有人将谷王的行状上告朝廷。永乐十五年（1418），朱棣召谷王入朝，群臣及诸王请诛之，谷王及其二子遂被废为庶人，官属多被诛死。

朱棣的削夺，令其他几位藩王大为惊恐，纷纷收敛行径。

永乐十八年（1421），有人告周王谋反。成祖召周王入朝，给他看告发之词，周王磕头谢死罪。成祖可怜他，不再追问。周王返回封国后，自动献出护卫军队。

宁王到南昌后，也曾有人告其巫蛊图反，成祖派了密探前往查验，未见迹象，才稍稍放心。但自此之后，宁王便以韬晦为计，构筑精庐，终日鼓琴读书，这才平安无事，保得了身家性命。

朱棣通过几年的削废，基本解除了威胁较大的几位藩王的护卫军队，加强了中央集权，缓解了因分藩带来的矛盾。但是，

永乐大钟

朱棣在削夺藩王的同时，又于永乐二年（1404），封子朱高煦为汉王，封地云南；封子朱高燧为赵王，封地彰德。结果产生了新的矛盾，宣德年间发生了高煦叛乱事件。一直要到宣宗平定高煦叛乱之后，明初的藩王问题总算得到最终解决。

历史文化百科

〔综合性的大型类书：《永乐大典》〕

明成祖即位后，为了笼络更多的"宿学大儒"为新政权服务，粉饰太平盛世，决定要编辑一部超越前代的大型类书。

永乐元年（1403）七月，成祖诏令翰林侍读学士解缙等主持编写工作，要求他们把"散载诸书"中的古今事物，分类辑编，编成一书，以便皇帝随时披览。次年十一月，解缙等将书编给呈献，成祖为它命名为《文献大成》。在披阅过程中，成祖觉得内容多有缺略，采摘不广，不甚满意，便下令重修。前后参加编、写、抄工作的达两千多人，总编辑处设在文渊阁。

这次编纂以文渊阁所收宋、元御府藏书为基础，并派人到全国各地征集经史子集释藏道经等，以洪武正韵韵目编次。

经过四年的通力合作，永乐五年（1407），书稿完成，成祖为之题名为《永乐大典》，并亲自撰写序言。全书正文共22877卷，凡例、目录60卷，装订成11095册，计3.7亿多字。辑录先秦至明初书籍七八千种，天文地理、人事名物，无所不包。

《永乐大典》修成之后，因卷帙浩大，未能刊印，原抄本最初藏在南京文渊阁，迁都北京后，随之北移，藏于宫中文楼。嘉靖年间，宫中失火，《永乐大典》得以幸免。为防不测，嘉靖、隆庆年间，又誊录副本一部。入清以后，副本也渐散失。清乾隆年间，为编辑《四库全书》，曾从《永乐大典》副本中辑出佚书五百多种。1900年，八国联军侵入北京，副本遭到空前浩劫，有的被焚毁，有的被劫掠，劫后幸存于国内者已寥寥无几。

《永乐大典》保存了大量中国古代文化典籍，是一座中国古代文化的宏伟宝库。

069

公元1397年

| 中国大事记 | 沔县民众起义，田九成称帝，高福兴称弥勒佛，后被镇压。 |

夏原吉江南治水

夏原吉疏浚河道，治理水患，获得百姓颂扬。

实地勘察，确定治水方案

明初，江南地区的苏州、松江、嘉兴、湖州等府连年发生水灾，朝廷屡次派官员治理，但都没有成效。江南是全国的赋税重区，这一带频频遭受水灾，自然引起朝野上下的深切忧虑。

永乐元年（1403），江南又发大水，朝廷决定派户部尚书夏原吉迅速赶赴江南治水。

夏原吉是湖广湘阴（今属湖南）人，洪武时以乡荐入太学，历任户部主事、户部右侍郎、左侍郎。他担任户部尚书不久，就受命治水，风尘仆仆来到江南。这一年，江南的灾情十分严重，明成祖又派户部侍郎李文郁去辅助夏原吉，同时下令免去江南当年的租税。不久，又让金都御史俞士吉带去水利书，赐给夏原吉，意思说要他注意治水的方法。

夏原吉在江南进行了实地勘察，最终确定引导吴淞江之水北出刘家港的治水方案，并采纳了华亭（今上海）人叶宗人提出的放弃吴淞江下游故道、疏浚范家浜、引黄浦水归于海的建议。夏原吉把这些建议写进了奏疏，上呈朝廷。

在疏中，夏原吉分析了这些年来江南诸府县大水连绵不断的原因，认为主要与吴淞江等通海河流的淤塞有关。明初，由于吴淞江下游为潮汐涨沙壅积，淤塞严重，而黄浦也因沙洲日积，水流受阻。这些河港淤塞，一遇大雨，水无所归，洪水暴涨，便积患成灾。为此，夏原吉建议疏浚吴淞江各个河港，挖除淤泥，使流水通畅，汇入大海。他的具体方案是："疏浚吴淞江南北两岸、安亭等浦，引太湖诸水入刘家、白茆二港，分吴淞江水，使之直接流入大海。大黄浦（即后来称作黄浦江）是通向吴淞的要道，其下游遏塞，立即疏浚，恐怕难以奏效。但大黄浦旁有范家浜，到南仓浦口可径达大海。应该马上予以疏浚，使之深阔，上接大黄浦，这样就会很快发挥作用。"

掣淞入浏

这一方案迅即得到明成祖的批准。夏原吉随即征集民工十万，开始大兴水利。当时，他以身作则，身穿布衣，徒步奔波于工地，日夜谋划。面临盛夏高温，手下要给他张伞盖，他动情地说："百姓都在酷日下暴晒，我怎忍心独自舒适呢？"在他的带动下，工程进展极为顺利。第二年正月，夏原吉再次亲临工地。到九月，各工程相继完竣。

永乐剔红花卉纹瓶

此瓶为木胎，髹枣红色漆，漆面温润而有光泽。瓶颈部和腹部各以花卉纹构成两组装饰带，装饰有牡丹花、山茶花、月季花和菊花等各种花卉，花姿各异，采用俯视、侧视等多种视角刻画花朵形态，四周花蕾和枝叶映衬，布局紧凑，繁密中毫无凌乱之感，给人以华丽清新又不失庄重典雅的感觉。明代剔红漆器，特别是早期作品，花纹肥厚饱满，漆可上至五六十道乃至上百道。

公元1398年

世界大事记 帖木儿侵入印度。

《明史·夏原吉传》
善行 壮志 民本
朱棣 夏原吉 叶宗人

人物 关键词 故事来源

蓝印花布被面

上海闵行马桥镇明墓随葬的四条蓝印花被面长2米，宽1.7米左右，都印有繁复而活泼的花纹，蓝白两色搭配自然和谐。一条被面主体图案为排列有序的连续菱形方格，内饰花草、凤鸟、狮子滚绣球等花纹，上下带饰花纹为凤戏牡丹、菊花，花纹质朴大方，充满浓郁的乡土气息，一条被面的边饰为花草、狮子滚绣球，主体图案有贵妇、仆人、骑马官人、侍童、庭院、松树、芭蕉树、山水、鹊鸟等。松江明代蓝印花布，已发现的除四条蓝地白印花布被面外，1996年还发现了一条白地蓝印花布褶裥罗裙，这是目前上海乃至全国已发现的最早的蓝印花布，为研究松江布和中国纺织史提供了重要的实物资料。

夏原吉的这次治水，首先从夏驾浦导吴淞江之水北达刘家港，而暂时放弃吴淞江东段，这就是后世所谓的"掣淞入浏"。工程完成，刘家港水势大增，波澜壮阔，海船巨舶都可以自由进出。郑和后来就是从刘家港起航，七下西洋的。

玉犬红木镇纸（局部）

江浦合流

在上海，夏原吉重点疏浚位于上海县治东北的范家浜，通海引流，使它直接与黄浦相连。从此，形成了一条以大黄浦——范家浜——南仓浦所组成的"新黄浦"，实现了江浦合流，吴淞江以后便汇入黄浦。黄浦汇纳诸流，水势大增。

江浦合流带来的另一个后果，就是远洋巨舰从此可以直抵上海城下，近代上海港的崛起，与此不无关系。这是夏原吉治水时所未曾料想到的。

夏原吉初来江南治水之时，因工程艰苦，百姓中出现了一些怨恨情绪。但工程兴修后，迅速收到功效，以后很长时期都没有发生大的水灾，老百姓纷纷颂扬夏原吉。上海地区就流传着这样一首民谣："尚书治河，功多怨多。千百年后，功在怨磨。"

历史文化百科

〔蓝印花布〕

俗称"药斑布"、"浇花布"，据明正德（1506－1520）《松江府志》记载，松江最著名的四种棉布为：三纱木棉布、番布、兼丝布、药斑布。蓝印花布"出青龙重固（今上海青浦），其法以皮纸积背如板，以布幅方狭为度，簇花样于其上。欲染，以板覆布，用豆面等调和如糊，刷之候干，入靛缸浸染成色，曝干拂去，药斑纹烂然"。由于是单色印染，工艺的局限性比较大，松江织染工中的能工巧匠们充分发挥自己的聪明才智，多在纹样的意匠上下功夫，使画面产生丰富的效果，从而创造出了素丽多样的蓝白艺术，受到人们的欢迎，成为明朝松江著名物产，产品畅销中外。

公元1398年

中国大事记：明太祖去世，皇太孙朱允炆即位，为明惠帝，以翌年为建文元年。

〇一九

三保太监下西洋

永乐年间，郑和七次率船队下西洋，前后到过三十多个国家，最远到达今非洲的索马里摩加迪沙一带。

一下西洋

明成祖即位后，担心建文帝逃亡海外，想派人查寻，同时他以武力夺取天下后，也极想耀兵域外，显示中国的富强。于是，便决定派遣一支人马出使海外。这项任务很特别，他考虑再三，选中了自己的心腹宦官郑和。

郑和，本姓马，小字三保，回族，云南人。洪武中净身入宫，在燕王藩邸供职，后跟随朱棣起兵有功，升为太监，赐姓郑。人们通常称他三保太监，或三宝太监。

永乐三年（1405）六月，明成祖命郑和为主使、王景弘为副使，率一支船队出使"西洋"。船队中共有各类人员二万七千八百余人，除水手和官兵外，还有医生、翻译等。船队拥有六十二艘大海船，每只海船长四十四丈，宽十八丈，因为随船携带有大量金银，故又称宝船。这样规模的船队在当时是很少见的，公元1492年哥伦布首次进行远洋航行时只有九十名水手和三艘船，其中最大的船只长仅八十五英尺。

郑和的船队从苏州刘家河（今江苏太仓浏河）出发，经东南沿海，一路浩浩荡荡，扬帆南下。

所谓"西洋"，是指我国南海以西的海域和沿海各地。郑和首先到达的是占城，即今越南南方，之后历经真腊（今柬埔寨）、爪哇、暹罗（今泰国）、满剌加（今

郑和下西洋路线图

公元1399年

> 世界大事记：朝鲜迁都开城。

〈明史·郑和传〉

人物：郑和、朱棣、陈祖义
关键词：勇敢、壮举
故事来源

郑和宝船用过的大舵杆
1957年在江苏南京乌龙江船厂出土了郑和宝船，这是宝船上所用的大舵杆，长11米。

郑和宝船模型
资料记载，郑和宝船最大的长44丈，宽18丈，树立9根大桅杆，12帆，舵杆长11米多，排水量约为1.4万吨，载重量在7000吨以上。宝船由位于南京龙湾的龙江船厂制造，论形制之巨大，制作之精良，在世界上首屈一指，是当时最先进的。明代郑和七次下西洋，在航海中采用了天文导航和罗盘导航。有关研究人员已成功复制郑和宝船。据文献如《龙江船厂志》、《武备志》、《西洋记》、碑刻等记载，郑和下西洋的船最少有七种，包括：宝船、马船、战船、座船（战座船）、粮船、水船等。宝船就是帅船，也是取宝之船。

马六甲）、苏门答腊等地。每到一地，郑和都宣谕明朝皇帝诏书，赏赐各部酋长，如遇反抗则以武力威慑。

位于苏门答腊半岛的旧港酋长陈祖义剽抢商旅，阻扰南海至印度洋的海道。郑和派人招谕，他假装投降，暗中袭击船队。于是郑和出兵，一举将他擒获，海道从此畅通。永乐五年（1407），郑和回国，各国纷纷派使者随船朝见明成祖，郑和将俘获的陈祖义献于朝廷。成祖十分高兴，大大奖赏了郑和等人。

七下西洋

就在这一年，郑和再次率船队下西洋。锡兰山（今斯里兰卡）国王亚烈苦奈儿将郑和诱骗到国中，乘机发兵抢劫船队。郑和侦知对方军队倾巢出动，国中兵力空虚，便率随从二千余人，出其不意地攻破王城，俘虏了国王、王后及百官。出动的军队闻讯返回救援，又被郑和打败。后来，明成祖赦免了亚烈苦奈儿国王等，将他们释放回国。东南亚各国震恐之下纷纷称臣纳贡。

此后，永乐七年（1409）、十一年（1413）、十五年（1417）、十九年（1421）及宣德六年（1431），郑和又五次率船队通使西洋诸国，加上前两次，共七下西洋，前后到过东南亚、中亚、西亚及东非、中非海岸当时三十多个国家，最远到达非洲的木骨都束国，即今索马里摩加迪沙。

伟大的航海家郑和
郑和是我国古代最伟大的航海家，他曾先后七次率船队出使亚、非各国。他的船队规模之大、次数之多、航程之远、范围之广、时间之久，都是世界罕见的，这也给中国带来了世界声誉，给东西方文化交流开辟了道路。

公元1398年

> 中国大事记 公元1398年
> 齐泰、黄子澄参预国政，定议削藩。周、齐、代、岷诸王以罪被逮。

宣德以后，海外仍不时有使者来到中国，但比起永乐年间已少了很多。这时，郑和已年老体衰，约在宣德十年（1435）病卒于南京。也有的说他是宣德八年（1433）在归国途中去世的。

郑和七次下西洋，除显示"天朝"国威外，还用随船携带的瓷器、丝绸、茶叶、货币交换各国的土特产，扩大了中国与亚、非各国的经济、文化往来。每次船队出使归来，都带回大量西洋土产、象牙、香料、宝石乃至各种珍禽异兽等。如到非洲木骨都束，郑和将中国的丝绸、瓷器赠送给国王、王妃，国王很高兴，当郑和返航时，特地派使臣随船访问中国，并赠送明朝皇帝许多非洲特产，特别是带来了"马哈鲁"（长颈鹿）、"花福录"（斑马）、"千里驼鸡"（鸵鸟）等珍奇动物。

南京净觉寺藏画《郑和归还》

印度尼西亚爪哇岛上的三保庙

记录各国风土人情

郑和在长期的航海生涯中，积累了丰富的航海知识，在完成出使任务的同时，还完成了《郑和航海图》等著作，这是我国15世纪初对世界海洋地理学的重大贡献。此外，随同郑和出使的马欢著有《瀛涯胜览》，费信著有《星槎胜览》、巩珍著有《西洋番国志》，记录各国的风土人情，山川道里。这些著作被翻译成多国文字出版，广为流传，成为研究航海史以及"西洋"各国历史、地理的珍贵资料。

郑和的业绩和贡献，使中外人士铭记于心。至今，在他当年经过的地方和船舶停泊过的港口，都有遗迹保存。在国内，有南京的龙湾、天妃宫、静海寺，有太仓的刘家港，有泉州的行香碑记等；在国外，尤其是在南洋诸岛，至今还保留着以"三宝"命名的名胜古迹，如马六甲的三宝城、三宝井，印尼爪哇的三宝垅，泰国的三宝庙、三宝塔等。

公元1405年

世界大事记：朝鲜复都汉阳（今汉城）。

人物：朱棣 萧仪 夏原吉 李时勉
关键词：革新 果断
故事来源：《明通鉴·成祖》《明鉴·成祖》

迁都北京

明成祖迁都北京，以巩固边防，加强统治。

营建北京，修整道路

明成祖登基不久，便计划迁都北平。

北平是朱棣做燕王时的王城，也是他起兵夺取天下的"兴王之地"。在那里以至在整个北方，他的势力根深基厚。另一方面，北平的地理位置适当。朱棣深知，削藩之后，诸王失去兵权，北方边防会受到影响，当时北方的蒙古势力很强大，时常南下侵扰。如能迁都北平，居重御轻，就可以加强对北方的防守与控制。

永乐元年（1403），明成祖下诏，改称北平为北京顺天府。经与近侍大臣数月的秘密研究，最后决定迁都，永乐五年（1407）五月开始动工。

在动工的前一年，明成祖就派官员分赴湖广、四川、江西、浙江、山西等地采集木材、石料，又把全国优秀工匠及百万民工征集到了北京。在营建北京的过程中，为了保证将来都城的物资供应，从永乐九年（1411）起，着手对大运河进行修浚。成祖特别派工部尚书宋礼，对淤塞的运河进行重点整治，引汶水、泗水入其中，沿线建闸三十八座。过去，漕船到淮安后，需借助一段陆运，才能进入淮河，十分不便。成祖又派官吏开清江浦，筑堤建闸，使漕船可直达淮河。京杭大运河就此全线畅通。

到永乐十八年（1420），北京城的营建工作基本完成。

新建的北京城，以紫禁城内皇宫为中心，外面是周长十八里的皇城，再外面则是周长四十五里的京城。宫殿宏伟华丽，中心建筑是奉天殿即今太和殿、华盖

北京故宫太和门

075

北京紫禁城的设计图

公元1412年

世界大事记：日本后小松天皇逊位，子称光天皇继位。

殿即今中和殿、谨身殿即今保和殿三大殿。除皇宫外，还建有供帝王祭祀天地、祖先、神灵用的天坛、社稷坛、山川坛、太庙等。大功告成，明成祖便宣布自翌年起，以北京为京师，原来的京师改称南京，为留都。

永乐十九年（1421）正月，明朝正式迁都北京。明成祖亲往太庙祭祀，并派人赴各坛祭诸神。随后，升坐奉天殿，接受朝贺，并大宴群臣。同时颁布诏书，表明他迁都乃是"仿成周卜洛之规，建立两都，为永远之业"。

北京紫禁城的设计图（左页图）
这是明早期所绘的北京紫禁城图，绢本设色。北京紫禁城从永乐五年（1407）开始兴建，至永乐十八年（1420）基本建成，设计者是苏州吴县人蒯祥。其规模、形制、名称皆以南京宫殿为依据，分前后两部分，前部是朝廷举行重大典礼和朝会的场所，后部是皇族日常工作和生活的地方。图中承天门（今天安门）下站立者为蒯祥。

历史文化百科

〔明清故宫〕
是明清两代的皇宫。于永乐五年（1407）开始修建，到永乐十八年（1420）基本建成，历时十四年，共役使数十万工匠和上百万夫役。之后，明清两代曾多次修建，但仍保持了初建时的布局。明清故宫，南北960米，东西760米，共占地72万多平方米，房屋九千余间，建筑面积约15万平方米。四面有高大的城门：南面的午门为正门，北面叫神武门（原称玄武门），东面是东华门，西面称西华门。明清故宫是我国现存最大最完整的古建筑群。故宫内宫殿众多，分前、后两大部分。前部称外朝，后部称内廷。外朝以奉天殿（又名皇极殿，清朝叫太和殿，俗称金銮殿）、华盖殿（又名中极殿，清朝叫中和殿）和谨身殿（又名建极殿，清朝叫保和殿）为中心组成。此为皇帝登基和举行重大典礼以及日常处理朝政的地方。三大殿中，现存的华盖殿（中和殿）和谨身殿（保和殿）仍是明代建筑。乾清宫在内廷的最前面，明代时为皇帝居住和处理政务之处。坤宁宫在内廷的最后面，明时为皇后住所。乾清宫和坤宁宫之间的是交泰殿。宫殿的两侧，是供居住用的东西六宫等，最后是一座御花园。

北京故宫午门
北京故宫四座城门中最壮观的是午门，正中的门洞为皇帝的专用御道。

迁都遭到大臣非议

成祖迁都北京，有一些朝臣并不赞成，但慑于皇帝的威严，不敢多加非议。谁知，迁都不到三个月，奉天、华盖、谨身三殿接连发生火灾，朝野为之震动，很多人因此说迁都不吉利，导致天灾。成祖只得下诏，令群臣直陈朝政得失。有些朝臣便乘机上书，指出：肇建北京，工费繁巨，调动太广，以致百姓终岁供役，加上官吏横征暴敛，苦不堪言，等等。其中，主事萧仪、侍读李时勉的言辞最为激烈。成祖起初还耐着性子，后来实在忍不住了，说道："当初考虑迁都时，朕与大臣密议数月后才决定下来，决非轻举妄动！"一怒之下，杀萧仪，逮李时勉下狱，并令所有非议迁都的朝臣都跪在午门外。这时，夏原吉出面上奏道："这些朝臣都是应诏而言，并没有罪。臣等备员大臣不能协赞大计，罪在臣等。"听了这番话，成祖的怒气才稍稍平息下来，那些朝臣总算逃过一劫。此后再也没人敢非议迁都之事了。

明成祖通过迁都北京，巩固了边防，加强了自身的统治。但政治中心与经济中心分离，也带来了不少问题。最突出的是北京距赋税重地江南遥远，京城庞大人口及广大北方边城所需的米粮衣被，都需要通过南北大运河运输调集，但运河却时常淤塞阻梗。这一难题长期困扰着人们。

公元1399年

中国大事记：燕王朱棣在北平起兵，以僧道衍为谋士，指齐泰、黄子澄为奸臣，以"清君侧"为名举兵，称"靖难"。

成祖五次北征

为打击北方蒙古三部对明边境的骚扰威胁，明成祖五次亲率大军北征，并在第五次北征归途中驾崩。

第一次北征

元朝蒙古势力北撤后，经明太祖多次打击，内部发生分裂，分为鞑靼、瓦剌和兀良哈三部，其中以鞑靼最为强悍。朱元璋对三部采取通好与防御相结合的政策。明成祖朱棣继承这一政策，即位后陆续封蒙古部落酋长为王，赐予金银、布帛、粮食等物品，并多次派官员出使鞑靼等部，意欲与之修好相安。

永乐七年（1409），给事中郭骥出使鞑靼，却被鞑靼可汗本雅失里所杀。明成祖于是任命淇国公丘福为征虏大将军，率精骑十万前往征讨。不料丘福轻敌妄进，竟全军覆没于胪朐河。败讯传来，成祖大为震怒，决定亲率大军出征。

永乐八年（1410），明成祖命皇太孙朱瞻基留守北京，自己亲率五十万大军北征鞑靼。大军渡过胪朐河，追至斡难河边，双方激战，结果本雅失里惨败，尽弃辎重牲畜，仅率七骑逃遁而去。明军随即移师征讨鞑靼部臣阿鲁台。在渡飞云壑时，阿鲁台乞降，成祖经验丰富，凭直觉感到其中有诈，命将士严阵以待。不久，阿鲁台果然率千骑来袭。成祖率精骑冲击，矢下如雨，阿鲁坠马败逃。明军追奔百余里，全歼残兵。成祖亲征数月，于七月班师回京。

君臣争执

鞑靼经此大败，便降归了明朝，每年向朝廷进贡马匹。明朝也给予优

长陵鸟瞰全景
明十三陵位于北京昌平境内天寿山南麓，明朝迁都北京后，有十三位皇帝埋葬在此，故名。陵区周围群山环抱，中部为平原，陵前有小河曲折蜿蜒，十三座皇陵均依山而筑。分别建在东、西、北三面的山麓山，形成了体系完整、规模宏大、气势磅礴的陵寝建筑群。从永乐七年（1409）营建的长陵，到清顺治初年营建的思陵，十三陵的修建时间跨度长达二百余年，其建造顺序依次为长陵、献陵、景陵、裕陵、茂陵、泰陵、康陵、永陵、昭陵、定陵、庆陵、德陵、思陵，其中以长陵和定陵最著名。

公元1413年

世界大事记：奥斯曼王子穆罕默德打败弟弟穆萨，重新统一帝国版图，自立为苏丹，称穆罕默德一世，正式定都埃迪尔内。

〈明鉴·成祖〉
朱棣 吴中 夏原吉 方宾　果断　盲动

人物　关键词　故事来源

十三陵武将石像

十三陵神道的两侧有石人十二座：武将、文臣、勋臣各四座，都是全副朝服，持笏板拱立。这些雕像为研究明代雕刻和衣饰提供珍贵的实物资料。武将们身穿甲胄，手执金吾，腰佩宝剑，显得孔武有力。

厚的赏赐，阿鲁台还接受了明朝给他的和宁王的封号。之后，瓦剌部渐盛。瓦剌的顺宁王马哈木特拥兵饮马河，试图率众南犯，并扬言要进攻鞑靼阿鲁台，气焰十分嚣张。永乐十二年（1414），明成祖再次率兵亲征，大破瓦剌兵，杀得马哈木特等落荒而逃。

鞑靼在瓦剌受挫后，经数年恢复，日渐强盛起来。阿鲁台重又反叛明朝，拘留明使，并时率兵出没塞下，骚扰边境。明成祖准备第三次亲征。他召集廷臣商议此事。兵部尚书方宾以"军兴费绌"为由，反对用兵。成祖听了很不高兴，又召来户部尚书夏原吉，询问还有多少边储。夏原吉据实相陈，连年用兵，军用储备丧失十之八九，加上灾害频繁，内外俱疲，请求皇上不要再大举亲征。成祖大怒，又召问刑部尚书吴中，结果所答与夏、方二人相同。成祖怒气冲天，将夏原吉、吴中关进大狱。方宾在惊惧之下自尽而死。成祖于是命人分往山东、山西、河南等地督造粮车，征发丁夫，准备出征。

永乐二十年（1422），成祖第三次北征。阿鲁台听说明军前来，慌忙携带家属北逃。明军出师数月，未经战斗，便匆匆班师。南归途中，又分兵兀良哈，取得一些胜利。这以后，明成祖又先后于永乐二十一年、二十二年第四次、第五次北征阿鲁台。

成祖途中驾崩

第五次北征时，成祖已六十五岁。大军行至开平（今内蒙古多伦西北），抓获鞑靼间谍，得知阿鲁台已逃往沙漠。敌方连连不战而逃，成祖也已感到厌倦，便下诏列述阿鲁台罪状，表示要宽宥投降归附之人。连年北征，一路之上白骨蔽野。成祖命军士收殓沿路遗骸，亲自撰文祭祀，追悼历次北征阵亡将士。此次北征一直行进至答兰纳木儿河，穷搜山谷，三百余里不见车辙马迹。当时军中粮食日渐匮乏，成祖于是下令班师。回师途中，成祖染病，日重一日，他自知将不久人世，想起当初夏原吉的劝言，感叹道："夏原吉爱我！"行至榆木川，便告驾崩。因大军在外，恐生意外，便秘不发表，熔锡为内棺，用龙辇载着，所到之处，照常上食，一直到皇太孙接驰讣前来奉迎，才正式发丧。

长陵前的神道

▷历史文化百科

〔明代皇帝陵墓群：十三陵〕

十三陵分布于北京昌平天寿山南麓，天寿山又名黄土山。始建于永乐七年（1409），陆续修建。十三陵指：长陵（成祖）、献陵（仁宗）、景陵（宣宗）、裕陵（英宗）、茂陵（宪宗）、泰陵（孝宗）、康陵（武宗）、永陵（世宗）、昭陵（穆宗）、定陵（神宗）、庆陵（光宗）、德陵（熹宗）、思陵（思宗）。整个陵园周长约八十里，正门外有大石牌坊，园内有碑亭、华表、石人、石兽等。十三陵中，以长陵规模最大。

公元1401年

中国大事记：燕王用僧道衍计，直趋南京。

○二二

解缙遇害

解缙才能不凡，为人耿直，但因说话行事无所顾忌，得罪了皇帝，被活埋而死。

受两朝皇帝赏识

解缙，字大绅，江西吉水人。自幼聪敏过人，文才出众，洪武中登进士，授职中书庶吉士，很受朱元璋器重，经常侍立左右。曾上万言书，又上《太平十策》，颇有见地，朱元璋大加赞赏。但解缙在朝中得罪了一些权贵，便有人在皇帝面前讲解缙的坏话。一次，朱元璋为显示恩典，接见了一些大臣的父亲，解缙的父亲也在列。朱元璋对解缙的父亲说，解缙大器晚成，你且带他回去，进一步研学，十年后必有大用。就这样解缙回归故里。

朱元璋死后，解缙重又回到京师，但很不得志。他写信给当时的礼部侍郎董伦，表明心迹。董伦于是推荐他为翰林待诏。成祖即位后，解缙一下子青云直上，升为侍读，与黄淮、杨士奇、胡广等入文渊阁参预机务。后来，解缙又升为侍读学士，奉命总裁编纂《太祖实录》、《列女传》等书，深受成祖赏识。

失宠被贬

解缙年少出仕，才能不凡，为人耿直，表里如一。选拔人才时，能毫无成见，对有才识之人倍加赞誉、推举。但他喜欢评论是非，无所顾忌，所以也得罪了不少人。

永乐之初，淇国公丘福等对成祖夸奖朱高煦的战功，建议立为太子。解缙则主张立皇长子朱高炽为太子，理由有二：一是"皇长子仁孝，天下归心"；二是朱高炽之子朱瞻基是"好圣孙"，皇位后继有人。这两条理由尤其第二条理由，说动了明成祖，不久就正式立高炽为太子，封高煦为汉王。朱高煦因此对解缙怀恨在心。

太子立后，时时不称成祖心意，解缙偏偏还要直言上疏，劝谏皇上不要过分宠爱高煦。成祖认为他这是离间他们父子关系，开始渐渐冷落解缙。喜好战功的成祖想发兵征讨安南，解缙又唱起反调，反对对安南用兵。这次，成祖没有采纳他的意见，坚持出兵，并平定了安南。从这以后，解缙所受的宠任便大不如前。有一次，成祖赐黄淮等五人二品纱罗衣，独独没有赐给解缙。

《行草书自书诗卷》（部分）（明·解缙书）

解缙精于书法和诗文，在明朝永乐时期很有名气。《行草书自书诗卷》，是他的代表作，纵34.5厘米，横470.8厘米。这件作品一共七十五行，每行字数不等，多则七八个字，少则一字一行，但气脉和畅，前后呼应，显得非常和谐一致。用笔灵活自如，有着明显的跳跃性。解缙自己在卷后跋中说，诗是"率尔而成，字又是率尔写成的"。两个"率尔"造就了整篇作品独特的气韵，有妙趣天成之美。

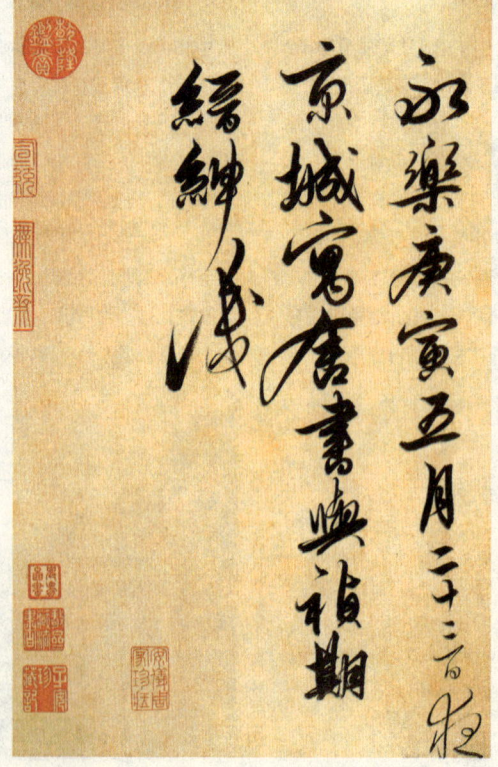

公元1415年

世界大事记：英王亨利五世率军侵法，百年战争再起。

《明史·解缙传》
- 人物：朱棣、朱高炽、朱高煦
- 关键词：正直、冤狱、残忍
- 故事来源：解缙

塔尔寺

塔尔寺位于青海西宁市区西南25公里的湟中县鲁沙尔镇西南隅，是我国著名的喇嘛寺院，是喇嘛教黄教创始人宗喀巴诞生地，也是西北地区佛教活动的中心。该寺规模宏伟，最盛时有殿堂八百多间，占地一千亩，是我国著名的六大喇嘛寺之一。塔尔寺藏语名为"拱本"，即十万佛像的意思。始建于明嘉靖三十九年（1560），整座寺庙依山势起伏，由大金瓦寺、小金瓦寺、大经堂、大厨房、九间殿、大拉浪、如意宝塔等许多宫殿、经堂、佛塔寺组成，气势恢宏，是藏汉艺术风格相结合的古建筑代表作。

时隔不久，丘福等传言解缙泄露宫中机密。接着，又因廷试不公一事受到牵连，成祖谪解缙为广西布政司参议。随后，又有人告发解缙心怀不满，以致被再贬到交趾（今越南河内），一下子连降几级。

"解缙还活着？"

永乐八年（1410），解缙因公务到南京，成祖正北征鞑靼，太子留守京城。解缙拜见太子后就返回了交趾。

十三陵文臣石像

十三陵神道两侧的文臣头戴朝冠，手执朝笏，显得温文尔雅，胸中似有万卷诗书。

成祖回京后，朱高煦便告解缙背着皇上私谒太子，违背了臣子的礼节。成祖震怒，下令将解缙逮入大狱，施以酷刑。此事还牵连到大理寺丞汤宗等多人，均下狱，最后只有解缙活了下来。

永乐十三年（1415），锦衣卫指挥纪纲例行上报囚犯名册，成祖见有解缙的名字，便说："解缙还活着？"纪纲回去后，便设法灌醉解缙，然后将他活埋在雪中，死时年仅四十七岁。其家遭籍没，妻儿宗族被流放辽东。可怜一介才子，竟遭到如此下场！

> 历史文化百科

〔宗喀巴创立西藏黄教〕

元明之际，西藏喇嘛教分成许多教派，宁玛派就是红教、噶举派就是白教、萨迦派就是花教。这些教派的共同特点是戒律废弛，僧侣生活腐化，骄恣淫乱，并与奴隶主贵族互相勾结，激起广大藏民的强烈不满。

宗喀巴是藏传佛教中著名的宗教领袖，他坚决主张进行宗教改革，振兴教规。永乐七年（1409），宗喀巴在拉萨大昭寺主持了规模空前的大祈愿会。在这次大会上，从各地赶来参加的僧众超过万人，观光的俗人也多达数万。大祈愿会的召开，使宗喀巴成为西藏喇嘛教中最有影响的领袖，为他以后的宗教改革奠定了基础。

随后，宗喀巴在拉萨东面的汪古尔山旁建立了甘丹寺，从此创建了一个以他为中心的新教派，即格鲁派。格鲁派规定僧侣要穿戴黄色法衣、法帽，故俗称黄教。黄教主张严守戒律，禁止僧侣娶妻生子，崇尚苦行，重视佛经研究，还有大规模的教学组织，主张学、行并举，不与世俗争权。

黄教建立后，受到西藏各阶层的广泛欢迎和支持，势力日益增大，成为执政教派。明朝中央政府封宗喀巴为西天佛子大国师，宣德年间，又封为大慈法王。宗喀巴死后，按其教义规定，由他的两个大弟子世世转生，传其衣钵。这两个弟子后来称为达赖喇嘛和班禅额尔德尼，他们与明廷一直保持着密切的关系。

081

公元1402年

中国大事记：燕兵渡江至京师，李景隆、谷王朱橞开金川门相迎，南京落入燕王之手。宫中火起，惠帝不知去向。

〇二三

唐赛儿起义

唐赛儿是山东青州蒲台县农妇，自称"佛母"，组织白莲教，聚众起义。

农妇自称佛母

自洪武末年起，山东青州一带接连闹起灾荒，饿殍遍野。山东又是"靖难之役"的主要战场，战乱使老百姓的日子雪上加霜，许多人被迫流落他乡。到了永乐年间，明政府为营建北京城、开凿会通河、运输粮饷到边塞等地，先后在山东征派数十万民夫。灾荒、战乱再加上极重的徭役负担，压得这里的老百姓喘不过气来。

百姓与朝廷官府的矛盾越来越尖锐，永乐十八年（1420），山东蒲台县农妇唐赛儿终于聚众起义。唐赛儿是青州蒲台县民林三的妻子，在一段时间里，她自称"佛母"，经常往来于益都、诸城、莒州、即墨等州县活动，用白莲教组织发动群众。

楼阁人物金簪

金簪是古代女子不可缺少的发饰，但由于地位不同，经济情况有别，簪子也就有了等级之分。这只簪子用浑金打成，分两层楼阁，各有人物，情态各异，表现了充满生气的生活场景。整个簪子又呈一枚树叶形状，以精细的花边将楼阁、人物包围起来，使之具有完整性和实用性。试想用这只簪子的女子，不是皇族贵戚，也该是个殷实之家的千金。

传说唐赛儿曾于崖隙间得到"仙书"，学会了幻术。

唐赛儿起义后，董彦杲等也率众参加，据守在益都卸石栅寨。青州卫官兵前往镇压，结果兵败而归。此后，山东都司、布政司、按察司派人招抚，都被唐赛儿等严词拒绝。

起义惨遭镇压

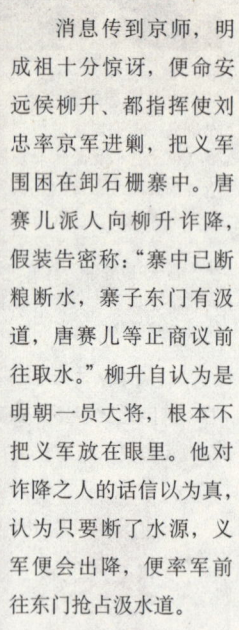

消息传到京师，明成祖十分惊讶，便命安远侯柳升、都指挥使刘忠率京军进剿，把义军围困在卸石栅寨中。唐赛儿派人向柳升诈降，假装告密称："寨中已断粮断水，寨子东门有汲道，唐赛儿等正商议前往取水。"柳升自认为是明朝一员大将，根本不把义军放在眼里。他对诈降之人的话信以为真，认为只要断了水源，义军便会出降，便率军前往东门抢占汲水道。

当晚二鼓时分，寨中义军突然袭击明军军营，都指挥刘忠率留守明军仓促应战。结果刘忠身中流矢，当场丧命，义军得以突围。一直到黎明时分，守在汲道的

公元1429年

世界大事记：贞德率军入奥尔良大破英军，法军反攻，收复北法多城。■法王查理七世正式在兰斯加冕。

人物：唐赛儿、董彦杲、卫青、柳升
关键词：柳升起义
故事来源：《明通鉴·成祖》《明鉴·成祖》

杭州容与堂刻本《忠义水浒传》"武松醉打蒋门神"

柳升才发觉受骗，急忙回师追剿突围义军，仅抓获百余人，唐赛儿、董彦杲等人逃脱。

这时，另一支响应唐赛儿起义的义军由宾鸿指挥正猛攻安丘。明军都指挥卫青正在海上抗倭，闻报后即率一千骑兵日夜兼程赶到。义军受到内外夹攻，除宾鸿等少数人逃脱外其余的人全部战死。

唐赛儿起义被镇压后，明朝廷下令缉拿唐赛儿等首领，然而唐赛儿却一直未被抓获。明成祖怀疑唐赛儿有可能削发为尼，或者混迹于女道士中，便下令拘捕山东、北京一带的尼姑、道姑，之后，又将搜索范围扩大到全国的出家妇女，先后逮捕了几万人。经严刑审讯，仍一无所获，唐赛儿始终下落不明。

事后，山东三司因"纵寇"而被诛杀。倒还是柳升幸运，虽因镇压不力、错失战机而遭朝臣弹劾入狱，但不久仍被释放。

> **历史文化百科**
>
> 〔梁山好汉的传奇故事：《水浒传》〕
>
> 这是一部以北宋末年宋江领导的农民起义为题材的古典小说。元末明初，施耐庵在民间传说和话本的基础上，整理加工编撰《水浒传》。嘉靖年间，武定侯郭勋家有汪道涵作序的《水浒传》善本，共一百回，其中删除了征讨田虎、王庆的内容，而增加了征辽故事。天启、崇祯年间，杨定见根据郭本重新把征讨田虎、王庆内容插入征辽之前，编成一百二十回本的《忠义水浒全书》。明末，金圣叹只留前七十回，卷首另加引子，在宋江受天书之后，添写卢俊义噩梦的情节，以一百零八位英雄被害为结局。此后数百年，社会上流传的《水浒传》就是金圣叹的七十回本。
>
> 《水浒传》表现了一百零八位好汉聚义梁山、替天行道的英雄传奇。这些人走上反抗道路的共同原因在于官府的黑暗，所以他们反抗的对象也主要在于权豪势要。其次，梁山好汉聚义的一个共同基础还在于侠义精神的感召，这便使梁山的英雄群体具有一种强烈的精神魅力。另外，替天行道的主张也体现着黑暗政治中一种行动理想，并为他们的反抗提供了合法性。而反贪官不反皇帝的反抗方式与最终的招安结局固然说明了这种反抗的不彻底性，同时也表明了一种叙事策略（为了小说能够顺利地流传）。
>
> 这部小说在艺术上所取得的成就历来受人称道：首先，是其叙事及结构之精妙，对此金圣叹在其《读第五才子书法》中有精辟阐述；其次，是书中众多英雄性格的成功塑造，正所谓"人有其性情，人有其气质，人有其形状，人有其声口"；第三，是小说强烈的情节性，让人在阅读中获得欲罢不能而又痛快淋漓的审美感受；第四，是小说的语言生动活泼，极具表现力，堪称古典白话小说中的一个典范。当然，这部小说在结构上不够浑融紧密，各个不同人物的经历在小说中处于相对独立的状态，不过对于早期长篇小说来说，这种缺陷似乎是难免的。

公元1402年

中国大事记：朱棣即皇帝位，为明成祖，以翌年为永乐元年。

高煦叛乱

成祖的第二个儿子朱高煦野心勃勃，图谋夺取皇位，宣宗亲征平定叛乱。

高煦骄纵不法

高煦即朱高煦，是明成祖朱棣的第二个儿子。他骁勇善战，跟随朱棣起兵靖难，屡立战功，有几次朱棣濒处危局，全赖朱高煦及时助攻而得以转危为安。因此，朱棣十分喜欢他，认为性情"类己"。朱高煦也因此十分自负，恃功骄恣。

成祖即位后，曾一度有意立朱高煦为太子，但由于解缙等朝臣的谏劝，反复考虑，还是于永乐二年，将世子朱高炽立为太子（即后来的仁宗），封朱高煦为汉王，封国云南。朱高煦对此十分不满，嚷嚷道："我有何罪过，被贬斥到万里之外的边疆！"后来，他随成祖北征，乘机向成祖请得天策卫作护卫，常自比唐太宗李世民，骄纵不法，根本不把太子放在眼中。

有一次，朱棣命朱高煦与太子谒孝陵。朱高煦身高七尺有余，矫健雄武；而太子朱高炽体形却较肥重，又患有足疾。这天，下起了雨，路面湿滑，虽有太监扶掖，朱高炽仍不免滑跌。朱高煦跟在后面，嘲讽道："前人蹉跌，后人知警。"话音刚落，忽听身后有人应声道："更有后人知警也。"朱高煦回头一看，见是皇太孙朱瞻基，不觉大惊失色。

图谋夺取皇位

永乐十三年（1415），朱高煦被改封青州，但他老是迁延着滞留南京，私下里招募兵士，组织亲军，在京城中横行劫掠。兵马指挥徐野驴出面惩治爪牙，竟被朱高煦亲手以铁瓜捶死。于是，众官员再也没人敢言。朱高煦十分得意，不免有点忘形，竟僭用起皇帝的器物来。成祖听说，大怒，下令囚禁朱高煦，欲废其为庶人。太子出于手足情谊，在成祖面前涕泣求情，才免重惩，削除两护卫，徙封乐安州（今山东广饶），即日赴国。但是，朱高煦却并未因此改悔收敛，相反，心中更是恨恨不已，急于谋夺皇位。

明成祖在北征归途中驾崩，朱高煦派人窥测风向，蠢蠢欲动，但没有下手的机会。十个月后，仁宗又死，朱瞻基从南京前往奔丧。朱高煦阴谋在路上伏兵邀击，因事出仓促，未能得逞。宣宗即位后，对朱高煦厚赐重赏，并一再满足他的要求。可是朱高煦野心不死，处心积虑想夺取皇位。他在乐安州日夜制造兵器，抢夺官民畜马，强拉壮丁，还招集周边地区的无赖子弟，编成队伍，甚至打开监狱，放出死囚犯人，充作兵士。

宣德元年（1426）八月，朱高煦在乐安州设立五军都督府，约山东都指挥靳荣等同时叛乱，还派亲信枚青潜入京师，想联络英国公张辅为内应。张辅逮捕了枚青，上奏宣宗。宣宗派人前往赐书劝阻。朱高煦则效法其父朱棣，

持盾武士俑
盾牌在火器普遍使用之前，是军队的重要装备。明代盾牌的形制更多，并且出现了加装火器的盾牌。此圆形盾牌外表是一张笑脸。

公元1431年

> 公元1431年

世界大事记：拜占廷大疫。

人物：朱高煦、杨荣、朱棣、朱瞻基、朱高炽
关键词：骄傲、叛乱、果断
故事来源：《明史·诸王传》《明鉴·成祖》

指夏原吉等人为奸臣，声称自己是举兵靖难。他领着使者观阅自己的军马兵器，野心勃勃地说："以此足可横行天下。"神态傲慢自大，蛮横无礼。

宣宗亲征高煦

宣宗于是决定平叛，他连夜召集大臣，商议对策。有人主张派大将前往征讨，大学士杨荣极力反对，他建议宣宗亲征，他说："朱高煦认为陛下新立，一定不会亲征，故而敢兴兵作乱。如今出其不意，以天威临之，事无不济。"夏原吉也认为，兵贵神速，皇上亲征，能先声夺人之心。宣宗于是下定决心，三天后，发兵京师，亲征朱高煦。

朱高煦起初听说皇帝派将征讨，高兴地说："这容易对付。"当听到宣宗亲征的消息，一下子慌张起来。宣宗一面派人到乐安州传诏，晓以利害，令其投降，一面指挥大军日夜兼程直逼乐安州城下，将四门紧紧包围。

这时，乐安城中人心已经涣散，朱高煦手下就有将士密谋逮捕朱高煦献城。朱高煦走投无路，只得派人向宣宗请降，乞求给他一夜时间与妻、子诀别。宣宗同意了他的要求。朱高煦连夜放火焚烧兵器及各种

历史文化百科
〔北方边境的军事重镇：九边〕

明朝建立以后，为防止北方的蒙古族再次南下骚扰侵犯，自洪武、永乐年间，北方陆续建立起一些军事重镇，包括辽东、宣府（今河北宣化）、大同、延绥（后移治陕西榆林）、宁夏、甘肃、蓟州（今天津蓟县）、太原、固原，共九镇，地处近边，故名九边。

明皇陵

明皇陵位于安徽省凤阳县城南7公里处，是明太祖朱元璋为自己父母修建的陵墓，初建于吴王时期元至正二十六年（1366），明洪武二年（1369）后又两次大规模修建，明洪武十二年（1379）年竣工。陵园占地两万余亩。当时有城垣三重，周长二十八里，其内"宫阙殿宇，壮丽森严"。享殿、斋宫、官厅数百间。虽经多次兵乱，但陵前神道上的三十一对（原为三十二对）石象生和皇陵碑、无字碑及坟丘等至今仍保存完整。皇陵碑文为朱元璋亲撰，石象生数量之多、刻工之精美为历代帝王陵之冠。

谋叛文书，想从暗道潜逃，被官军抓获。很快，乐安城被攻下。宣宗执捕了朱高煦及诸子，班师回朝。

不久，朱高煦被废为庶人，与他的几个儿子一起被囚禁在西安门内的逍遥城。几年后的一天，宣宗到囚室看他，他乘宣宗不备，伸脚将宣宗勾倒在地。宣宗大怒，命人抬来一只三百斤重的大铜缸将他盖住。但朱高煦力大无比，竟顶缸而起。宣宗下令在缸上堆起木炭，点火燃烧。不一会，火炽铜熔，朱高煦被活活烧死。他的几个儿子也被处死。那些随他起事的将领纷纷伏诛。天津、山东等地的都督、指挥，因参与谋逆而被诛杀者达六百四十余人，被判戍边者一万五千余人。宣宗在事后亲撰《东征记》，记述平定高煦之乱的详细过程。

085

公元1402年

中国大事记：北元鬼力赤杀坤帖木儿，废除元国号，称鞑靼。

○二五

科举取士

太祖时的南北榜之争，折射出科举取士的地区不平衡状况。仁、宣朝开始讨论并实施的"南北分省取士"及"南北中三卷"，改变了这一状况。

南北榜之争

明朝在选官制度上，沿用并且完善了唐、宋以来的科举制度。洪武三年（1370），朱元璋下诏开科举，规定以后官员"皆由科举而进，非科举者勿得与官"。其后虽曾一度罢停科举，到洪武十五年（1382）又重新恢复。接着还公布了《科举成式》，成为明朝此后二百五十多年科举取士的基本条规。

唐宋以来，中国南方经济文化较发达，南方人较北方人"尚文"，因此，南方人在科考中总是占据着优势。会试中进士的大多是南方人，北方人考中的很少。这种南北差异，到后来竟引发了一场激烈的南北榜之争。

洪武三十年（1397）春会试，取中五十二人，都是南方人，北方士人全数落选。廷试时，取陈䢿为状元。北方举人十分不满，纷纷指责南方籍的主考官刘三吾、白信蹈包庇南人，压抑北人。事情闹得很凶，朱元璋闻讯后，为查明真相，派侍读张信等十二人组成复查组。经认真核查，发现刘三吾等人并无舞弊行为。原榜维持不变。

按例，这事该平息了，然而，北方举人仍是不服，到处宣扬，说张信与刘三吾、白信蹈等相互勾结，把北方士人的陋卷进呈，以此欺骗皇上。朱元璋不明真相，下令处死白信蹈、陈䢿及复查官张信等人。刘三吾时已八十五岁，以年老而幸免一死，革职充军。

朱元璋考虑到北方士人对元朝有"遗民"的想法，需要加以笼络，以稳定北方社会与政局。所以，他亲自阅卷后，钦定了六十二人为进士，全部为北方人，于当年夏天发榜。这场南北榜之争，因此又称作"春夏榜之争"。

南北分省取士

"南北榜之争"发生的第二年，朱元璋还来不及解决南、北籍贯士人在科考中的矛盾，便去世了。科举名额分配的改革，一直到仁宗时才被提到议事日程上来。

一次，仁宗与侍臣讨论科举中存在的弊病。内阁大学士杨士奇认为，科举取士应制定相关办法以保证南北兼收。仁宗说："北方人的学问远不如南方人，该如何处理？"杨士奇是江西人，虽属南方，对问题的看法倒还公允，他说："南方人虽多有才华，然而偏于轻浮。长才

中国最早的彩色插图书：《明解增和千家诗注》（上图）
这是明代皇太子用的彩色教科书，也是中国最早的带有彩色插图的图书。开本阔大，黄绫封面，朱笔手绘，经鉴定为明代中后期宫中之物。共收有七律三十六首，版式为上图下文，尤其是人物插图刻画细致入微，背景衬托自然流畅，更以天然矿质颜料饰绘，历经数百年而不褪色，为世所罕见。

公元1438年

世界大事记
英—苏格兰达成九年休战协定。

人物：朱元璋、刘三吾、杨士奇、朱高炽、朱瞻基
关键词：仁宣致治、革新
故事来源：《明史纪事本末·仁宣致治》、《明鉴·太祖》

明代官吏出巡时的阵容：木仪仗俑

上海卢湾肇嘉浜路潘允徵墓内随葬一队四十五人组成的仪仗木俑，高20～21厘米，有伎乐俑十四、仪仗俑四、隶役俑十四、侍吏俑二、侍童俑三、轿夫俑八个。这批木俑以出巡阵容排列，走在前面的是敲锣打鼓、吹奏弹唱的伎乐俑：敲锣的，头微抬，双手撑于胸间作击锣状，打鼓的低头，双目俯视，左手托鼓、右手执鼓槌呈打击状，吹奏者，有的双手持唢呐，指按音孔，鼓腮努嘴，正在低头运气，有的手执长号，全身运气吹奏。紧跟着是由手执"肃静"、"回避"牌打头的一班文武皂吏，他们官袍加身，面部表情严肃，挺胸凸腹，有的头戴乌纱帽、手捧官印，有的双手作揖，有的手持长杖，一副傲慢骄横、不可一世之态，借以示威唬人。最后是侍从轿夫，有的双手捧物，有的一手持物，有的撑伞，有的抬轿，他们的面部表情冷漠，神态黯然，给人以谨小慎微之感。明代官吏出巡时的阵容由此可见一斑。这批木俑为杉木雕刻，造型朴实，比例匀称，刀法简练洒脱，通过对人物形象神态的把握，生动表现出各种俑像的气质心理，为珍贵的明代木雕工艺品。

大器者，不少就出自北方。"仁宗便询问杨士奇有何良策，杨士奇说："试卷仍旧弥封誊录，但在外面标明'南'、'北'字样。如要取进士一百名，可取南卷六十名，北卷四十名。"仁宗觉得他的意见很好，高兴地说："往年取士，北人因很少考中，不免息惰成风，若照此办理，北方士人也将感奋而起了。"当即让侍臣与礼部讨论具体方案。

不久，仁宗去世。宣宗即位后，马上下诏贯彻仁宗的决定，实行会试改革，南北分省取士。后来，会试再分为南北中三卷：北卷包括北直隶、山东、河南、山西、陕西等省；中卷包括四川、广西、云南、贵州省，凤阳、庐州二府及徐、滁、和三州；南卷包括应天及苏松诸府、浙江、江西、福建、湖广、广东等地。

科举考试的这一改革，在一定程度上改变了科举录取名额地区不平衡的状况，保证了各省士人都有机会进入中、高级官僚的队伍，从而加强与扩展了封建政权在全国的统治基础。后来清朝也承袭明制，实行南北分省取士的办法。

> **历史文化百科**
>
> 〔明代的科举制度〕
>
> 明代实行科举考试。入门考试叫"童试"，即初等学生的考试，这些学生称为"童生"。童试是州、县一级举行的考试。通过了童试就是生员，也就是大家俗称的秀才。
>
> 由读书出身的生员，捐来的监生或贡生，如果要取得进一步的功名，就要参加乡试，即省级考试。乡试每隔三年在省会举行。乡试除了三年一次定期举行外，还有恩科，即皇帝特赐的不定期举行的考试。在乡试中入第的考生称为"举人"，凡举人可参加会试，亦可选官。有文、武之别，又有新中式、下第、坐监、署教之分，并有正榜、副榜之分。
>
> 会试是全国级考试，三年一次，有恩科。会试得第一名称会元。会试录取后，需再经殿试重排名次。殿试，又名廷试，皇帝亲自主持考试，始于唐代。明代规定凡会试及格的士子皆可参加，考试内容为时务策，以翰林及朝臣中文学之优者为读卷官参与阅卷，策问由皇帝亲撰或由翰林官代拟。殿试考中者称进士。分三甲，一甲三名由皇帝亲点，为状元、榜眼、探花，赐进士及第；二甲若干名，赐进士出身；三甲若干名，赐同进士出身。不经殿试者只可称为会试中式举人。
>
> 明代科举考试，有甲、乙榜之分。甲榜也叫甲科，专指考中进士者。因为曾经殿试，有一甲、二甲、三甲之列名，故称。乙榜也叫乙科，专指考中举人者。起初，考举人的称为"一榜"，后来因进士有甲榜之称，于是改称"乙榜"。明代选官，最看重甲榜出身者。

公元1403年

中国大事记：明成祖以北平为北京。

况钟治苏

况钟任苏州知府长达十三年，刚正廉洁，勤政爱民，被苏州百姓称为"况青天"。

《十五贯》中的况钟

著名昆曲《十五贯》，讲的是一位苏州知府，如何为官清正、善于断案的故事。肉商尤葫芦借来本金十五贯，深夜醉归。有一个名叫娄阿鼠的赌徒，图财害命，杀死尤葫芦，并嫁祸于尤的养女苏戌娟及过路店伙熊友兰。无锡知县在审理此案时，只注意表面现象，轻率地把苏戌娟、熊友兰当成凶犯，问其死罪，呈报刑部审批。苏州知府奉命监斩，但凭他的经验，发现这个案子有疑点。于是深夜入辕，面见当时的应天巡抚周忱，请求暂缓执行，予以重审。他乔装打扮，亲赴现场勘查，明查暗访，终于了解到该案实情，取得了罪证，让真正的凶犯得到惩罚，平反了一起冤狱。

故事中的这位清官就是苏州人熟悉的况钟。

清查胥吏

况钟，江西靖安人，字伯律。他办事果断干练，为尚书吕震所赏识，推荐他做礼部仪制司主事，后任郎中。宣德五年（1430），皇帝觉得郡守一级官员称职者不多，特别像江南苏州这样的府郡，经济繁荣，财富集中，号为"雄剧之地"，对国家财赋征收影响很大，更缺乏勤廉能干的官员去管理，于是，决定在中央机关中选拔一些官员去充任，并让大臣们积极荐举。后选出各部郎中九人为知府，况钟被首荐，擢任苏州知府。

况钟洞悉积弊，决定从清查衙门胥吏问题入手。他走马上任之初，衙门里的办事人员就围在况钟身

乌纱帽

帽高24厘米，藤篾编制，涂黑漆，表敷一层黑罗绢，前低后高，两翅自后上折，这是出土的保存比较完好的明代乌纱帽。明代男子的巾帽，主要有乌纱帽、网巾、四方平定巾及六合一统帽等。《明史·舆服志》记载："凡常服视事，以乌纱帽、团领衫、束带为公服。"乌纱帽是一种官员佩戴的巾帽，至今"怕丢了乌纱帽"仍作为怕丢了官职的同义语在使用。

> **历史文化百科**
>
> 【三场】
>
> 指乡试、会试的场次。洪武十七年（1384），朝廷颁行科举，规定初九日为第一场，试四书义三道，经义四道；十二日为第二场，试论一道，判五道，诏、诰、表任选一道；十五日为第三场，试经史时务策一道。士子参加考试，大多把精力集中于一经或四书义，考官阅卷时一般也重视第一场而忽略第二、第三场。明代的武科考试，亦分三场次，初场试马上箭，第二场试步下箭，第三场试策一道。

清代石刻况钟像

○二六

088

公元1452年

世界大事记：奥斯曼土耳其封锁君士坦丁堡，拜占廷遣使向罗马教廷乞援。

人物：况钟、周忱
关键词：清正善行
故事来源：《明史·况钟传》

边，要求他发文处理事务。况钟假装对很多事情都不清楚，问这问那，请教哪些事可做，哪些事不可做。吏役们见状十分高兴，以为又来了一位昏愦的知府，他们又好从中渔利了。

过了三天，况钟召集府中的全体吏员，当场责问："前几天，有些事情是应该做的，你们阻止我做；有些事情是不该做的，你们强令我行。你们这些人长期舞弊弄奸，罪当死。"当即将其中几名罪大恶极的处死，把属僚中贪婪暴虐以及平庸之辈清除出去。全府为之大震，从此以后，吏役们再也不敢不奉公守法了。

"况青天"

况钟在任期内，针对苏州赋税繁重、百姓生活艰辛、曾出现大规模逃民的现象，与巡抚周忱等多次上疏，奏请减免江南赋税。朝廷准允，免苏、松赋粮七十余万石，当地百姓对他俩深为感激。作为苏州知府，况钟积极配合巡抚周忱的工作，凡周忱所行的善政，况钟无不尽力协办。

况钟在苏州做了大量好事，其中最显著的，一是重视教育，兴办学校；二是改善当地民风，立善、恶二簿；三是为备荒年，立济农仓；四是为防止出纳作奸，摊派不公，先后设通关勘合簿、纲运簿、馆夫簿等，因为有簿记录，一目了然，杜绝了乱摊派，革除了很多弊端。此外，在锄豪强、植善良、为地方兴利除害方面，况钟也总是不遗余力。

苏州物产丰富，来苏州织造采办的宦官和卫所将卒常常接踵而至，稍不如意，便对百姓施暴行凶，弄得民怨载道。况钟到任后，对这一现象极为关注，迅速采取强硬对策，使宦官和卫所将卒心存畏惧，不得不有所收敛。

况钟刚正廉洁，孜孜爱民，赢得了广泛民心，被誉为"况青天"，百姓奉之若神。况钟有好几次离任调迁的机会，都因苏州人民挽留作罢。正统六年（1441），况钟任期满，应当迁往别处，当地官民听说这一消息后，两万余人一起拥到巡按御史处，要求况大人再任。朝廷后来同意况钟仍任苏州府事，诏进正三品俸。次年冬（1443），况钟病逝在任上，享年六十一岁。他任苏州知府长达十三年。

况钟死后，苏州人民十分悲痛，在府学内建祠祭祀，后又在西美巷立况公祠，永久纪念这位关心百姓疾苦的清官。

中华门跑马道
现在的江苏南京是朱元璋起家的根据地，也是明初的国都。现南京的中华门为明洪武初年所建，称"聚宝门"。图为中华门上长长的跑马道。

公元1405年

中国大事记：郑和与王景弘等从苏州刘家河出发，开始第一次下西洋之远航。

〇二七

仁宣之治

仁、宣两朝前后共十一年，承继了洪武、永乐开国创业的成就，勤于守成，纳谏尊贤，史家以为可与汉代的文景之治相媲美。

成祖之后，仁宗朱高炽、宣宗朱瞻基父子相继即位，前后共十一年。他们承继洪武、永乐开国创业的成就，采取了一系列休养生息、巩固社会安定的措施，史称"仁宣之治"。

提倡节俭

永乐一朝，战争、工役频举，支出浩繁，百姓负担沉重。仁宗即位后，便注意让人民休息，先后下令罢去宝船下西洋、云南取宝石、交趾采金珍等多项劳民伤财的事，并规定以后官府所需物料，要计价向产地购买，不得随意向百姓征派。他又接受杨士奇的建言，大量削减宫中贡品的数量。为了节省财力，仁宗还裁减封禅、祭祀等仪式的开支，有时甚至完全取消。

宣宗也提倡节俭，他说："人君恭俭，则户口日繁，财赋自然充足。"因此多次裁减宫廷开支。他刚即位时，有官员向他提出，宫中御用器物不足，必须到民间采办。宣宗制止说："汉文帝的衣物没有文绣，史称恭俭爱民。朕也要做俭约的表率。"修建仁宗的陵墓献陵时，宣宗遵照仁宗的遗嘱，厉行节约，蹇义、夏原吉等大臣纷纷赞同他的主张。于是，宣宗亲自规划，仅三个月就建成陵墓，规模及华丽远不如成祖的长陵，以后几代皇帝的陵墓都以献陵为榜样，直到世宗营建永陵时，才又开始追求奢华。

用贤纳谏

仁宣时期，用人颇为注意。两朝高官以杨士奇、杨荣、蹇义、杨溥、黄淮、夏原吉、金幼孜等为核心，这批贤能之士为政治上的清明

《戏猿图》
(明·朱瞻基绘)
明宣宗朱瞻基是明中期画院发展的关键人物。他多才多艺，擅长诗文书画，因此在位期间，文化事业兴盛，画院中名家辈出。他重奖画院，对于明中晚期浙派的大兴，更是功不可没。这幅宣宗亲笔画，生动传神，颇见艺术功力。

090

公元1455年

世界大事记：英兰开斯特家族与约克家族因王位之争爆发"红白玫瑰战争"。圣奥尔本斯之役中约克军打败兰开斯将军,俘虏英王亨利六世。

德政：朱高炽 杨士瞻奇基
纳谏尊贤：仁爱
《明史纪·仁宗本纪》《明史·宣宗纪》《明通鉴·宣宗致治》

人物 关键词 故事来源

明献陵

明献陵为北京明十三陵之一,是明仁宗朱高炽的陵墓,始建于明宣宗宣德元年(1426)。仁宗是明朝的第四位皇帝,在位不足九个月即去世。献陵分为前后两组建筑,前部分建陵门,祾恩殿自成一院落,后一院落则由三座门起始,由二柱门、石供案、明楼、宝城等组成。

之风奠定了基础。仁、宣二帝在选拔官员上都十分重视对才德之士的任用,亲贤臣,远小人,同时又善于纳谏。仁宗即位后让大臣对朝政直言批评。大理寺少卿弋谦上书言事,态度激昂,言词猛烈。仁宗心中有些不快,许多官员也指责弋谦有失大体。杨士奇进谏说:"弋谦是应陛下之诏上书的,如要加罪于他,今后谁还敢说话?岂不是要群臣缄口不言?"仁宗听了觉得很有道理,马上改变态度,将弋谦提升为副都御史,并安慰弋谦道:"卿素来清直,勿怀疑惧。"一边又下诏自责过错。有个官员上书歌颂太平,仁宗让群臣传阅。满朝文武都无异议,唯独杨士奇不以为然,他上奏道:"陛下的恩泽虽普及天下,但如今流徙之人尚无所归,疮痍尚未平复,老百姓生活还很困苦,还须休息数年,才能达到太平。"仁宗感动地说:"朕对待众卿以至诚,希望尽力匡扶。但只有杨士奇多次上书指出时弊,而卿等皆无一言,难道朝政果真没有弊病,天下真的太平了吗?"群臣听了,都十分惭愧。

宣宗也十分反感那些一味只进谀辞的大臣,曾说:"直接指出我的过错,是对我最大的尽忠。"他经常召集大臣,讨论朝廷的得失,凡是有利于国家的建言,都一一加以采纳。在地方上,宣宗让部院大臣推荐了一批廉直的官员出任府、州长官,如况钟由杨士奇荐任苏州知府,何文渊由顾佐荐为温州知府。这些人后来政绩都很突出,成为明史上有名的循吏清官。

体恤民情

仁、宣两代都比较体恤民情。当时河南、山东及江南地区屡有灾荒,皇帝多次下令免除租税,并及时给予赈济。一次,山东、淮安、徐州等地饥荒,仁宗不等户部、工部商议就直接下令蠲免夏税,赈济灾民,他说:"救民如同救落水者,不能迟缓片刻,户部和工部如得知要免,怕影响国家的费用,他们一定会犹豫不决。"宣宗时,河南有个知县,未经请示,就直接发放粮食赈灾,宣宗不但不加责备,反而表扬他说:"如依照手续,层层上报,老百姓早就饿死了。"宣宗还严禁皇室勋贵侵扰百姓。宁王朱权请求增加田产,宣宗说:"一乡之田,民所衣食。"果断予以拒绝。他经常告谕百官,不得滥差扰民,又通告各郡县及时修筑农田水利设施,误时者严惩。同时,他又采纳工部侍郎周忱的济农仓法,在各地设粮仓,由廉洁正直

▶历史文化百科◀

〔宣德炉〕

明代香炉,铜制,宣德年间铸造,因此称为宣德炉。炉身用黄铜添加金银等铸成,工艺考究,有腊茶色、枣皮红、山楂白、海棠红等各种颜色,式样有桥耳三丁戈、戟耳石榴足等。

091

北京天坛祈年殿

公元1457年

世界大事记：日本修建江户城（今东京）。奥斯曼帝国自埃迪尔内正式迁都君士坦丁堡。

明代《岁朝图》
所谓岁朝，即农历的正月初一，相当于现今的春节。这一天，社会上会有许多娱乐活动。这幅明代的《岁朝图》描绘的就是当时的娱乐场景，人们坐在屋子里，一边品茶，一边观赏爬竿、倒立、翻筋斗等表演。

的官员管理，每年播种时贷出，秋收时收还，遇有灾荒，则以仓粮赈济。这对发展农业生产，稳定社会经济起了很重要的作用。

宽刑仁厚

仁、宣时期，用刑也比较宽。仁宗初年，凡遇大理寺裁决囚犯，仁宗总是与大学士一同审查，主张宽恤，反对苛酷。另外，他还下令宥免了遇害的建文帝

北京天坛祈年殿（左页图）
天坛是皇帝祭天的神庙，总面积270万平方米，比故宫还要大四倍。中国的皇帝称"天子"，也就是"天的儿子"，天子的居所自然不敢大过"老天"的了。天坛的建筑在一条中轴线上，最南的围墙呈方形，象征地，最北的围墙呈半圆形，象征天。这种设计来自远古"天圆地方"的思想。祈年殿是天坛内最宏伟、最华丽的建筑，上下三层屋顶均用深蓝色琉璃瓦铺盖，象征天色。大殿内有二十八根楠木巨柱支持整个建筑；中间四根最粗壮，象征一年四季，周围二十四根又分为两圈，内圈十二根象征一年十二个月，外圈十二根，象征一天十二个时辰，二十四根合起来，又象征中国历中一年的二十四个节气。站在殿内，仰视室顶，气势恢宏，色彩艳丽，其感染力无法抵御。

《三阳开泰图》（明·朱瞻基绘）
"阳"与"羊"谐音，此图绘三羊，以示吉祥。画面清雅，疏淡有致。

诸臣家属。宣宗继承宽刑之风，要求官员在审理囚犯时做到平和宽恕。有一次，他与侍臣谈及用刑，一位侍臣主张杀一儆百："古人用肉刑，则人人自爱而不轻易犯法。"宣宗不以为然，援引历史上的经验，说："汉文帝废除肉刑，唐太宗禁绝鞭刑，都是仁政。汉、唐享国长久，也得益于为政仁厚。"所以，仁、宣两朝不兴大狱，不用酷刑，即使是惩处奸佞不法的官吏，也多采用流放的办法，轻易不诛杀。史家常以仁、宣两朝勤于守成、政治清明与汉代的文景之治相媲美。

公元1407年

中国大事记：明廷封乌斯藏僧哈立麻为大宝法王。

"三杨"辅政

"三杨"历仕五朝，共辅朝政，为形成仁宣之治及英宗初年的政治清明作出了贡献。

五朝元老

三杨，就是杨士奇、杨荣、杨溥。

杨士奇，名寓，江西泰和人。杨荣，字勉仁，福建建安（今福建建瓯）人。杨溥，字弘济，湖北石首人。三杨在建文帝时已出仕为官，明成祖即位后，杨士奇、杨荣同时入阁，任至正统朝，时间分别长达四十二年和三十八年。杨溥，是在宣宗即位后入阁的，时间也达二十一年。三人都历仕建文、永乐、洪熙、宣德、正统五朝，可谓五朝元老。当时人合称他们为"三杨"，又常以原籍居第方位区分，称杨士奇为西杨，杨荣为东杨，杨溥为南杨。

"三杨"各有特点。杨士奇刚直敢言。仁宗刚即位时，杨士奇连续五次上奏章，针对当时"流徙尚未

《杏园雅集图》（部分）（明·谢环绘）
明正统二年（1437）三月初一，少傅杨士奇、礼部尚书杨溥、太子少詹事王英、王直、左庶子周述、翰林侍读学士钱习礼、李时勉、陈循等会于少傅杨荣的杏园，画家亦列其中。众人"觞酌序行，琴咏间作，群情萧散，俨然以乐"，称为"杏园雅集"。后由谢环依据当时情景绘制成图，王英、王直等人在画卷末依次题诗，由杨士奇和杨荣作序跋。图中十人"皆衣冠伟然，华发交映。又有执事及旁侍童子九人，治饮馔侍从五人。而景物趣韵，曲臻于妙"。其风流韵致可与描写宋代苏轼等人的《西园雅集》、司马光等人的《洛社耆英会》相媲美。

归，疮痍尚未复，民尚艰食"的实际情况，秉笔直言，提出与民休息的建议。仁宗采纳他的主张，实施休养生息的政策，大大有利于社会经济的恢复发展。

杨荣多谋善断，有军事才能，曾随成祖北征。他常能在皇帝发怒时，微言劝解，因此而解救了许多大臣，如夏原吉、李时勉等，都有赖杨荣相助而免一死。

杨溥则为人恭谨，每次上朝都挨着墙走。大臣们每因事发生争执，只要杨溥出面处理，总能令众人叹服。

"三杨"性情不同，都享有较高德望，人称杨士奇有学行，杨荣有才识，杨溥有雅操，均非常人所能及。

"三杨"掌实权

宣宗驾崩后，即位的英宗年方九岁。一天，太皇太后坐便殿，英宗西向而立，召英国公张辅、内阁大学士杨士奇、杨荣、杨溥及尚书胡濙入殿。太皇太后对五位大臣说："卿等为老臣，新君年幼，希望你们同心辅佐，共安社稷。"

虽说是五大臣辅政，但张辅身为武将，胡濙才能平平，而且当时内阁权重，所以正统初年，实权

公元1459年

> 世界大事记：英内战又起。

人物：杨士奇、杨溥、王振、杨荣、德政、忠心
关键词：
故事来源：《明史·杨士奇传》《明史·杨荣传》《明史·杨溥传》

斩竹漂塘

竹纸是南方制造的，竹笋生出后，即将生竹叶的嫩竹是上等造纸原料。一般在芒种时节登山伐竹，截成五到七尺，就地开塘，灌水漂浸，必须保证塘中有水，过了一百天的光景就加以槌洗，然后通过蒸煮做成纸浆，充分显示了我国古代劳动人民在造纸业上的智能。此图出自《天工开物》。

在"三杨"。凡军国大事，英宗都通报太皇太后，太后则派官员向内阁征求意见，然后作出裁决。"三杨"则极尽其能，知无不言。其中，杨士奇首先建议简练军队，严备边防，设立南京参赞机务大臣，派遣文武官员镇抚江西、湖广、山东、河南，罢黜侦事校尉。而后，又建议减免租税，慎用刑狱，整顿吏治，等等，都经太皇太后准许，由英宗下诏颁行。

王振弄权

在"三杨"的辅佐之下，正统初年，基本上沿袭仁、宣之政，政治清明，社会稳定。但不久，宦官王振为英宗宠信，开始干涉朝政。一天，王振公然对杨士奇等人说："朝廷大事久劳诸位了，公等年

荡料入帘

也叫"抄纸"，是造纸工艺中最为艰难的一道程序，因为它直接关系到纸张的厚薄均匀程度。首先需要将纸浆搅匀，然后以极细的竹丝编成的抄纸帘在槽中抄起来，纸浆就留在帘网上，帘网翻转，让纸落到木板上，叠积起来，盖上木板，榨水、烘干，即告完工。此图出自《天工开物》。

事皆高，倦了吧？"杨士奇答道："老臣尽瘁报国，死而后已。"杨荣则说："我辈确实衰老了，无以效力。应当选择年轻人来充任，以报答圣恩。"王振听了很高兴。过后，杨士奇怪杨荣失言。杨荣解释道："他讨厌我等，一旦设法令某人入阁，奈何？不如我们及时推荐一二贤能者，同心协力，还可有所作为。"杨士奇点头称是。后来就推荐了几位年轻官员进入内阁。

正统五年（1440），杨荣在还乡途中病故，卒年七十。正统九年（1444），杨士奇的儿子肆虐不法，遭朝臣弹劾，已届八十高龄的杨士奇忧愤告归，不久病逝。内阁中，新近入阁的几位官员德望尚轻，王振渐渐借此机会擅权用事。杨溥势单力孤，难与王振对抗，于正统十一年（1446）抱憾病逝。杨溥一死，"三杨"辅政的成果很快消失，三年后，便发生了土木之变。

> **历史文化百科**

〔宣纸〕

明宣德年间出品的素馨纸，纸质分轻薄、厚重两种，有贡笺、绵料、白笺、洒金笺、五色粉笺、金花无色笺、磁青纸等品种。又指安徽宣城所产的书画用纸，纸质白细柔软，经久不变。

公元1407年

中国大事记：《永乐大典》编成。

〇二九

宦官王振专权

宦官王振得到英宗的宠信，肆意弄权，排斥异己，政局大坏。

执掌司礼监

王振，山西蔚州人。永乐时自阉进宫，宣宗时被选入内书堂读书，后又被派往东宫侍候当时的太子朱祁镇。王振为人狡黠，善于逢迎，在与太子的朝夕相处中，取得了朱祁镇的欢心，朱祁镇称其为"先生"，而不直呼姓名。朱祁镇登基为英宗后，即命王振执掌司礼监。

明朝初年，朱元璋鉴于历代宦官干预朝政，酿成祸乱的教训，立下条章，不许宦官读书识字、兼任外官，官职不得超过四品，并在宫中立一铁碑，上书："内臣不得干预政事，预者斩！"对太监的管制十分严厉。明成祖时，开始选派宦官出使、征税、采办、监军甚至赋予镇守地方边防的重任。到了宣宗时，在宫中设内书堂，选太监读书，从此宦官读书成为定制。不过，成祖、宣宗对太监们尚能严加管束，所以宦官们还不敢放肆。

英宗年少，不知轻重，用王振掌管司礼监。司礼监是明代宦官二十四衙门之一，督理皇城内礼仪、刑名、当差、关防门禁等一切事务，其中的秉笔、掌印太监掌管章疏。每天大臣们的章奏，一般由皇帝亲批数本，其余的按照惯例由秉笔太监用朱笔楷书分批，再由内阁拟诏颁发。司礼监由于具有专掌机密、批阅章奏的职能，便成了最重要的宦官衙门。

肆意弄权

王振执掌了司礼监这个重要机构后，便藉此树立自己的威权。他诱导年轻的英宗经常对臣下施以重刑，以防止朝臣的欺蔽行为。结果，造成很多大臣被责杖下狱。于是，一些官员畏服王振，更有一些阿谀献媚之辈投靠到他的门下，王振的权势日重。

不过，当时"三杨"等元老重臣还在主持朝政，太皇太后也常亲自过问政事。太皇太后对王振的擅权早就有所觉察，一次，召来王振，命他跪在地上，声色俱厉地说："你侍候皇帝起居，多有不轨，今当赐死！"几个女官应声上前，将刀搁在王振的脖子上。英宗、诸大臣纷纷求情，太后说："皇帝年少，岂知此辈自古祸害国家，我看在你们面上，留下王振一命，此后不得干预国事。"这以后，王振不得不稍加收敛。

▶ 历史文化百科

[明代商人买卖茶叶的执照：茶引]
根据商人售出茶叶的多少缴纳税款，并规定凡是商人无茶引而买卖茶叶均视为私茶而被定罪。

公元1463年

公元１４６３年

> 世界大事记
>
> 雅罗斯拉夫公国并入莫斯科大公国。

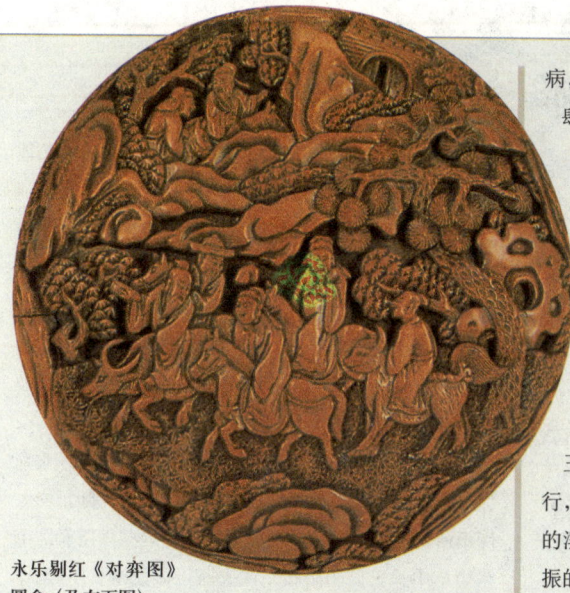

狡诈　恶行　奸佞
《明史·王振传》
《明通鉴·英宗示》
王振　朱祁镇
人物　关键词　故事来源

永乐剔红《对弈图》圆盒（及左页图）

此漆器呈深红色，光泽柔和莹润，宛若熟枣皮色。盒盖面上雕刻《对弈图》，二高士席地而坐正在下棋，年少者左手托棋盘，右手拈子，似举棋不定，年长者左手托盘，成局在胸，悠闲地注视对方，旁边有一樵夫拄锄观棋全然忘却身后的柴担。构思来源于一段令人神往的传说：樵夫上山砍柴迷途，遇见高士下棋，不觉沉湎于棋中，不知天上数日，人间已是百年。

可是英宗对王振宠眷如初，渐渐地王振又神气起来。正统六年（1441），奉天、华盖、谨身三大殿建成，英宗在奉天殿大宴百官，按照洪武、永乐朝立下的规矩，宦官不能参加外廷的宴会。这天，英宗派人前去问候王振。王振见了来人，大发雷霆，说："周公辅成王，我独不可一坐耶！"来人将王振的话回复英宗，英宗立刻命大开东华门，召王振前来。王振应召而来，百官候于门外，望风罗拜，王振春风满面，得意洋洋。

排斥异己

正统七年（1442），太皇太后驾崩，此时，杨荣已先卒，杨士奇也于次年病故，仅杨溥在朝，年老多病，新阁臣资历轻浅，不足以与王振抗衡。王振更加肆无忌惮，为所欲为，竟擅自派人搬走太祖立于宫中的"内臣不得干预政事"的铁碑，气焰嚣张到了极点。他在朝中恣意排斥异己，陷害忠良。侍讲刘球在奏疏中语刺王振，被逮捕下狱，王振令人将其残酷肢解。大理寺少卿不愿附从王振，王振记恨在心，设法将他下狱。御史李铎碰到王振没有下跪，被谪戍铁岭。驸马都尉石璟，有一回斥骂自己家中的阉人，王振觉得不是滋味，把他逮捕入狱。几个内侍和锦衣卫卒对王振的专横心怀不平，以匿名书揭露王振的种种罪行，王振查获后，把这几个人全部处以磔刑。在王振的淫威下，许多正直的朝臣相继受到迫害。相反，王振的侄子及私党，却一个个得加官进爵。

顺者昌，逆者亡。即便是公侯勋戚也不得不尊称王振一声"翁父"，至于那些畏祸者更是争附其下。许多人为了讨好他，备厚礼晋见，王振来者不拒，招降纳叛，卖官鬻爵，大肆聚敛。"土木之变"后，朝廷抄没王振家产，从他家中搜出金银六十余库，玉盘百面，珊瑚高达六七尺的就有二十余株，其他珍珠宝玩，不计其数。

智化寺

智化寺位于北京东城禄米仓东口路北，原为明初司礼太监王振的家庙，并由其亲自于正统八年（1443）主持修建，后敕赐名报恩智化寺。

097

公元1409年

中国大事记：设立奴儿干都司。

○三○

土木之变

英宗听信王振谗言亲征瓦剌，结果在土木堡被围，成为瓦剌的俘虏。

瓦剌侵犯明境

永乐末年，蒙古瓦剌部逐渐强大起来，首领脱欢率领部众攻杀了鞑靼的阿鲁台，吞并了各部落，立元朝后裔脱脱不花为可汗，自称丞相。脱欢死后，其子也先嗣位，他继承其父的扩张政策，东征西讨，数次侵扰明朝辽东、宣府、大同等边镇，以致明朝连年边警不断。

此时，明朝正是王振专权。边警连连，王振却藻饰太平，他为了讨好瓦剌，以求边境的安宁，对瓦剌的贡使有求必应，给予优厚的赏赉。按原来规定，每年瓦剌贡使只有三十余人，到了这时，他们欺负明朝软弱，贡使逐年增加，动以千计，朝廷此项费用与年俱增。

正统十四年（1449）春，瓦剌派两千人前来明朝贡马，为了多领赏物，竟冒称有三千人。王振识破其中有诈，令礼部按实际人数给赏，还大大削减马价。也先大怒。就在这年的七月，他诱胁其他部落一起进攻明朝，他自己亲率人马攻打大同，又分兵骚扰辽东、宣府、甘肃。

英宗亲征

边镇告急，边报接二连三地传到京城。王振以为立功的时候到了，极力怂恿英宗亲征。兵部尚书邝埜、侍郎于谦等认为"六师不宜轻出"，劝谏皇帝不要亲征。但英宗听信王振的话，不理群臣规谏，下诏令自己的弟弟郕王朱祁钰留守北京，三天后出发亲征，王振、英国公张辅等公侯伯及文武官员、将士共五十余万人从征。

明大军出居庸关，过怀来，抵宣府。一路风雨交加，士气低落，而前方战事却越来越吃紧。随行的大臣不断请求英宗留下，王振大怒，命这些大臣长跪于路边草中。王振的心腹、钦天监正彭德清看不过去，也劝王振："再往前行，只恐凶多吉少。"王振却说："果真如此，那也是命。"学士曹鼐听了，忍不住责问道："臣子生命不足惜，皇上系宗社安危，岂可轻率前进！"但王振仍坚持继续深入。

土木堡之围

八月初，大军到达大同，王振还想北进，这时，前方全军覆没的消息传来，英宗和王振这才开始慌张起来，于是决定回师。起初，军队准备从紫荆关撤退，途经蔚州，王振邀英宗临幸他的家乡，借此炫耀自己的权势。大军走了一阵后，王振忽然想起，大队人马行进势必会践踏他庄田里的庄稼，便下令改道宣府。几经周

土木堡之役示意图

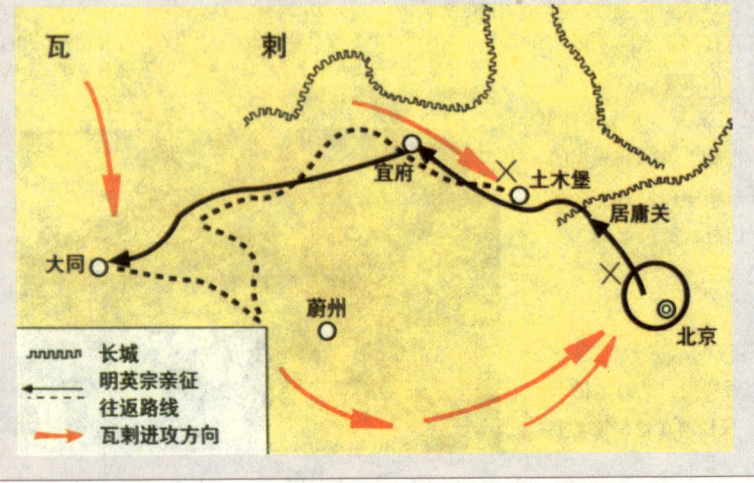

（图例：长城；明英宗亲征往返路线；瓦剌进攻方向）

公元1463年

公元1463年

世界大事记：威尼斯-土耳其战争爆发。

《明鉴·英宗》
王振 也先 朱祁镇
盲动 谗言
人物 关键词 故事来源

折，行至距怀来城仅二十里的土木堡，终于被日夜兼程的瓦剌骑兵追上。

形势紧急，多数人主张进怀来城抵御。王振坚持辎重未到，不愿进城。邝埜来到行殿，力请英宗迅速入关，留重兵殿后。王振怒喝道："腐儒怎会懂得行军作战，再胡说必死！"喝令左右把邝埜拖了出去，驻兵土木堡。土木堡很快被瓦剌兵重重包围。

土木堡地势高，挖井二丈多深不见水，人马饥渴难耐，而瓦剌兵越集越多，并开始分路发动进攻。第二天，也先派使臣假装请和，指挥军队佯退。王振见瓦剌退兵，急忙下令移营取水。瓦剌兵乘机从四面冲杀过来，明军争先逃跑，被瓦剌骑兵往来践踏，死伤遍野。英宗随亲兵突围受阻，便下马盘膝而坐，成了

《长城图》

长城是我国古代最为伟大壮观的军事防御工程。历代对长城的修建都十分重视，至明代尤甚。明太祖朱元璋开国后的第一年即洪武元年（1368）即开始修建，前后修筑长城十八次，历经两百多年，至明万历年间即公元1600年前后才完成了长城的全部修筑工作。特别明王朝建都北京后，很重视其腹地北京北部的边境防务，所以更加重视对长城的修筑和增建，其规模之浩大，工程之艰巨，超过了以往任何一个朝代。图为明万历十一年（1583）绘制的当时蓟州镇所辖十二路长城图，可能是用于修建的规划图。

明长城居庸关防御工程

俘虏。混战中，张辅等随从大臣多遭死难。护卫将军樊忠悲愤之下，痛斥王振，将王振锤杀于军中，自己力战而死。

此役，明军死伤几十万人，也先带着缴获的大量马匹、辎重，拥着英宗皇帝，退兵北去。这就是明史上的"土木之变"。

> 历史文化百科
>
> 〔明代长城〕
>
> 明代在秦代万里长城的基础上重新修筑，其工程比秦始皇造长城更为浩大。为了防备蒙古骑兵的袭扰，从明初开始，明朝用了两百多年时间，完成了西起嘉峪关、东至山海关全长一万二千七百多里的长城修筑。现在的万里长城就是明代修筑的。明代沿长城分段设立了九镇，即辽东镇、蓟州镇、宣府镇、大同镇、太原镇、延绥镇、宁夏镇、固原镇、甘肃镇，各屯驻重兵进行防守，并在长城地形险要之处修建了不少关隘，其中山海关号称"天下第一关"。

099

公元1410年

中国大事记：明成祖亲征瓦剌，至斡难河，打败本雅失里，又打败阿鲁台。

英宗被俘

瓦剌挟持被俘的明英宗，企图要挟明军，明守将坚守城池不为所动，瓦剌只能放回英宗。

也先的如意算盘

正统十四年（1449）八月，英宗亲征，在土木堡被也先率领的瓦剌军队围困。几次突围，都没有成功，英宗被瓦剌军俘获。

一些瓦剌将领主张杀掉英宗，也先的弟弟、亲王伯颜帖木儿对也先说："我们长期受大明皇帝的恩惠，大人如果派使者通报中国，迎回皇上，重修旧好，大人岂不有万世好男儿的美名么？"也先心中盘算，意欲挟持英宗，迫使明朝上下方寸大乱，从而实现扩张掠取的野心。于是同意礼待英宗，将他安置在伯颜帖木儿营中，由同时被俘的锦衣校尉袁彬等侍奉。

明军挫败也先的图谋

袁彬通过怀来守臣将英宗被俘的情形通报北京。当时正是三更时分，宫中闻报，一片混乱。太后想用重金赎回英宗，便集中了大量金银珍宝，整整装了八骑，皇后也急忙搜罗宫中值钱的财物相助。也先收下财物，却并不放人。

《明代长城示意图》

接着，也先挟持英宗来到宣府，命守城将士开门相迎。城上守将回答说："我们守卫的是陛下的城池，天已黑，不敢开城！"也先碰了个钉子，只得引兵来到大同城下。明军严阵以待，闭门不出，都督郭登回答："臣等奉命守城，不知其他！"也先转而索取金币，袁彬只得到城下大呼，要守臣们设法贿赂以赎回英宗。郭登及广宁伯刘安遂四处筹措，进献金银二万余两，但也先还是不放回英宗。到了晚上，瓦剌扎营城西，郭登等又谋划派遣壮士劫营迎驾，没有成功。也先挟持英宗回到塞外去了。

十月，也先与瓦剌可汗脱脱不花以送回英宗为名，从紫荆关侵犯北京。郕王朱祁钰在于谦等大臣的积极支持下登基御敌。于谦组织军民，同仇敌忾，保卫京师，大败瓦剌军。也先本想挟持英宗，逼明朝城下议和，捞取金银财物，没想到一个子儿也没捞到，反倒损失了许多人马，又听说明朝的各路援军快到了，恐怕后路被切断，便又带着英宗匆匆而去。明朝乘机加强了边镇的防御。

不久，也先等又想挟持英宗分路南侵，袁彬求也先不要再带英宗南侵，他说："天寒道远，陛下又不能骑马，

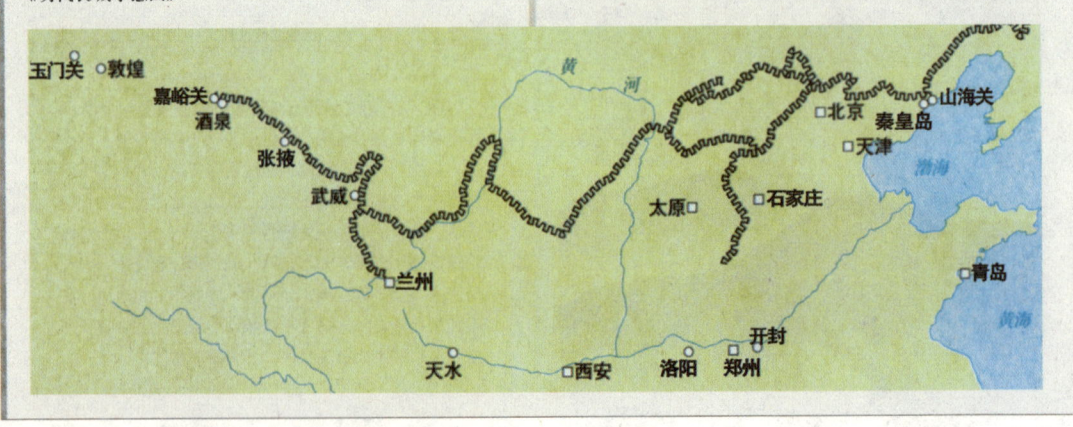

公元1464年

公元1464年

世界大事记：教皇保罗二世登位。

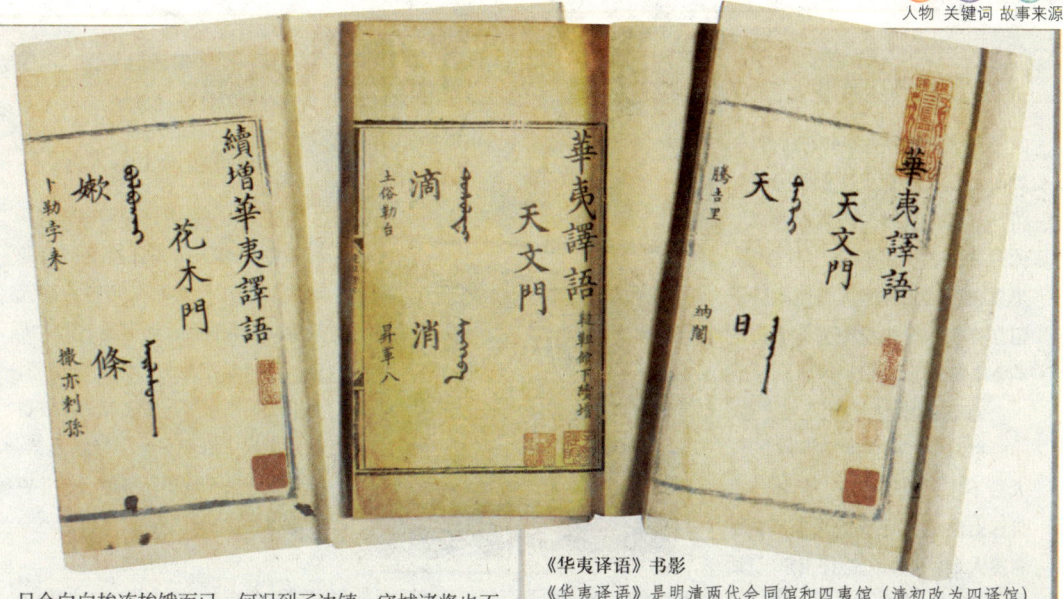

人物：朱祁镇、朱祁钰、袁彬、也先、于谦、郭登
关键词：屈辱、狡诈、勇敢
故事来源：《明通鉴》《明鉴·英宗》

只会白白挨冻挨饿而已。何况到了边镇，守城诸将也不会开城迎纳。"也先心中虽然不乐意，但也没有办法，只得自率人马分路南侵，结果又为明朝各边守将挫败。

与明议和，送归英宗

也先扣留英宗，原想借此要挟，但景帝即位使他的打算落空。数次南侵，损兵折将，瓦剌内部也发生了分裂。也先只得与明朝议和，送回英宗。景泰元年（1450），也先派使臣来到北京。

廷臣交章上书，请迎回英宗。景帝不高兴地说："我并非贪求帝位，当初是众臣坚持拥立，如今又为

> **历史文化百科**
> 〔批红〕
> 也称批朱，指明代皇帝对章奏文书的批示，由于皇帝亲笔用的是朱笔，因此得名。明代中后期随着宦官势力的日益扩大，渐由宦官代行。宣德年间以后，凡每日奏章文书，除皇帝亲批数本之外，均由司礼监掌印、秉笔、随堂太监代批，自此宦官专权之风更甚。

《华夷译语》书影
《华夷译语》是明清两代会同馆和四夷馆（清初改为四译馆）编撰的多种语言与汉语对译的辞书总称，共有四种版本。图为明代火源洁等用汉字记写蒙古语的《华夷译语》。

何如此纷纭！"群臣一时无言以对。兵部尚书于谦见状，从容言道："天位已定，怎会有其他变故。但理当奉迎，万一有诈，我自有办法。"景帝释然，同意讲和。几经周旋，也先终于同意放归英宗。

八月初，被瓦剌俘留达一年之久的英宗终被放归。景帝派大臣至宣府、居庸关迎候英宗至北京。英宗自东华门入京城，景帝前往迎拜，英宗答拜，二人持手相泣，述说别后的情景。随后，英宗宣布让位于景帝，自己入居南宫。

明长城烽火台（金山岭）

| 公元1413年 | 中国大事记 | 在奴儿干都司立"敕修永宁寺记"石碑。 |

○三二

北京保卫战

于谦率领京城军民同仇敌忾，与瓦剌军展开战斗，最终取得胜利

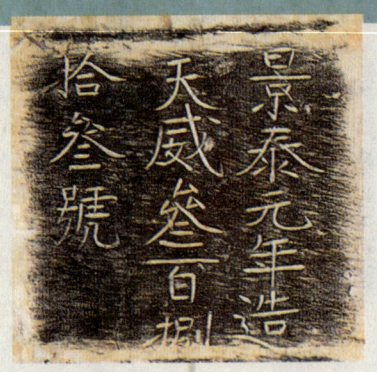

于谦挺身而出

正统十四年（1449）八月，明朝北征大军在土木堡遭瓦剌围歼，英宗被俘。失败的消息传到北京，文武百官一片恐慌，聚集在殿廷上号啕大哭。太后下诏立英宗长子朱见深为太子，命英宗之弟郕王朱祁钰辅政。

郕王召集群臣讨论战守之策。当时京城中，疲卒羸马不满十万，人心不宁，惶惶不安。翰林侍讲徐珵上奏道："臣夜观天象，京城将遭大难，不如先避往南京。"话音一落，立即有人表示反对，兵部侍郎于谦挺身而出，大声言道："主张迁都者，应该斩首！京城是国家的根本所在，一动则大势去矣，大家难道忘记宋室南渡的教训了吗？"于谦的主张得到许多大臣的支持。郕王于是出榜告示，决心固守北京，并任命于谦为兵部尚书，负责指挥军民守城。

在满朝文武的强烈要求下，郕王下令抄没王振全家，王振同党马顺等同时被杀，人心大快。这时，瓦剌军在也先的率领下，挟持英宗，侵扰大同、宣府等地，明守军闭门不出，也先只得带着英宗回塞外。

京城军民士气大振

鉴于瓦剌挟英宗胁迫明朝的不利形势，郕王朱祁钰接受群臣的推举，于九月初即皇帝位，改元景泰，是为景帝，遥尊英宗为太上皇。于谦料定瓦剌必将大举进犯，而京城兵械不多，便上疏请多方备战，提出"招募兵士、修缮武器、分兵把守各个城门"等建议，并要求重用杨洪、石亨等文武将官，分路严守。景帝一一采纳。

十月，也先以送回英宗为名，与瓦剌可汗脱脱不花果然率大军进犯，来势凶猛，很快攻破紫荆关，进逼京城。于谦立刻召集将领商量对策。主将石亨提出将军队撤进城里，关闭北京九门，坚壁清野。于谦坚决反对，他说："敌军气焰嚣张，我军首先示弱，只会助长敌人的气势。"于是，按于谦的主张，明军将领分头带兵出城，在京城九门外摆开迎战阵势。

于谦下令关闭各城城门，自绝后路。他这样做，是为了表示有进无退，与京城共存亡的决心，以此鼓舞士气。他传令：将领带头后退的，斩将领；兵士不听指挥临阵脱逃的，由后队将士督斩。部署完毕，于谦身披铠甲，亲自率领一支人马驻守在德胜门外。明军上下由此大为感奋，勇气倍增，斗志昂扬，决心与瓦剌军拼死战斗，保卫北京。

大获全胜

很快，瓦剌军到达京城外，驻扎在西直门外。也先挟持英宗，要明朝派人出迎，想乘机攻进城去。朝臣

▶历史文化百科◀

〔商业算术应用问题汇编：《九章算法比类大全》〕

明吴敬撰，景泰元年（1450）完成。全书共十卷，书中包括乘除开方起例、方田、粟米、衰分、少广、商功、均输、盈朒、方程、勾股、开方等内容，是一千多个应用问题解法的汇编。一些应用题分"古问"和"比类"两种，前者摘自算术书，后者结合当时社会情况的应用问题，记录了明代初期商业算术的真实面目，其中计息、抽分等具有一定的商业实用性。

公元1467年

公 元 1 4 6 7 年

世界大事记
日本"应仁之乱"，战国时期开始。

《明鉴·英宗》
朱祁钰 也先 石亨 于谦
勇敢 果断
人物　关键词　故事来源

一时不知如何是好，派人到军中问于谦，于谦说："今日只知有军旅，其他不敢闻。"景帝于是拒绝派人出迎。

也先便率瓦剌军向京城发起猛烈进攻，立即遭到明军的奋勇阻击，被挡在德胜门外。于谦令石亨带兵埋伏在民间空屋里，派数骑前去挑战，将万余瓦剌骑兵诱入埋伏圈，一声炮响，伏兵四出，火器齐发，瓦剌军人仰马翻，大败而逃，也先的弟弟中炮身亡。瓦

景泰年间的铜火铳（及左页图）
此铜火铳为滑膛式火器，分药室和炮身两部分，药室有小孔，用于放置导火索。明代用火铳装备军队自永乐年间开始，铳炮有大有小，可用于守城，也可用于冲锋陷阵。朝廷设兵仗、军器二局，专门研制铳炮，不断发展此项技术。此铜铳制造于景泰年间，正值国家危急，战事紧张之时，一定程度上能发挥作用。

刺军转攻其他城门，同样受到明军的坚决抗击。城外的老百姓配合明军，跳上屋顶墙头，用砖瓦投掷敌人。经过五天的激战，瓦剌军死伤惨重。

这时，各地明军接到朝廷的命令，陆续开赴北京支援，城外的明军增加到了二十二万人。也先连连遭败，损失严重，又怕退路被明军截断，不敢再战，便派人先把英宗送回北方。当晚，于谦确信英宗已经离开，即命令石亨等用大炮轰击瓦剌军营，杀伤大批瓦剌兵马。也先被迫下令全线撤退，于谦派将领分路追击，乘胜扩大战果。北京保卫战取得辉煌胜利，十一月，京城解除戒严。此后，于谦等又不断加强北京及边镇的守备，瓦剌南侵势头终被抑制。

103

公元1413年

中国大事记：明廷封鞑靼阿鲁台为和宁王。

○三三

南宫复辟

景帝病重，一些朝臣乘机发动政变，重新拥立英宗。

景帝的打算

景泰元年（1450）八月，英宗被瓦剌释放回京，以太上皇的身份居住在南宫。这位前皇帝的回归，对在位的景帝是一大威胁。

掐丝珐琅梅瓶
这件精美的珐琅艺术品叫人百看不厌，以蓝色为底配以红、白色的花朵和绿色的枝叶，而这些图案又由金丝贯穿，愈见精彩。不要小看瓶胸部那道金线，不是随意而就，它和瓶口、瓶底的金边相互呼应，给人以精致、凝重之感。

景帝为巩固帝位，一面派人守备南宫，对英宗严加监视，一面废太子即英宗的长子朱见深为沂王，立自己的儿子朱见济为太子。然而不幸的是，第二年朱见济就病死了。他是景帝唯一的儿子，一些大臣便上疏请求复立朱见深为太子。景帝对此不加理会，自认为年纪

> 历史文化百科 <

〔珐琅〕

将一种玻璃质的釉附着在金属器表面所成的工艺品称为珐琅，这种制作的技法，最初是从国外传入。其制造的原理及釉药的调配与瓷器近似，也就是说，调制这些釉药，主要都是以石英、长石等原料，烧结成硅酸盐类等物质，因胎体材质的不同，需要调整溶媒的种类与剂量，使釉药的膨胀系数比胎质的小，同时熔点要比胎质的低，如此才可以完整地附着在器表，以增添器皿的美观。

珐琅在明清时期有种种不同的名称，现代则以制作技法分为掐丝、内填（錾胎）与画珐琅三类。掐丝珐琅是三种技法中最早发明的，先将铜丝盘出花纹，黏固在胎上；然后在花纹框格内、外填上各色珐琅釉料，入窑烘烧，如此重复数次；待器表覆盖的釉层至适当厚度，再经打磨、镀金等手续。内填珐琅器的制法与掐丝珐琅相似，只是器表的纹饰是采用錾刻、敲压或腐蚀等技法造成，因填烧釉层的厚薄不同而呈现多种形态；或者在胎上精雕细琢出美丽的锦地及纹饰，再填烧各色透明釉，透明的釉色与花纹、锦地、胎色相映，分外美观。画珐琅是先将金属胎内外烧上一层不透明釉作底，再依设计图样在底釉上涂饰面釉及绘画纹饰，然后入窑烘烧即成。

掐丝珐琅于元代晚期传入我国，1378年《格古要论》中已有略述及制法；1456年《增补格古要论》则对明朝景泰时期内府所作的掐丝珐琅给予了"细润可爱"的评价。但迟至晚明，景泰年间制作的掐丝珐琅才真正引起文人重视与仕宦商贾的喜爱、争购和珍藏，所以，"景泰蓝"便成为掐丝珐琅的代名词。

公元1471年

> 世界大事记：英王爱德华四世返英复位，国内自此恢复和平。

朱祁镇 徐有贞 张轨 朱祁钰 石亨 政变 《明史·徐有贞传》《明鉴·景帝》

人物　关键词　故事来源

掐丝珐琅双陆棋盒
双陆是一种游戏，早已成了无形的文物，而这只掐丝双陆棋盒有幸保存下来，且不说它对研究古代游艺有什么价值，就其本身面貌也足以叫人赞叹。在这件艺术品上，金与珐琅相互应和，有富丽堂皇之感，整个造型看似平稳，其实不乏精巧之处。

尚轻，以后还会有儿子的，遂将立太子的问题搁置起来。朝廷议论纷纷，对景帝的这一做法十分不满，群臣言谈间时有流露。

石亨等人的密谋

不料，到了景泰八年（1457）正月，一心想再生个儿子的景帝，正欲往南郊斋祭行礼时突然病倒了，他将武清侯石亨召至病榻前，命他代行祀事。石亨见景帝病得不轻，回来后，便找都督张轨、太监曹吉祥等商议策划。他们估计景帝将不久于人世，与其随和群臣议立太子，还不如让英宗复辟，这样他们就有迎立之功，可加官进爵。他们征询太常卿许彬，许彬一口赞成，认为此举可建"不世之功"，但自认年老无能，建议石亨等去找徐有贞商议。

翌日，石亨等找到徐有贞。徐有贞就是当初瓦剌军兵临城下时提议南迁的徐珵。他听了石亨等的话大喜，随即说："必须让英宗知道我们的意图。"张轨回答说："一天前已密告太上皇。"为了万无一失，徐有贞要他们再征求一下英宗的意见。

两天后，即十六日的黄昏，石亨等人又来到徐有贞家，回复道："已报太上皇同意，现在怎么办？"徐有贞说："时在今夕，机不可失。"当时正值有边吏报警，徐有贞说："正好乘此机会以备急为名派兵进入皇宫，无人敢来阻挡。"

夺门之变

夜深四鼓时分，石亨等依计率千余人进入宫城，徐有贞也早早来到朝房。这时天色还很昏暗，石亨等心中无底，十分紧张，见了徐有贞，便问："此事能成功吗？"徐有贞给他们鼓气道："一定成功！"催促他们赶紧行动。于是石亨等直奔南宫。南宫门牢不可开，便毁墙破门而入。宫中，英宗正倚在座椅上，徐有贞、石亨等连忙俯伏于地，请英宗登位。一群人簇拥着英宗出南宫，行至东华门，宫门卫士大声呵止，英宗说："朕，太上皇也！"门卫再也不敢拦阻。徐有贞等便拥着英宗直至奉天殿，英宗登上帝位，这时已是黎明时分。

文武百官正在朝堂上等候景帝视朝，忽听得宫中人声嘈杂，呼号震地，不觉相顾失色。正惊愕间，各门大开，钟鼓齐鸣，徐有贞走出来，大声宣号道："太上皇复位了！"要百官进殿朝贺。百官见事已至此，只得列班朝贺。

景帝在病床上隐约听见钟鼓齐鸣，大惊失色，急忙问身边的人，得知是英宗复位，也只得连连说："好，好。"

这场宫廷政变，史称"南宫复辟"，又称"夺门之变"。

英宗重新即位后，改元天顺，废景帝，仍封为郕王，迁居西宫。没过几天，郕王朱祁钰就死了。

105

公元1414年

中国大事记：明成祖朱棣出征瓦剌，于忽兰忽失温大败马哈木，追至土喇河。

○三四

"要留清白在人间"

于谦两袖清风，刚直不苟私，虽曾力挽狂澜，仍不幸遭到陷害

于谦率领军民取得北京保卫战的胜利，粉碎了强敌的进犯。可是谁能想到，这样一位民族英雄，竟遭人陷害，蒙冤而死。

两袖清风

于谦，字廷益，号节庵，钱塘（今浙江杭州）人。他从小胸怀大志，二十多岁得中进士，走上仕途。宣德初，他出任江西巡抚，严格执法，昭雪冤囚数百人，

两袖清风的于谦
于谦是明代著名的忠臣良将，正直清廉，任官职后敢于为民请命，兴利除弊。正统十四年（1449），明英宗朱祁镇因土木之变当了战俘，京师动摇。兵部尚书于谦拥立英宗之弟朱祁钰为帝，总领军民抗敌，取得北京保卫战全胜。天顺元年（1457）英宗复辟，于谦被诬陷而遭杀害，七年后始得昭雪，遗体归葬故乡。

老百姓感恩戴德，颂声满道。重视吏治的宣宗皇帝破格升他为兵部右侍郎。

于谦为官清廉，为人刚直，"三杨"辅政时期就对他十分器重，于谦有所建言，往往是朝报夕准。可惜好景不长，"三杨"相继病故后，王振专权，一反仁、宣两朝形成的清明之风，贿赂公行，贪污成风。地方官进京办事，总要先送白银贿赂上司，只有于谦从不送礼。有人劝他随俗，带些土产上京，于谦却甩甩两只袖子，笑道："只有清风。"为了表明自己的态度，他还写了一首《入京》诗，其中写道："清风两袖朝天去，免得闾阎话短长。"

刚直不阿

于谦刚正不阿，得罪了王振。王振便设计加以陷害，将于谦关入监狱。消息传到他当年巡抚过的山西、河南等地，官民纷纷上书朝廷，要求释放于谦，官复原职。朝廷最终批准了官民的要求，仍以他为山西、河南巡抚。于谦此任前后长达十九年之久，直到正统十三年（1448）才调入北京任兵部左侍郎。

进京后的第二年，就发生土木之变。于谦力挽狂澜，拯救危局，景帝十分敬重他，无论是军国大事的决断，还是朝廷用人，都要征求于谦的意见。不过，于谦性情刚直固执，平时约束严格，纪律严明，不管是谁，哪怕是勋臣宿将，只要违反纪律，均按法处分，因而得罪了不少人，尤其是徐有贞、石亨、曹吉祥之流，更对于谦心怀忌恨。徐有贞，当年因为南迁的建议受到于谦的严厉斥责，对于谦早就怀恨在心。石亨在北京保卫战中得到于谦的起用，立了战功，被封为侯。为了讨好于谦，他上疏推荐于谦的儿子为千户，于谦坚辞，上疏说："国家多事，臣子不应顾及私恩。石亨身为大将，不举荐

公元1476年

> 世界大事记：托罗之战，西班牙打败葡萄牙。

两袖清风　粉身碎骨
正直　清廉　冤狱
徐有贞　石亨　王文亨
《明史·于谦传》《明鉴·景帝》

人物　典故　关键词　故事来源

《题中塔图赞册》（明·于谦书）

纸本，纵28.9厘米，横61厘米。于谦的文学和书法功底均非常深厚，行书行笔自然流畅，而且不失力度。撇捺伸展有力，使得结构上平稳严谨，很有个性。从这幅作品不难看出他雄健的气势，在用笔方面很注意提按，所以字字精神，富有跳跃性。

一名隐士，不提拔一个士兵以补军国，独独推荐我的儿子，我决不敢以子滥功。"石亨为了讨好反而遭到批评，恼羞成怒，碍于于谦的气势，一时敢怒而不敢言。后来，于谦又弹劾石亨的侄子贪婪横暴，石亨更是切齿痛恨。

横遭陷害

景泰八年（1457），景帝病重，徐有贞、石亨、曹吉祥等乘机发动政变，带兵进入南宫，拥英宗复辟。英宗复位当天，论功行赏，徐有贞、石亨、曹吉祥等都得到重用。徐有贞等人见机会来了，便迫不及待地诬陷于谦与大学士王文等阴谋迎立襄王的世子为太子，于是，于谦、王文等被当场从朝班中逮捕下狱。

廷审时，王文抗辩道："召亲王，必须用金牌信符，派使者，必须有马牌，到内府兵部可以查验。"于谦劝王文说："石亨等人的用意如此，抗辩有何用！"在徐有贞、石亨等人的操纵下，于谦、王文被定为"谋逆"罪，判极刑。英宗本来还犹豫不决，觉得于谦有功，不忍加害。徐有贞对英宗说："不杀于谦，今日之事无名。"英宗遂决意杀于谦。

据史书记载，于谦被杀之日，"阴霾四合，天下冤之"，抄家时，"家无余资"，只有正室紧锁着，打开一看，都是皇帝所赐的衣物器皿。原来，于谦平时生活俭约，府第简陋，北京保卫战后，景帝曾有意赐给他房子，于谦推辞道："国家多难，做臣子的怎敢贪图享受。"只是将皇帝前后所赐的书、袍、剑等物仔细封存，每年取出省视一番。而在那多事的岁月，于谦为国事军务操劳，常留宿值房，极少回家。他曾写过一首《咏石灰》诗，其中两句是："粉骨碎身浑不怕，要留清白在人间。"这正是于谦一生的真实写照。

于谦死后，其家属被发配戍边。陈逵感念于谦的忠义，不畏权势，收殓了他的遗骸。后来，于谦的女婿将灵柩运回故乡杭州。于谦的祠墓和岳飞的祠墓同在西子湖畔，成为西湖的重要人文景观，后人用"赖有岳于双少保，人间始觉重西湖"的诗句，赞颂岳飞和于谦这两位民族英雄精忠报国的业绩。

历史文化百科

〔雅俗共赏的历史小说：《三国演义》〕

也称《三国志通俗演义》，或《三国志演义》，是一部长篇历史小说。它的一些故事情节，唐宋时已在社会上流传。元末明初的文学家罗贯中在《三国志平话》的基础上，运用陈寿《三国志》和裴松之"注"等历史资料，编成一本雅俗共赏的历史小说《三国志演义》。全书二十四卷，每卷十节，共二百四十节。罗名本，字贯中，号湖海散人，山西太原人，一说钱塘（今浙江杭州）或庐陵（今江西吉安）人。

在这部小说中，作者主要是描述了一个历史过程中的风云变幻，反映了政治与军事斗争中的波谲云诡，从一个更高的立场来表达对历史沧桑的咏叹。书中最为吸引人的部分是对政治军事谋略的铺排描写，以及对智慧与勇敢类型人物的集中塑造。比如对赤壁之战的描写即体现出很高的叙事技巧，对诸葛亮、赵云、关羽、曹操、周瑜等人物的塑造也十分成功。但有学者指出，书中对许多小规模战争或战斗的描写却失之简单和草率，对人物的性格塑造也有脸谱化、平面化的倾向，某些人物性格特征则有夸张过头之嫌。

公元1414年

中国大事记：宗喀巴派弟子释迦也失进京朝见，宗喀巴被明封为大慈法王。

○三五

曹、石乱政

英宗复辟后，石亨、曹吉祥因迎复之功而受到宠信，权势日重。石、曹二人相互勾结，图谋叛乱。

曹、石勾结

英宗复辟后，论功行赏，对参与"夺门之变"的功臣大加封赏。徐有贞爵封武功伯，官至兵部尚书兼华盖殿大学士，掌文渊阁。石亨本来就总领各军，此时进爵为忠国公，在武将中权势最重。曹吉祥晋升为司礼太监，成为内臣之首，总督三大营。其中，石亨功最高，不但本人进爵，连侄儿石彪也封为定远侯，弟侄家人冒功得官者五十余人，亲朋故旧因而得官的竟达四千余人。石亨叔侄两家养有官员、猛士数万人，将帅一半出自他们门下，京师之人无不侧目而视。太监曹吉祥本是王振的余党，其嗣子曹钦，侄子曹铉、曹铎、曹镛等也都被任为都督，执掌兵权，曹钦还被封为昭武伯。曹吉祥门下厮养的冒功当官者多至千人，朝中更有些人趋炎附势，其权势与石亨不相上下，时人并称"曹、石"。

徐有贞、石亨、曹吉祥三人在迎复英宗之举中走到一起，各居要位，就难免争权夺利。徐有贞自认为是进士出身，掌内阁重权，看不起石亨、曹吉祥这些武夫、太监，加上英宗对他格外倾心，便更不把石、曹放在眼中。有言官弹劾石亨、曹吉祥恃宠擅权，侵占民田。英宗问徐有贞，徐有贞便将他们的贪暴行为一一道出。英宗对曹、石二人虽姑息不究，但曹、石得知后，对徐有贞痛恨不已，他们日夜计谋，要置徐有贞于死地。

英宗常与徐有贞密谈国事。曹、石便让小太监窃听他们的谈话内容，再由他们故意讲给英宗听，说是徐有贞告知的，英宗因此逐渐疏远了徐有贞。再有言官弹劾曹、石时，曹、石便跑到英宗面前哭诉道："臣等万死一生，迎皇上复位。现在内阁专权，一心要除掉我们，不然，御史们怎敢弹劾？"边说边悲哭不已。英宗大为心动，便以"图擅威权，排斥勋旧"的罪名将徐有贞下狱，后罢官谪戍。从此曹、石更加肆无忌惮。

石亨擅权专横

石亨倚仗英宗的宠信，屡次擅权行事。他认为文官提督军务阻碍武将的升迁，奏请英宗罢去各边省巡抚及提督军务等官。这样一来，石亨便军权在握。他

掐丝珐琅杯托（上图）
这件珐琅制品十分精美，在蓝底上嵌有灵巧的枝叶花朵，同时又填以各种颜色，使人仿佛走进了争芳斗艳的大花园，无边的春色让人眸子为之一亮，给本来就多彩的生命又增添了几分情趣。

历史文化百科

〔斗促织〕

促织，蟋蟀的别称。明代斗促织之风，当数北京为最盛。北京人每当七八月之间，不少家庭都养起促织。届时，市场上到处可见养促织用的瓦盆泥罐，四处叫卖。不论男女老幼，皆以斗促织为乐，并很快成为赌博之戏。宣德年间，宫中也尚促织之戏，每年从民间征收，所以当时民间流传"促织瞿瞿叫，宣德皇帝要"的民谣。斗促织之风，后渐行于各地，江南一带的浪子斗促织，赌资有时高达数百两银子。晚明时，宣窑生产的蟋蟀盆成了一种珍品。苏州所产的促织盆，其雕镂人物，制作精妙，深受斗促织者的喜爱。

108

公元1478年

世界大事记：莫斯科大公伊凡三世灭诺夫哥罗德共和国。

人物：石亨、曹吉祥、徐有贞
关键词：奸佞、宦官叛乱
故事来源：《明史·石亨传》《明史·徐有贞传》《明鉴》

一心想干预朝政，每天都入宫进见英宗，即便英宗不召见，他也设法借故入宫。遇事必定要英宗采纳他的意见，十分骄恣专横。久而久之，英宗感到难以忍受了，便下令左顺门，没有皇帝宣召，不得让石亨进见。石亨入见的机会少了，英宗对他也逐渐疏远起来。在这之前，英宗曾命工部为石亨营造宅第。谁知完工后，富丽堂皇竟不亚于王府。英宗登翔凤楼眺望，他遥指石亨的府第问身边官员，那是谁的宅第？大臣猜测大约是王府。英宗说："不是。"大臣故意问："不是王府，谁敢如此僭越？"英宗点点头，进一步觉察到了石亨的威福专权。不久，下诏恢复各地巡抚，削弱了石亨的权势。

天顺三年（1459），石彪想出镇大同，以便与石亨里外呼应，共掌兵权。他命亲信在英宗面前保奏，英宗起疑，下令审问缉查，石彪的不法行为一一暴露。于是，石彪被逮下狱，抄家时，又搜出绣蟒龙衣等物。由此，朝臣纷纷弹劾石亨种种罪行，石亨被罢官。第二年，锦衣指挥逯杲上告，说石亨蓄养无赖，阴谋不轨。石亨遂被以谋叛罪下狱，籍没家产，不久，便死于狱中。

曹吉祥结党谋叛

曹吉祥平日与石亨狼狈为奸，石亨败露，曹吉祥担心也遭到同样的命运，便与曹钦等广招心腹，结为死党。诸无赖自知是靠曹吉祥而得以冒功当官领赏的，一旦曹吉祥倒了，他们也不能幸免，故而都尽力效死。一天，曹钦问其死党："自古有宦官子弟为天子的吗？"有人答道："君家魏武就是。"他指的是曹操。曹钦一听大喜。

天顺五年（1461）七月，曹钦因违法遭到英宗斥责，还派了锦衣指挥逯杲监视他们。曹钦决定孤注一掷，起兵叛乱。这时，恰遇甘州、凉州有边警，英宗命怀宁侯孙镗统率京军西征，尚未出发。曹吉祥和曹钦密谋，乘出师前朝门开启时，由曹钦率亡命之徒杀入皇宫，曹吉祥在宫中做内应。

计谋已定，当夜，曹钦摆下酒席让手下痛饮。席间，一个叫马亮的越想越害怕，便偷偷地溜出，来到朝房告发。恰巧孙镗及几个官员当晚没有回家，睡在朝房中。他们立即草成奏疏，从长安门缝中投入。英宗接到报告，立即逮捕曹吉祥，下令紧闭皇城各门及京城九门。

曹钦发现消息走漏，率人直赴逯杲家，杀了逯杲。随即赶到朝房，砍杀了几个官员。宫门紧闭，曹钦攻而不下，只得在京城中往来砍杀官员泄恨。这时，孙镗集合西征军与他们格斗，曹铉、曹铎、曹㻞等均被杀死。天渐渐亮起来，叛众开始逃散。曹钦想外逃，无奈京城九门尽闭，突围不出，只好杀回家中。这时大雨如注，孙镗挥军奋呼而入。曹钦走投无路，投井自尽。三日后，曹吉祥被磔刑处死，亲戚同党多被处死。

《明宪宗消闲调禽图》
这是一幅描绘明宪宗朱见深玩鸟的图画。画面描绘在宫廷御花园的两棵古树下，宪宗穿戴便帽常服，一位太监双手举鸟笼，宪宗用手指小鸟玩赏，另一小太监立于其身后。这幅画出自当时宫廷画师之手。

109

公元1415年

中国大事记：凿清江浦，通北京漕运。

○三六

传奉官

宪宗动辄传旨授予进献者以官职，"传奉官"比比皆是。

皇帝亲自封授官职

天顺八年（1464），英宗病死，太子朱见深即位，是为宪宗，次年为成化元年。

宪宗登基不久，命宦官传旨，任命一位工匠为文思院副使。这虽是一件小事，却改变了一向由吏部、内阁授官的做法，开启了由皇帝颁布诏令直接封授官职的先例，这种方式被称为"传奉官"。

蓝地牡丹织金锦

牡丹花本身具有雍容华贵的品貌，被称为花中之王，并赋予富贵的象征，因而一直是工艺美术中受人喜爱的纹样。这件"蓝地牡丹织金锦"以宝蓝色为底，互相交错穿插有序地布置开放得极为饱满的花朵，并以缠枝连接。牡丹花纹样既有图案变化但又不失其本身的特点，鲜艳的花朵与宝蓝底色相对比，轮廓四周边缘又以金线勾边，造成华丽而醒目的效果。

有了这样的先例，一些趋利之徒，便借进奉为名，通过进献书画、玩器、药材等，谋取一官半职，宪宗也动辄传旨授官。整个成化朝，上自文人武士，下至僧人道士，由此得官者比比皆是，有时一次就授官百十人。

李孜省进献符箓

宪宗喜好方术，一些人便投其所好，进献方术、符箓，以博取一官半职。江西人李孜省，原是一个贪赃不法的小官吏，他得知宪宗喜爱方术，便拜左道为师，学会五雷法，重金买通太监梁芳，向宪宗进献符箓。宪宗十分欣赏李孜省献上的淫邪方术，便传旨授李孜省为太常丞，后又改为上林苑监丞。还赐以金冠、法剑及印章，准许他密封奏事。

李孜省之后，许多希图官职之流纷纷效法，结交宦官，进献方术，宪宗来者不拒，一一传旨为官，一时传奉官达数千人之多。许多人一夜之间由布衣步入卿寺贵显，如邓常恩、赵玉芝等人就是因通晓方术而

> ▶ 历史文化百科 ◀
>
> 〔美轮美奂的织锦〕
>
> 丝织为中国传统工艺品，早在先秦两汉时已有辉煌成就，至明代，更发展到前所未有的规模与水平，在锦、缎、绸、罗、纱、绉、绫等诸多品种中均有新的创造，其中以锦缎最为出色。明代前期福建织工林洪发明了改机，可以织出两面花纹图案相同的锦缎，使提花技术达到新水平。丝织业集中在江南、山西、四川、福建等地，以江南织造质量最优。妆花缎织造时有许多不同色线的小梭，边织边配色，并可分段挖花，织成非常复杂的纹饰，色彩多至十余种。有的完全用金线作地，不留缎底；有的用金线、银线在缎底上织造花纹；有的用金线盘织在花纹周围，形成五光十色、争奇斗艳的局面。

110

公元1485年

世界大事记：亨利·都铎登位，为亨利七世，开创都铎王朝。

人物：朱见深　李孜省
关键词：奸佞　昏庸
故事来源：《明史·李孜省传》《明史·宪宗纪》

反映室内养蚕的《宫蚕图》

夏、商、西周时期，我国养蚕业已经发展到一个新的历史阶段，已经由室外放养进入室内。后来逐步发展为专用蚕屋，并修筑高大的围墙，放上荆棘，防止偷盗。这幅明代的《宫蚕图》生动真实地反映了当时室内养蚕的状况。

擢为太常卿的，顾玒以善扶鸾术官至太常少卿。

这些方术起家的"传奉官"，没有什么才能，"文臣不识一丁，武阶未挟一矢"。他们为了在朝中站住脚跟，便相互勾结，狼狈为奸。在这些人中，以李孜省的权势最重。他很快升为右通政，仍掌管上林苑，侍奉宪宗。倚仗宪宗的宠信，他进谗言，打击蔑视他的同官，不到两年，又升为左通政，渐渐开始干预朝政。

大臣指责传奉官之弊

成化十九年（1483），陕西巡抚郑时上书，指出传奉官日益冗滥，弹劾梁芳、李孜省等。接着，又有言官上书，极言传奉官之弊，责问："一日里数十人得官，一府署中数百人寄俸，自古以来有这样的政令吗？"言辞十分激烈。宪宗不得不将李孜省降两级，罢黜了十多人，这才平息朝野的议论。

成化二十一年（1485）正月的一天，京城上空坠落一道白光，并有赤星出现。古时天象变化常被附会人事、政事，出现如此星变，宪宗不免有些惊惶，忙下令群臣，直言时政得失。于是，九卿大臣、给事御史纷纷上书，条陈政事，指责的中心便是传奉官，认为这是目前"最大且急"的弊政。有大臣在上疏中为宪宗算了一笔账："一年传奉千人，几年就是几千人；几千人的俸禄，一年就要耗费几十万。这些都是国家的租税，老百姓的脂膏。"请求宪宗尽罢传奉官。

宪宗沉湎方术

在巨大的舆论压力下，宪宗有所感悟，于是贬李孜省为上林监丞，斥罢五百余名传奉官，一时朝野称快。然而，大臣们有关方士、宦官的言论，不免触痛宪宗。宪宗便叫人暗暗地将这些大臣的姓名写在屏风上，遇有官员调迁，便将这些大臣贬往边远地区。

李孜省虽然被贬，但是，宪宗仍沉湎于方术。当年十月，李孜省又官复原职，没过多久，擢礼部侍

111

公元1420年

中国大事记：山东蒲台唐赛儿起义。

八达晕锦

"八达晕锦"是继承唐宋织锦的纹样，其图案构成是以八边形为中心向外连展，图案中心为主花，周边以各种几何纹样连接装饰。这件"八达晕锦"将宝相花纹样置于八边中心，外缘又分布八朵莲花图案，八边形外以方形连接，又交错安排如意形花样，庄重而华美，在规整中富有变化。八达晕锦主要是几何纹样，但其中点缀花朵，是一种应用范围较为广泛的织锦样式。

郎。他利用手中的权力，对弹劾他的朝廷官员加以陷害，同时假借扶鸾术，说江西人赤心报国，从而使一批江西官员得到提拔，达到培植私党的目的。一时，朝廷官员的进退都由李孜省说了算。

佞幸、宦官交结，把持朝政，一些士大夫也争相依附。进士郭登，本为刑部主事，擅长篆刻，由太监荐引，擢为尚宝卿，每日混杂在市井之中，使一些工匠得以列名传奉官。兵科给事中张善吉本被谪官，他通过太监进献"秘术"而官复原职。大学士万安为了巩固自己的地位，居然向宪宗进献"房中术"。诸如此类加官为侍郎、通政、太常、太仆、尚宝的人不胜枚举。

成化二十三年（1487），宪宗死去，孝宗即位，将宪宗时的传奉官二千余人尽行裁汰，李孜省被谪罚戍边，后死于狱中。

灯笼锦（右图）

"灯笼锦"产生于宋代，以华灯为母题图案，交错分布，严整有序而富于变化。此幅"灯笼锦"中的华灯上有华盖，缀有珠饰璎珞，灯中心为"寿"字，灯座为蝠形，灯上下点缀蜜蜂纹样，以谐音的手法表现福寿双全、如意丰登的美好祝愿，具有浓郁的吉祥色彩，因而受到人们的喜爱，从宋以后一直流传不衰。明代灯笼锦中有众多样式，在设计中各有不同意匠，有的将华灯放置在斜方形和圆形中，又点缀以翔鹤，命名为"天下乐锦"。

公元1485年

世界大事记：玫瑰战争结束（一说于公元1497年）。

人物：朱见深、汪直、商辂
关键词：骄横、奸佞、恶行
故事来源：《明史·宦官传》《明通鉴·宪宗》《明鉴·宪宗》

〇三七

天下只知汪太监

宪宗宠信宦官汪直，设立西厂，横行霸道。

宪宗宠信汪直，设立西厂

汪直本是广西大藤峡瑶人，年幼时被带进宫里，在宪宗宠妃万贵妃宫中做小太监，后来升为御马监太监。一次，宫中混入了外人，虽很快被发现，但宪宗就此十分担心有人要谋害他。汪直为人狡黠，宪宗便常派他带一二人乔装出宫，秘密侦察外间的事，由此得到宪宗的宠信。

明成祖时，也曾派宦官外出访缉谋逆作奸之人，并设了东厂，专门负责这方面的事，其权势与锦衣卫相当。据此，宪宗于成化十三年（1477）正月，在东厂之外，又正式设立西厂，汪直便被任命为主管。

西厂所置缇骑几倍于东厂。缇骑就是贵官前导和随从的骑士，而其权势远远高于锦衣卫之上。西厂特务四出侦察，无论是王府、边镇，还是南北河道，都布有西厂校官。官员百姓，大政小事，以至民间的街谈巷议、鸡狗琐事，都在西厂的侦察视听之下。稍不留神，便被缉拿。汪直更是巧立名目，屡兴大狱。西厂设立仅四个月，就逮捕拷死诸多大臣，株连许多官员，民间被罗织罪名冤死流放者不可胜数。

汪直及西厂的行径，激起人们极大的不满。大学士商辂等上疏，要求罢西厂，疏中言道："自汪直用事以来，卿大夫不安其职，商贾不安于途，庶民不安于业，若不立即加以匡正，天下安危，未可知也！"宪宗见疏，大为

"连中三元"的商辂（上图）

商辂（1414—1486），字弘载，号素庵，淳安（今属浙江）人。为明正统年间进士，并成为明代绝无仅有的"连中三元"（解元、会元、状元）之人。曾任兵部、吏部尚书，谨身殿大学士。正统十四年（1449）"土木之变"后，商辂反对南迁，主张抵抗瓦剌。他一生曾辅助明英宗、代宗、宪宗治理社稷，政绩卓著。此图出自《历代名臣像解》。

不快，说："无非是用一内臣，何至于危及天下。"传旨查问奏疏是何人主使。商辂对奉旨前来的太监说："臣等同心一意，为国除害，不分先后。"这时，兵部尚书也率九卿上书弹劾汪直。宪宗不得已，下令罢西厂，解散缇骑，划归锦衣卫，汪直仍回御马监。一时，人心大快。

然而，好景不长。宪宗虽罢了西厂，依然宠信汪直。一个月后，有个御史逢迎宪宗之意，请求恢复西厂，宪宗立即同意。逢迎之辈很快被加官进爵，商辂等官员被迫辞官，原来的兵部尚书被贬为民，而由汪直的亲信王越接任，汪直的权势越发炽盛。

据说有个江西人叫杨福，大家都说他长得像汪直，于是他冒充汪直，自芜湖出发，先后去苏州、常州、杭州、四明（今浙江宁波），沿途官吏对他俯首听命，百般巴结。他后来又到福州行骗，结果败露。

汪直好大喜功，王越、陈钺等人便劝汪直用战功来巩固自己的地位。汪直听了正中己意，借口辽东有

〉历史文化百科〈

〔烹饪技艺的进步和四大菜系的形成〕

明代烹饪专业分工更为精细，方法变化多端，有炖、烧、烤、炸、蒸、烙、炒、煎、摊、煮、卤、腊、腌、糟、拌、熏、酿、水晶等几十种；调味品也非常丰富，有红曲、酒糟、盐、酱、酱油、糖、醋、蜜、虾油、鱼露、腐乳、草果、砂仁、豆豉、花椒、辣椒、苏叶等，菜肴的色彩搭配、造型技艺都较前有很大提高。

在南京、北京、扬州这样的大城市，有很多餐馆标榜自己为齐鲁、姑苏、淮扬、川蜀、京津、闽粤等，展示自己的地方风味特色，无论是在烹饪原料的选择上，还是在烹调的方法上，都形成了各自独特的口味，有了自己完整的菜肴体系。明代，鲁、川、淮扬、粤"四大菜系"都已基本形成，并被世人所认可。

113

公元1420年

中国大事记：明成祖下诏自明年起，改北京为京师，迁都北京。

战事，几次协同王越、陈钺等人出征，每次回来后都得到宪宗的厚赏。

汪直的行径败露

汪直迷恋战功，时常在外。宫中有个善演杂戏的小太监，名叫阿丑。一天，他在宫中扮醉酒者漫骂之状，别人提醒说：皇帝来了。他照旧漫骂不休，说："汪太监来才避走。今日只知汪太监也。"随即，又学作汪直的模样，手操两钺，走到宪宗面前，说："我统率军队，全仗此两钺。"别人问哪两钺，他答道："王越、陈钺也。"宪宗也忍不住笑了。然而，他由此也对汪直及西厂的胡作非为有所觉察。

不久，东厂主管尚铭在皇宫中抓获盗贼，受到宪宗赏赐。汪直听说后大怒说："尚铭是我一手提拔起来的，竟敢背着我邀功请赏。"想把尚铭除掉。尚铭十分害怕，暗中向宪宗泄漏汪直平日所为，宪宗见汪直如此骄横，便有意要惩处他。

成化十八年（1482），言官弹劾西厂胡作非为有违国体，宪宗下诏再罢西厂。次年，又借口汪直与总兵不和，将他贬到南京司马监供职。八月，御史徐镛上疏弹劾汪直与王越、陈钺勾结欺罔不法之罪，疏中有"天下只知有西厂而不知有朝廷，只知畏汪直而不知畏陛下"之句，宪宗对汪直的擅权用事这才进一步警觉，下诏贬汪直为南京奉御，其党羽王越等被罢黜，从而结束了汪直多年的飞扬跋扈。

明代风俗画的代表作：《明宪宗元宵行乐图》（部分）
明宪宗朱见深是明朝第八位皇帝，他治国平庸，生活糜烂，但酷爱绘画。这幅写实性的行乐图，描绘朱见深正月十五在皇宫庆赏元宵游玩的各种场景，场面恢宏。表演的项目为杂技、幻术。宪宗坐在大殿前，各种杂技呈献技能，有魔术、钻圈、蹬人、倒立，有双脚蹬车轮、轮上站立一儿童吹笛，有仰卧用双脚夹住高竿、竿上攀一儿童表演。每一个节目皆有锣鼓伴奏，演员边表演边吹笛。从演员的服饰看，大概是宫内杂技班子。当时还穿插了跳狮子、跳跑马、舞龙灯等，反映了杂技与戏曲的结合。

公元1491年

> 世界大事记
> 法王查理八世以联姻方式将布列塔尼公国并入，法自此实现政治统一。

115

公元1420年

中国大事记：始设东厂。

〇三八

弘治中兴

孝宗罢斥传奉弊政，用贤纳谏，政治清明，史称弘治中兴。

罢斥弊政，任用贤士

成化二十三年（1487），宪宗驾崩。太子朱祐樘即位，改元弘治，是为孝宗。

宪宗在位时，怠于政事，沉湎方术，不少无才无德之人，像李孜省、邓常恩、赵玉芝这些人，都靠方术而位居高官。僧道杂流，当上国师、禅师、侍郎、通政使、太仆卿、尚宝卿等官职的不可胜计。一时，北京城里，身披黑袍的真人、道士招摇过市，把朝政搞得乌烟瘴气。

孝宗即位后，决心清除这种弊害。他先将宪宗朝的一批奸佞冗官尽数罢去，将李孜省之流全部逮捕，下狱治罪。成化年间滥授的二千多名传奉官一律削籍流放，一千多名禅师、国师、真人也被罢遣，追夺了他们手中的印章、仪仗等法物，收回宪宗颁给他们的诰敕，还下令处死了作恶多端的妖僧继晓。

放斥了先朝的妖佞之臣后，孝宗着手选拔贤能委以重任。他起用徐溥、刘健、李东阳等几位素负声望的名臣进入内阁，参预机务。南京兵部尚书王恕为人刚直方正，这时本已辞官，孝宗以朝廷急需贤士为由，重新召见入朝，擢升为吏部尚书，位列九卿之首。

孝宗当太子时就听说马文升有气节，即位后立即将他由南京兵部尚书擢升为左都御史。礼部右侍郎丘濬进献《大学衍义补》，论述治国平天下之道，孝宗看后大加赞许，将他升为礼部侍郎。一时，正直贤能的官员都受到重用，"弘治朝中多君子"，朝廷风气为之一新。

勤政节俭，锐意求治

孝宗勤于政事。弘治元年（1488），他采纳大臣的建议，开设大小经筵。这一制度是在正统初年制定的，

黄釉盘（上图）

这件瓷盘圆唇曲腹，底部有青花楷书"大明弘治年制"的题款，器表施一层黄釉，釉层肥厚，釉色黄嫩，是明弘治年间娇黄釉瓷器的典型作品，尤可宝贵。娇黄釉又有鸡黄釉、蜜蜡黄、蛋黄等多种俗称，是一种低温釉。始自明朝宣德年间，成化、弘治时达到最高水平。这种黄釉或直接将釉汁浇注于瓷坯上，或另在白釉上再罩一层黄釉而后二次烧成。由于采用浇釉之法，故又称为"浇黄釉"。这种纯正的黄色釉是采用含铁量较高的赭石为呈色剂的。由于多用二次烧釉，釉层厚积而色泽艳丽，极似堆脂，又类鹅绒，给人以娇嫩可爱又不忍拂拭的感觉。因此，单以呈色角度来看，明弘治年间的娇黄较明宣德、成化年间的黄釉更为纯正而浓淡相宜，实属黄釉瓷品中最为成功者。

▷ 历史文化百科 ◁

〔北京灯市〕

明代北京城内集市之一。开始时为观灯而设立，后来渐发展成为定期集市，以每月初五、初十、十五、二十为期。其中尤以正月十五为盛，每年往往是初八即开始起市，一直要到十七才结束。其间，自五凤楼至东华门外，在长达二里的大街上，各地商贩设摊卖货，地方特产、古董珍宝、日用百货，种类繁多，人山人海，车水马龙，十分拥挤热闹。市中卖灯的商贾数以千计，灯的价格从数十、数百，以至千金，花样繁多，巧夺天工，令人目不暇接。除张设花灯外，北京正月十五灯市还演奏乐曲、施放烟火、敲太平鼓等。灯市期间，靠近灯市的楼屋，租价暴涨，有一天一夜租金达数百千的。

116

公元1492年

世界大事记：哥伦布首次抵达美洲巴哈马群岛瓜纳哈尼岛（今华特林）。

人物：朱祐樘
关键词：德政、尊贤、纳谏
故事来源：《明史·孝宗纪》《明鉴·孝宗》

大经筵，每月逢二、十二、廿二日举行，主要是一种礼仪；小经筵又称日讲，君臣之间不拘礼节，从容问答，是重要的辅政方式。大小经筵制度，在宪宗朝时一度废置。孝宗开始坚持日讲，同时，又在早朝之外，另设午朝，每天两次视朝，接受百官面陈国事。孝宗勤政图治的做法，与他父亲的怠于朝政形成鲜明的对照。

由于孝宗锐意求治，朝廷上下，文武百官纷纷上言，或痛陈时弊，或广进方略。马文升上时政十五事，包括选贤能、禁贪污、正刑狱、广储积、恤士人、节费用、抚四裔、整武备等诸多方面，孝宗无不大为赞赏，一一付诸实施，这对弘治朝兴利除弊起了积极的作用。

玉龙纹样带板
玉器的制作随着时代的推移而不断地完美，这件明代的玉龙纹带板极为精巧，在有限的空间内，把一条吞云吐雾的龙雕得活灵活现，仿佛拿朱笔在眼睛上一点，它就要腾空飞起。

鉴于前朝宦官专权乱政的教训，孝宗对宦官严加管束，东厂、锦衣卫再不敢任意行事，只能奉守本职，因而几任锦衣指挥大致都能持法公允，用刑宽松。这是明中后期其他朝代所罕见的现象。孝宗力求节俭，诏减皇宫的开支与供奉，不大兴土木，主张节约费用，缓解人民负担。他屡次下诏，禁止宗室、勋戚侵占民田，鱼肉百姓；还多次下诏减免一些地方的夏税、秋税。这些都十分有利于缓和社会矛盾和社会危机。正统、成化年间，农民起义不断，有几次声势还相当大，而弘治一朝却几乎没有大规模的农民起义。

孝宗"恭俭有制，勤政爱民"，史家称为"弘治中兴"。其中可能有溢美之词，不过，与前后几朝相比，弘治时期的朝政的确算是清明的。

四川蓬溪壁画
在四川蓬溪宝梵寺里，保存有精美的明代壁画，这是其中的《地藏说法》。"地狱不空，誓不成佛"的地藏王，坐在宝座上，一手抚膝，一手微抬，从容大方，在不慌不忙地讲法，身后有五色祥云环绕，更是增添神秘色彩，地藏王面目清秀，表情上略带几丝忧虑，更让人肃然起敬。

117

公元1424年

中国大事记： 明成祖亲征阿鲁台，病死于榆木川。

〇三九

程敏政泄露试卷案

一件科举案，因事涉程敏政、李东阳、唐寅等名士而轰动一时。

明代，官员的任用与升迁，最重要的途径是通过科举考试。考中举人为乙榜，考中进士为甲榜，凡属历经举人、进士出身的官员，就称为"两榜出身"，或"科甲出身"，这是正牌，牌子最硬，名声最响亮。所以，有关两榜考试的消息，特别受到人们关注。弘治年间，发生过一件试卷泄露案，涉及到好几位有名人物，就曾轰动一时。

程敏政、李东阳主持会试

弘治十二年（1499），举行会试。那一届的考试，由程敏政、李东阳两位大臣共同主持。

主考官程敏政，字克勤，安徽休宁人，他的父亲做过南京兵部尚书。成化二年（1466），程敏政中进士，授编修，后升左谕德，为皇太子讲官。当时翰林中有三个人很出名，他们是李东阳、陈音与程敏政，其中，程敏政尤以学问渊博著称。孝宗即位，这位昔日太子的讲官被擢任为少詹事兼侍讲学士。程敏政才华出众，又做了皇帝的讲官，有时便很自负，轻视同辈中人，

江南第一风流才子：唐寅

唐寅（1470—1524），字子畏，号伯虎，又号六如居士、桃花庵主等，长洲（今江苏苏州）人。明代著名书画家、文学家。自幼刻苦学习，有才华。弘治十一年（1498）为应天府第一名解元，自称"江南第一风流才子"。三十岁时因科场案入狱，后发往浙江为吏，游历匡庐、天台、武夷等名山，靠画卖文，名重当时。与沈周、文徵明、仇英并称"明四家"。此图出自《历代名臣像解》。

由此招致一些人的非议与忌恨。弘治元年（1488），受到御史王嵩等人的攻击，下台回乡。几年后复出，改任太常卿兼侍读学士，执掌翰林院，后迁礼部右侍郎，负责起草内阁诰敕。

传说考题事先泄露

弘治十二年的这次考试，有两名考生来自江南，一名叫徐经，乃江阴富家子弟；一名叫唐寅，即唐伯虎，苏州人，他在早一年的乡试中考得第一。两人在考前曾预先作文，不料后来发现本年度的考试题目，竟与他们事先作文的题目恰好相合。这事传开后，人们议论纷纷，一些考生也吵闹起来，嚷嚷着有人作弊。给事中华昶据此弹劾程敏政买卖试题，泄露试卷。

当时尚未发榜，孝宗紧急下令，不准程敏政继续参加阅卷，他已录取的试卷，由李东阳会同其他考官重新审核。复查中，李东阳发现程敏政所录取的名单中并没有徐经、唐寅二人，随即上疏为程敏政辩解。但有一些人借此机会，挟泄私愤，故意把这件事情传得沸沸扬扬，四处散布流言。朝廷向来重视科举考试，外界的流言蜚语，令孝宗十分恼怒，他随即下令逮拿程敏政、华昶及徐经、唐寅，一并审讯。

泄私愤酿成冤案

主审官经审问，认定徐经曾携钱财拜见程敏政，并贿赂程敏政的家僮，从而得到

公元1493年

公元 1 4 9 3 年

世界大事记：哥伦布开始第二次远航美洲。

人物：徐经 华昶 唐寅 程敏政 李东阳
关键词：冤狱
故事来源：《明史·程敏政传》《明史·李东阳传》《明史·唐寅传》

《秋水芙蓉图》（明·唐寅绘）
唐寅的诗文书画都有精深造诣，绘画技法全面，形成以院体工笔为主而兼具文人画笔墨的画风。唐寅的花鸟画传世不多，但水平高超格外引人注意，其用笔劲健爽利，精醇洗练，用墨苍润秀雅，灵动清刚，追求以形写神的目的。此画各物疏密错落，动静得宜，笔墨酣畅，墨彩层次丰富，传达出美的韵律。

试题；而唐寅在考前曾去程敏政住处，向他乞求过文章。根据上述情况，徐经、唐寅被罢黜为小吏。程敏政因嫌疑下狱。虽然不久即被释放，却勒令其辞官。华昶则以言事不实，被调往南京，任太仆主簿。这件案子就这样了结了。

程敏政经历此案后，深受打击，愤恨而死。后来人们传说，是

清末上海年画《唐伯虎点秋香》
唐伯虎点秋香是关于唐寅这位"江南第一才子"的著名传说。讲的是唐寅一日游姑苏，邂逅尚书沈存道府中的婢女秋香，不觉惊为天人。于是唐才子想尽办法，乔装乞丐，投入沈府为佣，充伴读，最后终于以自己的才智抱得美人归。

有位官员谋夺程敏政的职位，与华昶相勾结，于是酿成了这桩冤狱。

作为程敏政泄露试卷案的两名当事人，唐寅和徐经的命运就此改变，仕途断绝。唐寅被贬为小吏，他认为是耻辱没有去上任，回到家乡苏州，放浪余生。民间还传出了不少这位才子放荡不羁的风流轶事。

> **历史文化百科**
>
> **〔八股文〕**
>
> 也称"制义"、"制艺"、"时艺"，为明清时期用于科举考试的一种体裁。主要由破题、承题、起讲、入题、起股、出题、中股、后股、束股、收结等部分组成，其中起股、中股、后股、束股要用对比、排偶而相对成文的两股文字组成。全篇文章中有起二股、中二股、束二股、后二股共八股，所以称为"八股文"。文章的题目多取自"四书"，所用内容，必须按照《四书集注》、《四书五经大全》诸书，不可随意发挥。

119

公元1424年

中国大事记：朱高炽即位，为明仁宗，以翌年为洪熙元年。

○四○

武宗与"八虎"

武宗即位后，在"八虎"的诱导下，沉溺于声色犬马之中，朝政败坏

"八虎"诱导武宗沉溺于声色犬马中

弘治十八年（1505）五月，孝宗病死。十五岁的太子朱厚照即位，是为武宗，以次年为正德元年。厚照是孝宗的长子，为张皇后所生，弘治五年（1492）春被立为皇太子。即位之前，这位皇太子尚能专心读书，在孝宗面前小心翼翼，他喜爱骑马射箭，但那时比较节制。

朱厚照上台后，逐渐显露他贪图享乐的本色，整天与刘瑾、张永、谷大用等内臣沉溺于声色犬马之中。刘瑾这些人原来都是东宫宦官，武宗对他们极其宠信。由刘瑾掌钟鼓司，后来又让他提督十二团营。他在内廷与马永成、谷大用、魏彬、张永、丘聚、高凤、罗祥等相互勾结，被人称为"八党"，也称作"八虎"。"八虎"想尽办法迎合武宗。在他们的诱导下，年轻的武宗终日游戏，有时甚至出宫游玩，把孝宗遗诏中要求兴办的事务，全都搁置一边。

朝臣上疏劝谏，反被"八虎"占了上风

朝中大臣见武宗与内廷太监整天耽于逸乐，不仅怠于政事，而且还使内府的开支大增，造成京库空虚，于是，纷纷上疏劝谏。武宗表面上表扬他们，实际上仍我行我素。在这种情况下，大臣们的言辞开始激烈起来。

大学士刘健、谢迁及其他大臣交章上疏，斥责太监败坏朝政。十月，户部尚书韩文又联合九卿冒死进言，将"八虎"狠狠地痛骂了一番，并以汉朝"十常侍之祸"和唐朝"甘露之变"的旧事，请求武宗将刘瑾等太监治罪。武宗读后，"惊泣不食"，颇受震动。这时，司礼太监王岳等人与"八虎"已有矛盾，因而和阁臣刘健、谢迁等联合，决定除去"八虎"。但武宗只同意将刘瑾等人逐出京师，对刘健、谢迁等坚持严惩的做法，却不能接受。

刘健、谢迁与王岳等人为此事商议对策，不慎走漏风声，被刘瑾的党羽、吏部尚书焦芳听到。焦芳火速通报刘瑾。刘瑾得悉，十分

豹房勇士铜牌（及右页图）

明武宗爱好习武和打猎，就在太液池兴建豹房，并常在这里处理政务。为了护驾，在豹房设有随驾勇士。这面铜牌一面铸有一只蹲坐的豹子，上方横铸"豹字九百五十五号"，另一面铸铜牌的使用规定。

> **历史文化百科**
>
> 〔玉米的引进〕
>
> 玉米，也称玉蜀黍、包谷、包米，旧称番麦、御米，由南洋引种传入。中国种植玉米，始见载于明代正德六年（1511）所修《颍州志》。颍州在今安徽，治所在汝阴（今安徽阜阳）。在此之前，沿海各地已有玉米之种植。到明代后期，玉米已传入两广、苏、皖、云南、豫、鲁、冀、陕、甘等地。

120

公元1498年

世界大事记：葡萄牙人达·伽马首次抵达印度西南部卡利库特港，由西欧绕经非洲南端直通印度航路至此开通。■哥伦布自西班牙出发，第三次西航美洲。

人物：朱厚照、王岳、刘健、焦芳、刘瑾
关键词：荒淫、奸佞
故事来源：《明鉴·武宗》

恐惧，与马永成等连夜跑到武宗那儿，跪在地上，哭诉求情。刘瑾以头触地，说他们的脑袋马上就要落地喂狗了，做出一副可怜的样子。看到这等情景，武宗于心不忍，便好言相慰。刘瑾乘机对武宗说："害奴才

风流清雅的仕女画：《秋风纨扇图》（明·唐寅绘）
唐寅是一位多才多艺的画家，他的水墨仕女也时出新意。《秋风纨扇图》画一手拿纨扇的美女孤零零地伫立于郊野秋风之中，她云鬓高挽，姿容娟秀，但却面露忧戚之神色，画上七绝道出了其中内蕴："秋来纨扇合收藏，何事佳人重感伤。请把世情详细看，大都谁不逐炎凉。"画家不仅同情妇女被遗弃的命运，而且推而广之，旁敲侧击地引申到对世态炎凉的不满。

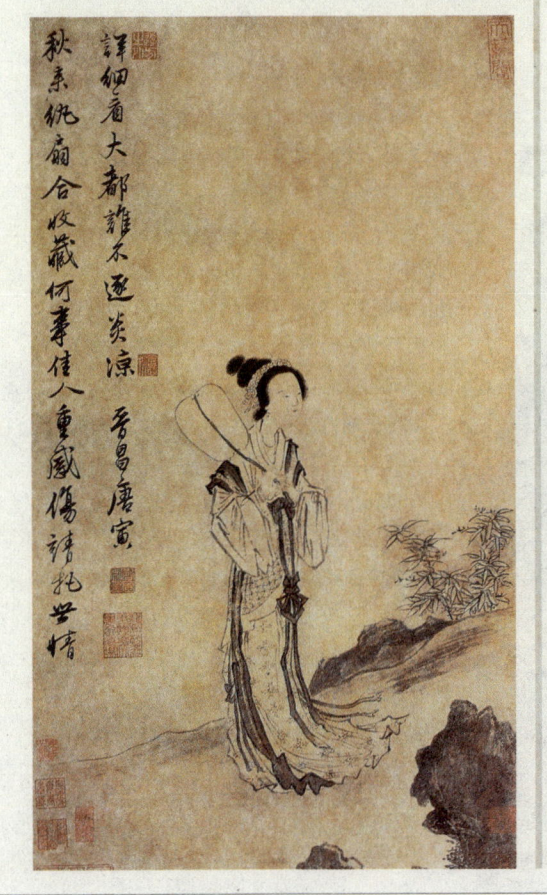

豹房勇士铜牌（背面）

者，王岳也。"武宗不明其故，刘瑾道："王岳暗结阁臣，想制止皇上外出，还想把他们忌恨的人除掉。骑马射箭怎么会损害到国家大事呢？朝臣之所以胆敢反对，是因为我们在司礼监没有人。如司礼监有了人，陛下做自己喜欢做的事情，就没有人敢出来反对了。"武宗听后，态度骤变，当即任命刘瑾掌司礼监，同时让马永成与谷大用分掌东、西厂。"八虎"迅速占据了要害部门。

第二天早晨，大臣入朝议事，觐见皇帝，见刘瑾等人在一旁趾高气扬，便知发生变故。于是，刘健、谢迁等提出辞职，刘瑾矫旨准允。一些曾上疏弹劾刘瑾的大臣，一个个被削职为民。王岳被贬逐到南京，在途中为刘瑾派去的人所追杀。不久，焦芳出任文渊阁大学士，与刘瑾沆瀣一气。由此，朝廷内外大权皆归刘瑾。"八虎"一得势，武宗更无所顾忌地玩乐起来，大兴土木，搜罗美女，纵情放荡，朝政日益败坏。

"八虎"分裂

可是，为了争权夺利，"八虎"内部也逐渐出现矛盾。"八虎"中，刘瑾最狡猾，他虽然是其他七人推举上去的，但专政后，对七人的要求却不予理会，因而引起七人的不满，如张永，因受刘瑾的排挤，便对他产生了强烈怨恨。以后刘瑾被除，张永也起了很大作用。

公元1425年

中国大事记：仁宗病死，朱瞻基即位，为明宣宗，以翌年为宣德元年。

○四一

刘瑾浊乱朝政

武宗耽于逸乐，太监刘瑾得以擅权乱政。杨一清利用平定叛乱之机，用计除掉刘瑾。

刘瑾窃掌大权

武宗上台后，一反其父孝宗勤政之风，整天与亲信太监刘瑾、张永、谷大用等内臣混在一起，沉湎于狗马鹰犬歌舞角抵等游戏，刘瑾因此得以窃掌大权。

刘瑾，陕西兴平人，本姓谈，小的时候由一位刘姓中官引进入宫，故冒姓刘，在东宫伺候太子。太子就是后来的武宗。武宗当政，刘瑾逐渐得势，在排挤司礼太监王岳等人以后，统辖五千营，声势显赫。

刘瑾十分羡慕英宗朝太监王振擅权时的风光，于是也一心仿效。他大肆打击敢于直谏的大臣，并将自己的党羽引入内阁。大学士刘健、谢迁辞职以后，刘瑾的同党焦芳入阁，两人得以表里为奸。

为达到专权的目的，刘瑾还千方百计让武宗沉溺于歌舞声色之中。刘瑾从各地物色了许多美女，让武宗纵情淫乐。还别出心裁，在西华门建了一座多层的宫殿，两厢辟有密室，相互联通，这就是所谓的"豹房"。在豹房内，武宗与美女们歌舞淫乱，废寝达旦。一天，刘瑾趁武宗正玩乐忘形，故意将朝臣所上奏章呈请武宗审阅。武宗不耐烦地说："我用你是干什么的？还来麻烦我。"这样，刘瑾再也不用奏请，就顺利地窃取了批阅各种奏章的大权。开始的时候，刘瑾还把奏章送到内阁，先由内阁拟旨。但那时的内阁，已为刘瑾控制，大家都看刘瑾的脸色行事。后来，刘瑾干脆把奏章文书带回家中处理。

不久，武宗又作出更荒唐的决定：吏、兵二部官员进退要先在刘瑾处讨论；南京、北京都察院各道奏章必须先交刘瑾。章奏先具红揭给刘瑾，称"红本"，再上交给通政司，称"白本"。大小官员到刘瑾那儿禀报公事，态度都十分恭谦，科道部属以下则都要长跪。一次，都察院的官吏疏忽，在公文中误写"刘瑾"两字，被刘瑾大骂一通，后由都御史出面，率群僚跪地请罪，才算过关。

打击异己，安插亲信

随着刘瑾权势的上升，他越发为所欲为。他经常借武宗之名，随意革去巡抚官员及按察司兵备官，又设内行厂，亲自提督，其行径比东厂、西厂更为残酷，一家有犯，邻里连坐，稍有触犯，就置人于死地。他还逼迫内阁发文，让各地镇守太监参预地方事务。他豢养了一批奴才，肆意妄为，到处扩修庄田，侵占官地，毁坏民房。

刘瑾专权用事，打击异己更是不遗余力。大学士刘健、谢迁曾力主逐治刘瑾等八太监，刘瑾把他们充军边关，痛加残害。一些官员挽留刘、谢，全部被撤职拿问，有的后来被列为奸党，揭榜朝堂，颁示天下。

正德三年（1508）的一天，御道上出现揭露刘瑾罪恶的匿名书。刘瑾闻讯后大怒，假借皇帝的圣旨，召集朝廷文武百官，责令长跪于奉天门下。天气炎热，多人因中暑而死。黄昏时分，刘瑾又将其中的三百多人逮入锦衣卫狱。幸亏李东阳等极力援救，被捕的大臣第二天才得以释放。当时内外官员稍为正直

彩塑太监像
明代的宦官之祸可谓达到了我国古代历史上的顶点。

122

公元1499年

> 公元1499年

世界大事记：法王路易十二进兵意大利。

《明史·杨一清传》《明史·宦官传》《明鉴·武宗》
奸佞 专权 昏庸
张永 朱寊鐇 杨一清 朱刘瑾 厚照

人物 关键词 故事来源

的，都被谪徙贬死，生杀予夺，尽由刘瑾掌握。人心惶惶，不可终日。

刘瑾在打击异己的同时，又将亲信党羽擢升要职。刘宇依附刘瑾，仗势凌人，任吏部尚书，后为文渊阁大学士，加授少傅兼太子太傅。张彩，安定人，善于献媚，被刘瑾委以重任，视为心腹。当时，满朝文武在刘瑾重压之下，屈意逢迎，只求自保。

计除刘瑾

刘瑾擅权日久，浊乱朝政，给皇室内部藩王叛乱提供了借口。

正德五年（1510）四月，远在西北的安化王朱寊鐇以讨伐诛刘瑾为名，起兵叛乱。朱寊鐇散发了大量揭露刘瑾罪行的檄文、告示，被西北的官员带到朝廷，刘瑾看后，觉得对自己不利，便藏匿起来。朝廷起用右都御史杨一清，征讨朱寊鐇，以宦官张永为监军。朱寊鐇叛乱前后仅十八天便被平息。

杨一清曾被刘瑾陷害罢官，他决定利用擒拿朱寊鐇的机会，除掉刘瑾。他首先想到了监军张永。张永原为"八虎"之一，后受刘瑾排挤，心存怨恨，蓄意伺机报复。杨一清了解到张永与刘瑾的矛盾后，一天，他试探性地对张永说："赖公之力，得以顺利平乱。这种叛乱容易平定，但如朝廷有内患就难了。"张永问："这怎么说？"杨一清走近张永，在手掌上写了个"瑾"字。张永叹了口气，说道："难啊，此人早晚都在皇上跟前，根深基厚，耳目众多。"至此，杨一清心中有了底，便慷慨激昂地说："公也是皇上的宠

白玉壶
这把白玉壶以方为主要特征，浑身雕花，给人以稳稳当当的感觉。最精妙处就是壶盖上塑了一只小兽，特别富有动感，四脚落地，中间镂空，昂首翘尾，神气十足。

信之臣，这次讨贼不叫别人而托付于公，其中的意思是很清楚的。现在，我们取得了平叛的胜利，可乘此机会揭发刘瑾作奸谋反之事。皇上英武，一定会听公的话，诛杀刘瑾。刘瑾一除，公益加受到皇上的信任，矫正前弊，收天下之心。如此，公之功业可载千秋。"

张永内心已动，只是担心："如果不行，怎么办？"杨一清在旁鼓动："言出于公，事情一定能成

青花瓷折枝花果纹罐
这件青花瓷器造型古朴大方，但花纹极为讲究，绘者用或直或曲的线条，把罐身分为三个部分，分别绘以不同的花果。上层花枝舒展，中层硕果累累，下层颇有图案的效果。三个层次给人不同的感受，又组成一个有机的整体。

123

公元1426年

中国大事记：汉王朱高煦反，宣宗亲征，朱高煦不战而降。

功。万一皇上不相信刘瑾会作乱，公就磕头哭诉，要求死在皇上的面前，剖心表明忠诚，皇上一定会被打动。"并说此事应立刻行动，不能有片刻的拖延。张永听后，勃然而起："老奴何必怜惜余年，不报答主子恩德。"

正德五年（1510）八月，杨一清、张永班师。京城举行了盛大的献俘仪式，随后，武宗设宴慰劳张永。席间，张永按杨一清的计策，献上朱寘鐇历数刘瑾罪状的檄文，并奏刘瑾十七状作奸不法事。武宗此时已带几分醉意，点头说："奴负我。"张永赶紧接话："此事不可迟缓，缓者奴辈皆成齑粉，陛下也会有危险。"武宗遂以谋逆罪下令逮捕刘瑾。

第二天，武宗又派锦衣卫士抄没刘瑾的家，抄出金银数百万，珠玉宝玩无数，还发现藏有衮服、玉带、甲杖、弓弩等，这些都是违禁之物，同时还在

历史文化百科

〔明宫廷杂戏〕

为了集中艺人教习各种百戏节目，明代专门设立了教坊司，隶属礼部。从各地选拔诸伎到教坊司习练，经过一段时间的练习即谙熟音律或擅长某些技艺。宫廷遇有盛大的宴会庆典，诸伎即演出百戏。宫廷有时也会集中民间一些杂耍艺人，在节日里表演各种杂技、幻术。从一些记载来看，明代宫廷曾有各类杂戏项目的表演，如有傀儡戏、击鞠、射柳（也叫剪柳）、打稻之戏、过锦之戏等。

宴享乐队：奏乐铜俑
这十件铜铸乐俑是明代的传世品，通高约20厘米，都是塑模一次浇铸而成。这些铜质乐俑均为女性形象，俑体为实心，铸后再与座台焊接，铸造精细。人物发式皆为长环形发髻，并戴有发笄、耳环一类饰物。女乐俑均体态丰满，脸盘圆润，身着长裙，披如意云纹披肩，佩有环节绸带，立于饰有卷云纹的梯形台座之上。这十位女子，除两人持盘献桃，另外八人均持乐器，并作演奏状，表明她们都是宴享行乐活动中的女乐。这些乐伎所持乐器，自右而左，为笙箫、笛、笙、琵琶、筝、鼓、钹、铓锣。

刘瑾平常所用的扇子中发现藏有匕首两把。武宗大怒说："这个奴才果然要反。"下令将刘瑾处以磔刑，车裂分尸。行刑那天，许多受刘瑾迫害的人家争购其肉生吃，以泄心头之恨。

青花瓷"携琴访友"三足炉
明代的香炉多有极品，这只青花炉就很有独特之处，足部利用绘画技巧造成的视觉效果显得非常纤细。敦实的炉身上描绘了一位隐者携琴访友的画面。

公元1502年

世界大事记：哥伦布第四次远航美洲。

○四二

人物：刘六、刘七、齐彦名、赵燧
关键词：勇敢
故事来源：《明鉴·武宗》

刘六、刘七起义

刘六、刘七兄弟不堪忍受官府压榨，聚众起义。这是明中期规模较大的一次农民起义。

正德年间，奸臣当政，朝政昏暗，激化了各类社会矛盾，各地农民纷纷起义，规模较大的有河北的刘六、刘七起义。

起义缘于养马苛政

当时，官府强迫京畿百姓代官养马，以供军用，叫作马户。一般按丁田授给种马，每年征小马，种马死或小马孳生数不足，都要赔补。官吏催督甚紧，马户不堪忍受，不断聚众反抗。他们经常利用官马，组织马队，劫富济贫，驰马鸣箭，被官府称为"响马盗"。

正德初年，响马的势力逐渐壮大，朝廷派御史分驻各地，采用各种手段进行压制。他们以捕盗为名，滥杀乱捕无辜百姓，引起极大民愤。正德五年（1510）十月，刘六、刘七在霸州（今属河北）愤而起义反抗。

刘六名宠，其弟刘七名宸，霸州文安人。兄弟俩都很骁悍，善骑射。起初，京畿一带，时有

加装火器的盾牌：虎头木牌
虎头盾牌盾面有各种纹饰，内面嵌以小匣，每个匣内藏神机箭二枝，一牌四匣，共八枝，可于牌上孔内向外发射，远可达三百余步，并可用于安营。这种牌为明代特有。火器发明和普遍使用以后，盾牌的防御功能显著下降，逐渐被淘汰。

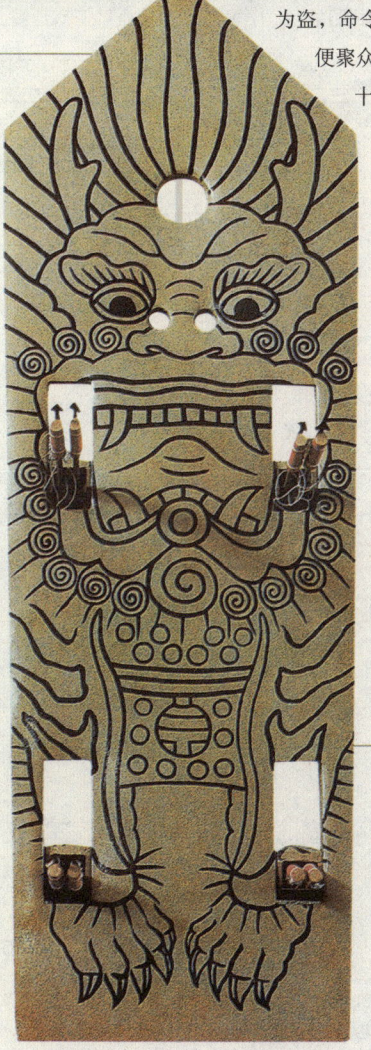

响马出没，刘六、刘七与杨虎、齐彦名等协助官府捕盗，多次立功。刘瑾家人梁洪向他们索贿，遭到拒绝，便诬陷刘六等人为盗，命令官府捕捉。刘六、刘七走投无路，便聚众起事。他们的势力发展很快，不到十日已有数千人马，杨虎、齐彦名、赵燧等相继加入。他们以骑兵驰骋往来，所过之地杀富济贫，得到各地群众的拥护。指挥同知李瑾率京军进剿，但因起义军是流动作战，"倏忽来去，势如风雨"，官军疲于应付，束手无策。

第二年六月，参加起义的人日渐增多，起义军便兵分两路，一路由刘六、刘七、齐彦名率领，自山东、河南出湖广、江西，沿原路杀回霸州，复走山东；一路由赵燧、杨虎、邢老虎带领，经河南入山西，自西而东，由曲周、威县，回到文安，再往河间进发。纵横几千里，攻破城池数以百计。

朝廷派兵镇压

朝廷派惠安伯张伟、都御史马中锡率京营兵前去镇压。张伟是个纨绔子弟，乃昭皇后之兄，畏怯不敢与起义军作战；马中锡则是一介书生，不懂兵事，只知用招抚办法，如此岂能奏效？于是，起义军声势更盛。

125

公元1430年

中国大事记：郑和第七次率船队下西洋（一说1431年）。

八月，朝廷再派兵部侍郎陆完等，征发大队人马，会同宣府、延绥等地边镇兵进剿，兵力几倍于起义军。起义军时分时合，协力作战。刘七所率的一路直逼固安，京师大震。武宗亲御左顺门，紧急召见阁臣，命陆完迅速回师救援。一部分官军则留霸州与义军交战。义军见官军前后夹击，便乘机退走。

这时，赵鐩在山东蒙山一带击败官军。十月，刘六部深入山东，连破日照、海丰、曲阜诸城，后又在济宁焚烧漕船千艘，擒拿工部主事王宠。随后，赵鐩又挺进河南，攻克灵璧、夏邑、虞城，入归德府，大破官军。官军方面，辽东巡抚都御史彭泽、总兵咸宁伯仇钺等率延绥、榆林边镇精兵，参加了对河南义军

明代地方官制表

部门		官名	品级	备注
行省三司	布政使司	左、右布政使	从二品	布政使司为一省最高行政机构，布政使为一省最高长官。
		左、右参政	从三品	
		左、右参议	从四品	
	提刑按察使司	按察使	正三品	掌一省刑狱之事，与布政使司、管军事之都指挥使司，合称为一省之"三司"。
		副使	正四品	
		佥事	正五品	
	都指挥使司	都指挥使	正二品	明代于全国设十六个都司，除十三行省外，在辽东、大宁、万全等地亦设都司。
		都指挥同知	从二品	
		都指挥佥事	正三品	
府州		知府	正四品	明代改路为府，府分上、中、下三等。
		同知	正五品	
		通判	正六品	
		推官	正七品	
		知州	从五品	
		同知	从六品	
		判官	从七品	
		吏目	从九品	
县		知县	正七品	县分上、中、下三等。
		县丞	正八品	
		主簿	正九品	
		典史	未入流	
卫		指挥使	正三品	明代在全国各地设卫，统于各省都指挥使司。
		指挥同知	从三品	
		指挥佥事	正四品	
千户所		正千户	正五品	千户所设于卫之下。
		副千户	从五品	

注：地方尚有"土官"系列，包括宣慰使司、宣抚司、安抚司、招讨司、长官司、蛮夷长官司等机构，各有品级。
参考文献：陈茂同著《历代职官沿革史》。

公元1502年

> **公元1502年**

世界大事记　葡王曼努埃尔一世派遣达·伽马第二次远航印度。

的镇压。义军首领邢老虎病故，赵鐩合并了他的部众，树起两面金字大旗，上书"虎贲三千，直抵幽燕之地；龙飞九五，重开混沌之天"。经过泌阳时，赵鐩焚毁了奸臣焦芳的院落，悬挂焦芳衣冠于树上斩杀，说："我杀此贼以谢天下！"

起义失败

正德七年（1512）三月，赵鐩、刘三义军在河南洛阳击败榆林边军，杀指挥冯祯，但自身损失惨重，在汝宁府等地作战屡告失利。刘三与赵鐩分兵后，被明将仇钺穷追不舍，中箭后自杀。赵鐩突围后化装成和尚，潜渡长江，准备去江西，再次举事，不幸在江夏被捕殉难。河南方面的义军被镇压下去。

刘六、刘七领军从河北退出后，进攻山东，多次告捷。后又往来霸州、德州、洛州、登州、莱州等地，与官军交战，互有胜负。但在围追堵截之下，势力渐渐衰弱。刘三、赵鐩失败后，官军便集中兵力扑向刘六、刘七，他们被迫转战湖广。在黄州（今湖北黄冈）战斗中，刘六中箭受伤，与儿子一起投水自尽。刘七、齐彦名夺得船只，顺江而下，在瓜州打败官军，直到通州（今江苏南通）狼山驻扎下来。刘七想从通州登岸由淮安回山东，因扬州官军狙击而被迫放弃。于是这支起义军便以狼山为根据地，活跃于长江沿岸，三过南京如入无人之境。但此时各路明军已进逼通州，形成包围之势。辽东兵、大同兵、宣府兵合力猛攻狼山。因寡不敌众，刘七投水，齐彦名阵亡，其余将士也都英勇战死。

刘六、刘七起义历时近三年，转战河南、河北、山东、山西、湖广、南直隶等大片地区，纵横千里。这次起义声势极壮，迫使官军投入大量兵力作战，对明王朝的统治是一次很大打击。

正德青花罐
这件明正德年间的青花罐，很有特色。图案分四个部分，中间的罐身为主体，所绘花枝满而不杂乱，真是做到了有条不紊。罐身上有相套的正方形，有趣的不是平行相套，而是内部正方形的顶角对外部正方形边线的中点，在这种组合手法下产生的四个三角形中，又填入图案，中间再写有少数民族的文字。这样就有了一种别致之感，显然是经过了缜密的构思，才完成这一精品的。

琢玉轮
明代著名科学家宋应星撰写的《天工开物》被誉为17世纪的工艺百科全书，书中记载了多种工艺技术。琢玉轮就是切磨玉石的机械，琢玉工匠交替踏动两板，使轮回转，同时往轮上添细沙，即可剖磨玉石。此图出自《天工开物》，显示了玉石加工过程。

公元1433年

中国大事记：在奴儿干都司治所特林的永宁寺旁立"重建永宁寺记"石碑。

〇四三

江彬用事

刘瑾之后，又一佞臣江彬得到武宗宠信，大肆弄权乱政。

江彬得到武宗宠任

刘瑾被诛，武宗并没有从中吸取教训，继续宠信宦官佞臣，所以，不久又出现了江彬专权的局面。

江彬，宣府（今河北宣化）人，初任蔚州卫（今山西蔚县）指挥佥事，只是一名普通的军官。刘六、刘七起义爆发，京军不能控制，朝廷即调边军入内。就在这时，江彬以大同游击的身份领边兵前来镇压，他过蓟州时把一户普通人家的二十余口全当起义军杀死，以此冒功。后来在战斗中，因多次残杀农民军立下战功。起义被镇压后，江彬带兵路过京师，通过贿赂武宗的宠臣钱宁，得到武宗召见。

江彬狡诈机警，善于献媚，一见面，就得到武宗欣赏，升左都督，赐姓朱，留在身边。

江彬与钱宁勾心斗角

眼看靠自己引见的江彬日益得宠，钱宁十分嫉恨，二人便经常勾心斗角。武宗好逞能，一次与老虎搏击，被老虎逼到角落里。从小被太监收养在宫中长大的钱宁，见此情形，吓得在一旁簌簌发抖，江彬这时却奋不顾身，冲上前去营救。从此，武宗对江彬便另眼相待。

为了扩大自己的势力，江彬在武宗面前盛赞边军骁勇，请求与京军互调操练。大臣们闻讯，纷纷上疏阻止，大学士李东阳疏陈十大理由予以反对。但武宗完全听信江彬的，二话不说，下令即调辽东、宣府、大同、延绥四镇军士入京，号称"外四家军"，由江彬统辖。

随着江彬权势的扩大，他与钱宁的矛盾也更加尖锐。江彬为了巩固自己的地位，一方面设法让武宗纵欲行乐，同时，又想办法使武宗疏远钱宁。为了达到这一目的，江彬多次诱使武宗出巡作乐，让钱宁没有机会接近武宗。正德十二年（1517）八月的一天，江彬对武宗说："宣府乐工中多美女，应该到那里去玩玩，借此机会也可巡视边防。皇上何必整天待在宫廷之中，为廷臣所制？"武宗听后，为之心动。于是，武宗与江彬微服出京，数日后出居庸关，来到宣府。巡游在外的武宗，只知寻欢作乐，对朝政一概不理。

武宗驾崩，江彬被捕杀

正德十四年（1519），武宗北巡数千里回到京师，还不满足，又借宁王朱宸濠叛乱想要南巡亲征。大臣百余人跪求劝阻。江彬故意激怒武帝，致使百余人全部下狱。八月，武宗与江彬等率兵从北京出发。途中，已获悉朱宸濠被王守仁擒获，但武宗为了畅游江南，竟压着捷报，秘而不宣。

一路上江彬时常假传圣旨，派自己的手下到

公元1508年

> **世界大事记**
> 莫斯科大公瓦西里三世与瑞典缔结六十年和约。

《明鉴·武宗》 故事来源
奸佞狡诈 关键词
江彬 钱宁 朱厚照 杨廷和 人物

帝王的御用酒具：定陵金托玉爵和金注壶（及左页图）

此套酒器1958年出土于北京定陵。玉爵采用新疆和田白玉制成，形状与商周时期青铜爵相似。爵把雕作爬龙状，龙屈身弓背，后爪蹬爵腹，前爪攀爵口，龙腹与爵身之间的空隙恰好可容插入一手指，形象生动，美观实用。爵流和爵尾的外壁各雕一正面龙，龙的前爪上各托一字，流部的是"万"，尾部的是"寿"，合起来为"万寿"，寓意万寿无疆。金托呈浅盘状，中央凸起一树墩形爵座，顶设三孔，玉爵的三足刚好插入其中。爵座上点缀红、蓝宝石各三枚，托盘的口沿等距离嵌红、蓝宝石各六枚。金注壶盖顶嵌玉，并在盖顶镶一石榴子红宝石为钮。注壶的肩部镶嵌红、蓝宝石数块，腹部在把、流之两侧各镶嵌玉雕正面盘龙一条，龙睛及龙颔部各嵌红宝石三块。器身上雕刻有意云纹、二龙戏珠纹、流云纹等。金质托为直壁平底浅盘形，底内壁錾刻灵芝纹，外侧壁饰四组牡丹花卉纹。整套酒具，造型新颖别致，气度端庄华丽，具有浓厚的官廷色彩，制作工艺复杂、精致。是万历帝生前的御用酒器，为明代官廷酒器的代表。

处骚扰搜刮，百姓苦不堪言。直到次年闰八月，武宗将朱宸濠拘禁在舟中，在南京举行"受俘仪式"后，才勉强北还。回师途经清江浦（今江苏淮安），武宗在积水池打鱼取乐，落水染病，回京后病情恶化，正德十六年（1521）三月便去世了，年仅三十一岁。

斗彩葡萄纹杯

民间瓷器的花纹往往富有生活气息，明朝种植葡萄已经成为很普通的事，寻常人家也种上一株，既可观赏又得实惠。在这对杯子上就绘有葡萄纹，或干或叶，或茎或果，都生动质朴，表现出浓郁的生活气息。

武宗一死，江彬没了靠山。皇太后张氏秉执朝政，信任顾命大臣、内阁首辅杨廷和，利用颁布遗诏作出了一系列矫弊反正的决定。当时，朝政由杨廷和主持，杨廷和与皇太后首先把江彬当年调入京师的边兵遣还各镇。江彬见朝廷罢撤京城边兵，内心非常忧惧。手下的人劝他尽快起兵反叛，万一失败，可以北走塞外。江彬犹豫不定，不时派人到内阁探风。杨廷和一面稳住江彬，一面暗中与太监温祥、魏彬、张永等人设计，乘江彬入宫觐见太后之机，立即逮捕江彬。随后抄了他的家，抄出黄金七十柜，白银两千两百柜，其他珍宝无数。世宗即位后，江彬即被处以磔刑。

> **历史文化百科**
>
> **[南茶北酒]**
>
> 明代的茶文化、酒文化非常发达，城乡各地茶馆、酒肆遍布。所谓"南茶北酒"，意思是说名茶出自南方，而名酒多产于北方。南方各地所产名茶，明人记载甚多，所记因各人口味和品茗方式、技巧之不同而各异。如王士性认为虎丘、天池茶为海内第一，其他的名茶有西南的太华茶、凌云茶，浙江的大盘茶等。文学家袁宏道对茶也颇有研究，他品评的名茶以岕茶为第一，以下依次为天池、松萝、虎丘、龙井等。这些名茶皆出自南方。南北各地均酿酒，北方水土重浊，其所酿之酒反倒最清，北方的名酒有清丰吕氏所酿，被称为北酒中的最上品，南和刁氏所酿也居北酒的上品。京师由太监所监造的宫廷酒，品种亦多，有满殿香、芙蓉液、竹叶青等数十种。其他如易州的易酒、沧州的沧酒、北京的黄米酒、济南的秋露白酒、关中的蒲桃酒、山西的襄陵酒、河津酒等，均负一时盛名。当然，南方也有不少名酒，如苏州的三白酒、广东的荔枝酒以及四川所产的一些酒，都很有特色。

公元1435年

中国大事记：宣宗逝世，朱祁镇即位，为明英宗，以翌年为正统元年。

○四四 宸濠之乱

宁王朱宸濠窥视帝位，起兵叛乱。

宁王暗自谋叛

武宗怠政荒淫，刘瑾等奸臣专权，宁王朱宸濠以为有机可乘，便积极谋划反叛。

朱元璋的五世孙朱宸濠，嗣封于江西南昌。他自命不凡，野心极大，经常派人去打听朝中的虚实。武宗没有儿子，大臣们劝武宗立亲王的儿子为嗣子。从血缘上讲，朱宸濠一脉离武宗很远。但他想入非非，贿赂武宗近臣，想让自己的儿子被召进宫，承继大统。他先是用金银二万贿赂刘瑾恢复护卫军，刘瑾被杀后，护卫被削夺。正德九年（1514）三月，他又利用兵部尚书陆完、宠臣臧贤等再度恢复护卫，加紧了叛乱作准备。

与此同时朱宸濠私制兵器，搜罗亡命之徒，先后网罗巨盗杨清、凌十一、闵廿四等数百人为心腹，自称国主，称护卫为侍卫，改令旨为圣旨，把书院称为离宫。他又先后贿赂从中央到地方的各级官员，南京留守太监刘琅，太监张锐，近臣钱宁、江彬等均被其收买。另一方面，他与广西土官及南赣、汀、漳等地的土司相勾结，壮大日后叛乱的势力。

一品清廉：青花束莲盘

白胎上用钴料绘出蓝色图案，然后罩上一层亮度极高的透明釉，洁白的胎体映衬天蓝色纹样，这便是陶瓷史上著名的青花瓷。青花是釉下彩绘的一种，是对白地蓝花的专称。典型青花瓷系选用含金属钴的彩料在淘洗细腻的瓷坯上作画，然后施一层透明釉，在高温下一次烧成。中国最早的青花瓷是唐代产品，明代永乐、宣德二朝是青花瓷的黄金时代。自此以后，青花瓷成为中国瓷器的主流。今天人们所使用的日常餐具也以青花瓷为大宗。这件景德镇明宣德年间的青花盘使用进口钴料绘出主题纹样，深蓝色中泛着黑褐，釉层亮丽而图案浓艳。所绘主题图案是一束出水的莲花，寓意"一品清廉"，或有勉人自勉之意。莲纹之外，是一周缠枝牡丹纹及卷草纹边饰。边饰图案则是用国产钴料绘制，这种色泽搭配，使主题纹样更加突出。

绘瓷

景德镇御器厂造瓷工艺非常精致繁复。瓷坯做好之后，或画画，或写字，然后过釉。器皿上釉必须自然，用一种叫做无名异的青釉料，使用时先经炭火煅烧，分出档次，贡品自然用上等料绘画后烧制。此图出自《天工开物》。

历史文化百科

[琳琅满目的明代陶瓷工艺]

明代陶瓷在宋元的基础上有着飞速的发展。城乡经济的发展、宫廷贵族的大量需要、海外市场的开拓、商业手工业的繁荣等，都给陶瓷工艺以直接而有力的推动。江西景德镇已成为全国最大的陶瓷生产中心。自元代青花、釉里红烧造成功以后，陶瓷从宋代素雅的单色釉迅速向多色彩的彩画瓷发展，单色釉也更为绚丽多彩，明洁恬静的甜白釉、鲜艳夺目的宝石红釉、娇嫩欲滴的黄釉都展示出前所未有的水平。明代陶瓷中最引人注目的是青花、斗彩、五彩等彩画瓷。

公元1509年

世界大事记：奥斯曼帝国地震，首都君士坦丁堡被毁。

故事来源：《明史·诸王传》《明鉴·武宗》
关键词：朱宸濠叛乱
人物：王守仁 张燧 张忠

宣德海水纹炉

海水纹在宣德青花中大量出现，也最为擅长，除了少量用作主题纹饰外，多是用作辅助纹饰，采用写实手法描绘海水起伏翻腾，汹涌澎湃，气势壮阔。另外宣德青花在装饰上还与模印、刻划等方法结合使用。宣德青花纹饰取材范围广泛，构图有新意，装饰手法丰富，绘画讲究恢宏壮阔，具有很强的艺术感染力。线条粗犷，自由活泼，画法布局根据器型讲究变化，既灵活多变又有较强的规律性，显示了当时装饰艺术的高超及绘画功力的娴熟。

朱宸濠谋叛的迹象愈来愈明显。对于他的谋叛活动，大学士费宏、江西按察副使胡世宁、巡抚江西右副都御史孙燧等先后力加阻止，并将情况奏报武宗，但武宗受近臣挑拨，对此置若罔闻。这些官员反而先后遭到贬谪，甚至下狱，这更助长了朱宸濠的气焰。

事情败露，宁王悍然称帝

谁知就在朱宸濠得意之时，形势突变。江彬与钱宁之间发生了矛盾，江彬与太监张忠合谋，想借朱宸濠谋反之事除掉钱宁与臧贤。适逢朱宸濠祭父，大肆张扬，场面搞得很大，惊动朝廷。张忠乘机对武宗说："钱宁、臧贤勾结宁王谋叛，陛下可知道？称宁王孝，讥陛下不孝。称宁王勤，讥陛下不勤！"武宗一改过去的态度，开始注意起朱宸濠的举动来。张锐等曾帮助朱宸濠恢复护卫，得知消息，怕株连自身，连忙协助策划削夺朱宸濠护卫。御史萧淮借此机会上疏说："宁王不遵祖训，包藏祸心，招纳亡命，反形已

烧瓷

瓷器坯件画彩上釉之后入窑点火的程序为：先从窑门发火，烧二十小时，火力从下攻上，然后从窑上面的十二个天窗丢柴进去，烧四小时，火力从上透下。造一个杯子竟然要花费七十二道手续，还没有计算许多细节，古代陶瓷工艺的发达程度可见一斑。此图出自《天工开物》。

公元1436年

中国大事记：始征金花银。

嘉峪关

嘉峪关位于甘肃省，河西走廊的中部，因建于嘉峪山麓而得名，是明代万里长城西端的重关，建于明太祖洪武五年（1372）。关城平面呈梯形，面积33500余平方米，城墙总长733米，高10米，垛墙高1.7米。城楼东、西对称，面阔三间，周围有廊，三层歇山顶高17米，气势雄伟。关城四隅有角楼，高两层，形如碉堡。登关楼远望，塞外风光尽收眼底。自古有"天下雄关"之称。

具。"武宗于是派官持谕前往南昌，准备收其护卫，令其自新，并下令到臧贤家搜捕朱宸濠布置在京的耳目。

朱宸濠知道谋反之事败露，遂与心腹李士实、刘养正等谋划，决定利用正德十四年（1519）六月朱宸濠生日之际，宴请江西众官，起兵反叛。

次日，众官到宁王府谢宴。朱宸濠伪称奉"太后密旨，令我起兵讨贼"，布置军士挟迫众官跟从他叛乱。巡抚都御史孙燧要他出示诏书，朱宸濠说："你不要多说，我往南京，你当扈驾。"孙燧大怒道："天无二日，我岂从你为逆！"按察司副使许逵也大声呵斥。两人被军士当场捕杀。

朱宸濠悍然称帝，以李士实、刘养正为左右丞相，王纶为兵部尚书，集兵号称十万，并挟持地方官员发布檄文指责朝廷过失，宣布废除正德年号，派人四处招降。七月初一，朱宸濠留儿子宜春王朱拱㰘和内官万锐守南昌，亲率大军顺江而下，攻克九江、南康，围攻安庆。

王守仁平叛

正在福建视察的提督南赣军务都御史王守仁，听到朱宸濠叛乱的消息，立即会同吉安知府伍文定等起兵征讨。王守仁得知南昌防守空虚，急率军至樟树镇，指挥将士攻打南昌。双方一交火，守城叛军即逃散。七月二十日，官军攻下南昌，活捉朱拱㰘。

朱宸濠率军久攻安庆不下，又得知南昌已被攻克，被迫回援。二十四日，朱宸濠前锋两万人在黄家渡被王守仁击败，第二天主力又败，退守南昌东北的樵舍。官军乘胜收复九江等地。二十六日，以火攻大破朱宸濠军，朱宸濠父子及郡王、谋臣均被俘获。朱宸濠从起兵到被俘，前后不过四十多天。

在平定朱宸濠之乱中，建有奇功的是王守仁。王守仁，字伯安，浙江余姚人，因曾讲学阳明洞，人称阳明先生。但在平叛胜利后，却并未得到应有的褒奖，直到世宗即位，才赐封为新建伯。

公元1512年

世界大事记：法军在拉文那打败西班牙及教皇军。

人物：王守仁
关键词：思想 学说
故事来源：《明史·王守仁传》《明鉴·武宗》

〇四五

王阳明创立"心学"

王阳明创立了"心学",风靡一时,他被称为"阳明先生"。

龙场之悟

王阳明,名守仁,字伯安,浙江余姚人,因曾隐居阳明洞,创办阳明书院,人们便称他阳明先生,称他倡导的"心学"为"阳明学"。

明代最著名的哲学家:王守仁

王守仁是明代哲学家、教育家。曾经在故乡阳明洞讲学,世称"阳明先生"。早年因反对宦官刘瑾被贬,后以镇压农民起义和平定"宸濠之乱"封新建伯,官至南京兵部尚书。他发展了陆九渊的学说,用以对抗程朱学派,他主张"知行合一"和"知行并进",反对宋儒割裂知行关系的说法。由于他的学说以反传统的面目出现,与程朱理学相比简单易行,在明代中叶风行一时,还流传到日本,最重要的哲学著作是《传习录》和《大学问》。他善诗文,工书法,流传作品有《七言绝句》、《七言律诗》等。王守仁是杰出的学者,也是著名哲学家,书法多以行草为主。《七言绝句》、行草作品,潇洒秀逸,流畅圆转,用笔劲健老辣,受李东阳书风影响颇深。

王阳明创立"心学"经历过一个曲折的过程。

王阳明出身官宦家庭,父亲王华是成化年间的状元,官至南京吏部尚书。王阳明十一岁入塾读书,对儒家经书极感兴趣。十八岁那年,他到江西上饶拜访理学家娄谅,听娄谅讲朱熹的"格物之学",格物就是推究事物的原理。他对朱熹的学说推崇备至,到处找朱熹的遗著阅读。朱熹讲"格物致知",就是从推究事物原理中获得知识,王阳明便和友人一起,对着庭院中的竹子,苦思冥想,想要"格"竹子体认"天理"。谁知"格"了七天毫无所得,反而累病了。于是王阳明对朱熹的学说产生怀疑。失望之余,他转而去听道士谈养生之道,也和佛家僧侣交往,请教禅

釉里红三鱼纹高足杯(上图)
这件瓷器看似寻常,其实有过人之处。淡青的底色上有一条红色的鱼在游动,翘首摆尾,仿佛在清波之中畅游。如果转动酒杯,就会发现共有三条鱼。这是利用釉里红特殊的工艺造就的独特效果。

历史文化百科

〔家喻户晓的历险故事:《西游记》〕

明代章回小说,也是我国一部著名的神魔小说。吴承恩著,全书共一百回,取材于宋人话本、元明杂剧,记述了民间流传的唐僧师徒四人历经千辛万苦前往西天取经的故事。《西游记》成功塑造了孙悟空、猪八戒等人物形象,此外,以一个旅行(或历险)的框架结构全书,这种结构方式在世界文学中也具有一定代表性。作者吴承恩,字汝忠,号射阳山人,淮安山阳人,做过浙江长兴县丞,自小喜欢通俗文学,到处搜集民间故事。《西游记》与《水浒传》、《三国演义》、《红楼梦》被后人誉为"中国古典长篇小说四大名著"。

133

公元1442年

中国大事记：宦官王振除去明太祖在宫内所立"内臣不得干预政事"铁碑。

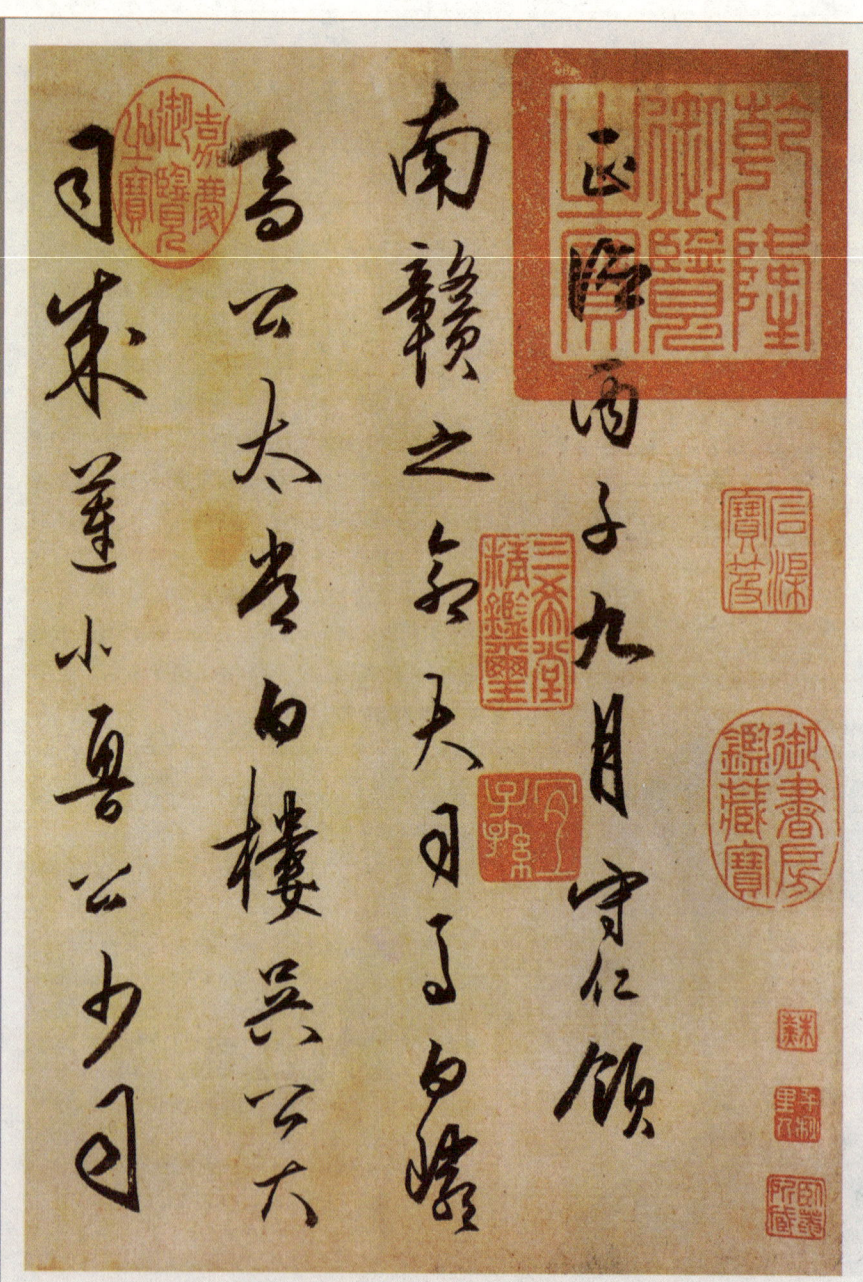

《龙江留别诗卷》（部分）（明·王守仁书）

由于王守仁是一位大学者，又是著名的哲学家，所以对他来说，历来就有"以人掩书"的说法，他的哲学成就掩盖了他的书法成就。这幅作品纵28.1厘米，横296.6厘米，从中可以很清晰地看出，王守仁的书法出自王羲之，韵致和灵气极为到位，而且毫无柔媚之感，充分显示出精深的文化素养和高雅的情愫。结体取法李邕，十分注重章法，从始至终气贯其内，让人在欣赏之时，不忍中间略有停顿。通篇在疏密、连绵上处理得也极为适当，近3米的长卷犹如江河奔腾而下，一泻千里。

机，希望从佛、道那里寻求修身治国的道理。

真所谓"无心插柳柳成阴"，王阳明没有将科举视作头等大事，但他应试登第却很顺利，二十一岁举乡试，二十八岁中进士。进士及第，本应春风得意，策鞭仕途，但王阳明只做了两

公元1512年

世界大事记 法与苏格兰结盟。

帝王的御用酒具：定陵金托玉爵和金注壶（局部）

年官，便告病返乡，隐居于阳明洞修养身心。在洞中静坐久了，王阳明竟有了远离人世的想法，但他立刻意识到自己的想法是"断灭种性"，于是又从洞中跑了出来。

王阳明重新回到朝中任职。不久，武宗即位，宦官刘瑾得宠专权。王阳明因触犯刘瑾被贬到贵州龙场驿当驿丞。龙场（今修文）地处贵州西北深山丛林中，虫毒瘴疠肆虐，生活很艰苦。王阳明官场失意，意志消沉，日夜静坐，以寻求内心的解脱。一天半夜，他突然大声呼喊，说是顿悟了圣贤"格物致知"的道理，原来圣人之道都存在于内心，不必外求。这就是后来所谓的"龙场之悟"。

创立"心学"思想

王阳明通过龙场悟道确立了他的"心学"思想，之后，他不断丰富、发展学说思想的内容，先后在贵阳、南昌、浙江等地聚徒讲学。后来，他的学生将他的讲学内容和书信问答汇编成《大学问》和《传习录》，作为学习"心学"理论的教本。

王阳明认为"心者，天地万物之主也"，人心是宇宙的本体，是万物的主宰，整个宇宙都在人的心中，"心"之外别无他物。曾有人对他的"心外无物"论表示怀疑，指着开在山中的花树间："天下无心外之物，那么花树在深山中自开自落，和我心有何相关？"王阳明回答道："你未看此花时，此花与你心同归于寂静；你看此花时，此花的颜色分明起来，由此得知此花不在你心外。"王阳明把客观存在的事物，看成是依赖人的感觉、意识才存在的，这当然是一种主观唯心论。

由"心外无物"，王阳明又引出"心外无理"，他认为天地万物之理，不必到心外去索求。因而，"良知"存在于人"心"，它能明是非、别善恶，而且具有孝亲、忠君、辞让、信义等道德观念，这一切都是与生俱来的。但"良知"常为物欲所昏蔽，必须通过道德修养，扫除物欲的昏蔽，恢复"良知"固有的美德，这就是他引申出来的"致良知"学说。

此外，王阳明还针对朱熹的"知先行后"理论，提出了"知行合一"论。不过，他的"知行合一"也建立在"致良知"的基础上，他认为人内心一旦有某种念头，就是人"行"的开始，如果这念头"不善"，必须立即"克倒"。他把知、行统一于人的内心活动，这与辩证唯物主义的知行统一观没有共通之处。

明朝后期，"心学"曾风靡一时，并繁衍出许多流派，使"心学"成为明清之际一股影响很大的社会思潮。嘉靖七年（1528），王阳明病逝于归家途中，年五十七岁。归葬时，千余名门人披麻戴孝，扶柩而哭。谥文成。其门徒将他的著述编纂成《王文成公全集》（即《阳明全书》）。

道教音乐重要用器：武当山紫霄宫木鱼
木鱼是武当山道教诸种仪式中所用的重要乐器，几乎所有的道教音乐场合，都要用木鱼来击节，经常是一大一小两个木鱼配合使用。这枚木鱼通体雕刻有鱼纹及水纹，敲击处有深痕，色泽古重。

公元1445年

中国大事记：叶宗留在福建等地率矿工起义，不久，遭遇挫折。

〇四六

大礼议事件

世宗朱厚熜即帝位后，与朝臣在权威与正统问题上展开了长达二十年的争斗。

朱厚熜即帝位

武宗生前没有儿子，死后，皇太后和内阁首辅杨廷和根据《皇明祖训》规定的"兄终弟及"条款，以武宗遗诏的名义立兴献王朱祐杬长子、宪宗之孙，即武宗的堂弟朱厚熜为世子，嗣皇帝位。

朱厚熜年方十五，在今属湖北的兴献王封国湖广安陆长大，爱好诗歌与书法，多次随父到北京觐见皇帝。朱祐杬于正德十四年（1519）病死后，即由朱厚熜管理封国。

朝廷派出一支由太监、勋贵、皇室和朝廷大臣组成的庞大使团，前去迎接新皇帝。朱厚熜到了京郊，

最具特色的帝王陵寝：明显陵

明显陵位于湖北钟祥城东郊的松林山，是明世宗嘉靖皇帝的父亲恭睿献皇帝和母亲章圣皇太后的合葬墓，也是我国数千年历史长河中最具特色的一座帝王陵寝。显陵始建于明正德十四年（1519），至嘉靖四十五年（1566）建成，前后历时共四十七年。其围陵面积183.13公顷，整个陵园双城结构，外逻城长3600余米，墙高6米，墙体厚1.8米，红墙黄瓦，金碧辉煌，雄伟壮观，是我国历代帝王陵墓中遗存最为完整的城墙孤品。陵园由内外逻城、前后宝城、方城明楼、棱恩殿、棱恩门、神厨、神库、陵户、军户、神宫监、功德碑楼、新红门、旧红门、内外明塘、九曲御河、龙形神道等三十余处规模宏大的建筑群组成，是我国古代建筑艺术中的瑰宝。

杨廷和秉承太后的意思，要求朱厚熜由东安门入京城，居文华殿，择日即位。朱厚熜不答应，杨廷和等只得退让妥协，朱厚熜便在郊外接受群臣的祝贺，尔后从大明门入城。这是新皇帝和朝廷大学士们关于权威与正统问题的初次交锋。

随后，朱厚熜在奉天殿即位，改次年为嘉靖元年，是为明世宗。

兴献王的祭礼与尊称问题

世宗即位后，就下令礼官讨论其父兴献王的祭礼与尊称。礼部尚书毛澄感到为难，去向大学士杨廷和请示，杨廷和便以历史上汉定陶王的事情为例指示毛澄。汉成帝没有子嗣，事先安排侄子定陶王继承他，成帝死后，定陶王即位，就是汉哀帝。杨廷和对毛澄说："此足以为据。"毛澄便上疏要世宗参照历史上的事例，尊孝宗为皇考，兴献王为皇叔父，兴献王妃为皇叔父母。

世宗对朝臣此议极为不满，责斥道："这样的话，父母不是可以更换了吗？"下令廷臣重新讨论。

历史文化百科

〔昆腔〕

明代南戏因地域不同，其腔调也因之而异。这些南戏的腔调，都产生于宋元，在明代得以沿袭，其中昆山腔流行范围最小，"止行于吴中（今江苏苏州一带）"。嘉靖年间（1522—1566），以昆山人魏良辅为首的一批音乐家、戏曲家，积数十年的努力，对昆山腔进行了改革，主要集中在唱曲和音乐伴奏两个方面。他们并用弦索、箫管、鼓板三类乐器，形成了一个完整的管弦乐伴奏乐队。昆山腔经过魏良辅等人的改革之后，音乐更加优美丰富，曲调细腻婉转，更能表达剧中人物的感情，由此使昆曲压倒南戏各腔。

公元1514年

世界大事记：法军丢失在意大利的最后据点，与神圣罗马帝国、西班牙订立《奥尔良和约》，与英订立《伦敦和约》。

人物：杨慎　张璁　朱厚熜　桂萼　何孟春　杨廷和
关键词：权术　勇敢　忠言
故事来源：《明史·杨慎传》《明鉴·世宗》

《明人演戏图》

明代的戏剧继元代后又达到了一个新的高峰。这幅《明人演戏图》即反映了当时戏剧演出的盛况。

七月，有名叫张璁的进士，了解此事后，揣摩透世宗的意思，递上一份奏疏，驳斥杨廷和、毛澄等人的主张，认为世宗入继大统与汉定陶王不同，定陶王预养在宫中，立为储嗣，而"现在陛下是按照祖训即位的，并非是孝宗的后代"，还提出要为兴献王另立祀庙。世宗对这份奏疏备加赞赏，并说："此论出，吾父子获全矣。"于是，手诏杨廷和等大臣，欲尊其父为兴献皇帝，母为兴献皇后。但是，杨廷和等却坚决反对，封还手诏。一些大臣同时交章弹劾张璁。

这时，世宗的生母从安陆来到通州，听说大臣们要以孝宗为皇考十分气恼，说："怎能让我的儿子成了别人的儿子？"便死活不肯进京城。世宗知道大哭，且以摔皇冠要挟。杨廷和等迫不得已，只好让世宗以太后名义追尊兴献王为"兴献帝"，王妃为"兴献后"。

杨廷和虽作让步，但对"大礼议"中迎合世宗的张璁耿耿于怀，把他外放为南京刑部主事。

十二月，世宗又下令要加兴献帝、兴献后以"皇"字，杨廷和等再次反对。眼看君臣之间又要为礼仪之事争执起来，但这时发生了一件事情，暂时打消了世宗的主意。原来在嘉靖元年（1522）正月，郊社刚完，清宁宫后殿忽然发生火灾，世宗迷信神灵，接受了杨廷和等大臣建议，称孝宗为皇考，兴献帝、兴献后为本生父母，不再加"皇"字。杨廷和虽然取胜了，但因屡持异议为世宗不满，便审时度势，于后年正月辞官离任。

公元1448年

中国大事记：邓茂七在福建起义，称铲平王。

《杨慎簪花图》（明·陈洪绶绘）
杨慎因皇考之争获罪嘉靖帝，被谪戍永昌卫（今属云南大理）。在云南时，相传杨慎有头簪鲜花，令诸伎执乐器于闹市踏歌的狂怪行径。此图即绘此事。陈洪绶，字章侯，号老莲，是明代著名画家。

重开礼议之争

就在杨廷和离任前不久，南京刑部主事桂萼、张璁又重开礼议之争。由桂萼出面上疏世宗，主张称孝宗为皇伯考，兴献帝为皇考，兴献王妃为圣母。同时，献上另两名官员的奏疏，一个是侍郎席书，一个是员外郎方献夫。这些奏章极合世宗心意，遂又让廷臣讨论礼仪问题。

这时的礼部尚书是汪俊，他与文武大臣商议，一致反对桂萼之议。给事中张翀、御史郑本公等言官更是抗章力争，结果惹恼了世宗，夺去了他们的俸禄。汪俊见此情景，只得退让，同意在兴献帝、兴献后上各加一"皇"字。但是世宗对此已不满足，又召桂萼、张璁进京议礼。

张璁、桂萼上疏提出："今之加称，不在皇与不皇，实在考与不考。"世宗据此要求为父母再加尊号，汪俊力谏不成，只得告病辞官。四月，世宗就下令追尊兴献帝为"本生皇考恭穆献皇帝"，兴献后为"本生母章圣皇太后"，在奉天殿旁另立祀庙。

张璁、桂萼两人在"大礼议"中扮演了重要角色，深得世宗欢心，不久便调入京城。但他们的所作所为，却受到京师群臣斥责，有的提出要"毙之于廷"，吓得桂萼不敢外出，张璁隔了几天后才胆颤心惊来上朝。

左顺门跪伏请愿

自杨廷和等辞官后，世宗愈发倚重张璁、桂萼等人。嘉靖三年（1524）七月的一天，世宗在左顺门召见群臣，示以手敕，说要圣皇太后尊号应去"本生"二字。这个消息来得突然，事先大臣们都没听说，所以，人人骇愕。就在这时，张璁、桂萼等胸有成竹地立即站出来罗列礼官欺君罔上，并且指责他们结党行私。顿时，群臣万分激愤。

九卿、詹事、翰林、给事、御史、六部、大理、行人诸司，先后递交疏章进行抗辩，世宗不予理会。大臣们疑虑难消，早朝后仍不肯散，聚集在一起分析形势，有的说："想必是要改称孝宗为伯考了。"想到这一点，吏部右侍郎何孟春站了出来，慷慨激昂地说："当年宪宗朝时，议慈懿太后的葬礼，姚夔挺身而出，率百官伏哭文华门，这是我朝过去的事情。"意思是让大家一同起来抗争。杨廷和的儿子、翰林编修杨慎也激愤地说："国家养士百五十年，杖节死义，正在今日！"编修王元正、给事中张翀则在一旁鼓动："万世瞻仰，在此一举！有不力争者，共击之。"

这时，大家的情绪都激动起来。于是，数百名朝廷官员便一齐跪伏于左顺门。跪伏的人群中，有九卿二十三人、翰林二十二人、给事二十人、御史三十人，

公元1516年

世界大事记：瑞士与法缔结《弗赖堡永久和平条约》，为瑞士中立政策的雏形。

诸司郎官，吏部十二人，户部三十六人，礼部十二人，兵部二十人，刑部二十七人，工部十五人，大理寺属十二人。有人一边跪泣，一边还高呼"高皇帝孝宗皇帝"。

世宗此时正在文华殿休息，闻讯大惊，急忙派太监传旨劝退。大臣们正在气头上，个个跪伏不起，说一定要世宗给他们一个满意的答复。世宗从来没见过这等场面，一时没了主意，再派太监前去规劝，群臣仍然不听。

世宗发怒了，派锦衣卫将其中为首的张翀等八人逮入狱中。杨慎、王元正见状，撼门大哭，一时群臣皆哭。世宗更加恼怒，传令司礼监太监把跪伏的官员名字一一记录下来。随后，世宗再捕一百多人下狱。职位高一些的，如何孟春等人，则勒令守候判决。

几天后，世宗严厉处理了一批官员，杨慎等人皆戍边，四品以上的有关官员均夺去俸禄，五品以下官吏一百八十人处以杖刑，其中王相等十六人受刑太重先后死去。这就是轰动一时的"左顺门事件"，也是大礼议之争的高潮。

"衣冠丧气"

"左顺门事件"影响到当时的朝政格局，同时也改变了一大批朝廷官员的前途与命运。值得一提的是杨慎，这位正德六年（1511）的状元，一代名臣之子，在"左顺门事件"后被充军发配到今属大理的云南永昌卫，那时才三十多岁，正当英年勃发。从此断绝仕途，流落边疆。嗣后，他一直居于云南，一心致力于音韵、诗文、艺术、地理、民俗等方面的研究，成为明代著述最富的学者之一。他于嘉靖三十八年（1559）辞世，享年七十二岁。

左顺门跪伏后，原先在礼仪上不苟同世宗做法的官员被迫逐渐屈服，被史家称之为"衣冠丧气"，这自然不能不使明朝士气深受影响。

但事情还没有结束，嘉靖四年（1525）四月，光禄寺丞何渊请求崇祀兴献皇帝于太庙，甚至超过了张璁当时的初议，张璁等又提出在皇城内另立一庙，定名世庙。次年，世庙建成，位于太庙之左。嘉靖十五年（1536），世宗认为"世庙"徒有虚名，改称"兴献帝庙"，两年后更尊"献皇帝"为睿宗，附于太庙配享。

"大礼议之争"前后历时近二十年，一波三折，从表面上看纯属名分之争，但背后却隐藏着世宗与顾命大臣、内阁官员的深刻斗争。

额带饰

上海卢湾打浦桥顾氏墓出土，布带为白色土布，条状，两端稍阔，缝合后套于额头。前额正中缝制玉雕团龙。左右依次对称排列同一题材的白玉饰件十六件，分别是凤饰、荷叶水草饰、雁衔草纹饰、牡丹饰、梅花饰、螭虎纹饰、菱形饰、三足蛙饰。每件玉饰用金片托底缝于布带上，有的嵌以宝石，用黄金、白玉和红蓝宝石等不同质料的工艺品相互装点，富丽堂皇，光彩照人。额带饰是明代妇女戴在额前用以包紧两鬓的。唐代开始使用，唐朝人称"抹额"，宋朝人继续使用，称"抹子"。

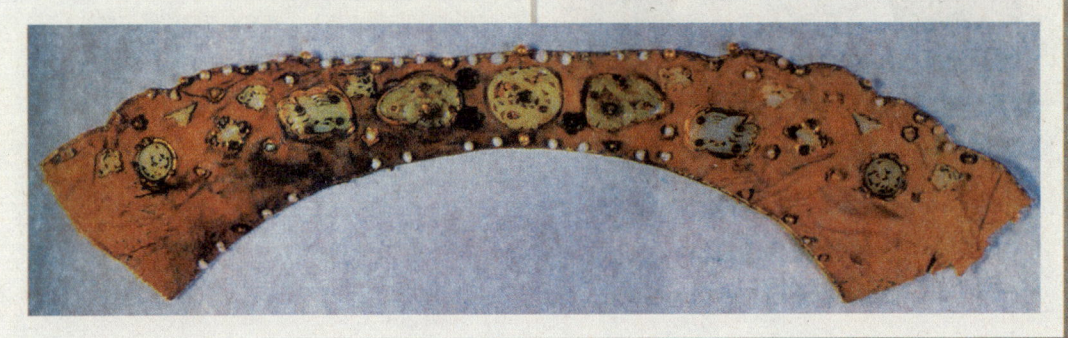

公元1449年

中国大事记：瓦剌也先犯边，英宗率军亲征。

〇四七

世宗崇信道教

世宗推崇道教，宠信道士，迷信方术，最终被丹药所害。

在宫中建醮祷祀

武宗一朝，国政荒废，社会动荡不安。世宗上台后，也曾有锐意求治的心愿，在杨廷和等人的辅助下施行了一些善政。如即位第二个月，就下令将作恶多端的宦官下狱治罪。同年下诏放走内苑禽兽，禁止各地进献，停办陕西绒服织造及广西贡香。随后，又采纳大臣们的建议，尽罢各地镇守太监。这些举措一度唤起了人们的希望。

然而，世宗又不满杨廷和等人以顾命自居，过分揽权，不久就借"大礼议事件"将他们打击下去。礼议之争，一波三折，世宗深感疲惫，逐渐对朝政失去热情，开始崇信起道教来。

永陵

永陵是明世宗朱厚熜和皇后的陵寝，规模不及长陵，但构造精美细致。陵为三进院落，享殿七间，两庑配殿各九间。明楼保存较完整，为十三陵之冠。墙垛用花斑石砌造，斗拱、飞椽、檐椽、额枋都为石雕，宝城垛口和两侧陛道也用石砌。享殿现已不存，唯残基上留下一块陛石，上雕龙凤，剔透玲珑，栩栩如生，是明代宫殿雕石的杰作。

世宗即位之初，采纳大臣建议撤除京城佛寺，遣散僧人，停止斋祀。但他崇尚道教，嘉靖二年（1523），听信太监崔文之言，开始在乾清宫等处建醮，设坛祈祷祭神，日夜不绝。后经杨廷和等劝谏，才勉强停止。

可是，第二年世宗又下令建醮祷祀，以后更是好求长生，斋醮不停。此时杨廷和已辞官归里，朝中再没有有威望的大臣能出来劝止。相反，不少大臣还千方百计迎合世宗癖好，以博其欢心，换取权力与地位。顾鼎臣进献了几首有关斋醮方面的诗词，就大受褒奖，屡迁官职。于是，大臣们纷纷撰写青词进呈。青词就是道教斋醮时用青藤纸朱字书写的词文，这甚至成了一时的风尚。

宠信道士方术

世宗既信道教，对道士自然也宠爱有加。道士邵元节吹嘘自己会求雨祈雪，世宗便在嘉靖三年（1524）召他进京，封为"真人"，颁二品，并赏赐玉带冠服及玉、金、银、象牙印各一枚，在京城西专建"真人府"供他居住。嘉靖十五年（1536），世宗有了儿子，他认为这是邵元节祷祀有功，拜其为礼部尚书，享受一品服饰俸禄。三年后，邵元节去世，世宗十分悲哀，命官府为他举行隆重葬礼，其规格竟与伯爵相当。

邵元节死后，世宗又宠信另一个道士陶仲文。陶仲文经常画符念咒，自称能驱邪除妖，进宫后，被世宗授予"神霄保国宣教秀士"称号。此后，世宗更加不理朝政，终日与陶仲文混在一起，沉湎于道学方术。

除举行各种祭神仪式外，世宗还大兴土木，建玄帝宫，筑雷坛，平时连政事、刑狱也由方术决定，各地官员则大量进献白鹿、白龟、紫芝之类"祥物"以取宠邀赏。

140

公元1518年

世界大事记：公元1518年，沃尔西促成英法缔结密约，英、法、德、西与教廷共订《伦敦条约》。

人物：陶仲文、朱厚熜、杨最、邵元节
关键词：昏庸、迷信
故事来源：《明鉴·世宗》《明朝史话》

　　道士们利用世宗祈求长生不老、一心成仙的心理，对他百般愚弄。方士王金、刘文彬等人假造秘笈、丹药，得以升官进爵。有的道士蒙骗世宗，让他用虐待童女的方法来炼取长生丹药。一次，一个道士收买了世宗身边的太监，晚上偷偷将桃子放进宫中，第二天，装模作样对世宗说："此乃从天宫掉下来的仙桃，为仙人所赐，吃后能长生不老。"自然，他也得到了世宗的重赏。

　　世宗尊崇道教，迷信方术，在位四十余年未曾间断，弄得朝纲不振，法纪废弛，内外官员相率媚从，进香火，献祥物。正直的官员上疏苦谏，却收效甚微。嘉靖十九年（1540），有方士蒙骗世宗，说如此这般，就能成仙，世宗信以为真，便召集廷臣，让只有四岁的太子监国，自己则专心致志去修炼。太仆卿杨最上疏劝谏，他劝世宗不近声色，保复元阳。世宗大怒，把杨最逮入狱中，杖打至死。但监国之议也因此作罢。

宫婢谋杀皇帝

　　世宗迷信道教，但他并没有按道家主张的那样"清心寡欲"，而是荒淫无度，频频遣人到民间选美。他多次以皇嗣未生为借口，大选淑女，几次下来，宫女人数超过千人。这些宫女除供他淫乐外，还兼有奴婢的身份，备受欺凌侮辱。一度，世宗竟听信方士的胡言乱语，从宫女中选取多人，想通过虐待童女炼取所谓的"先天丹铅"，以制成长生不老之药。

　　嘉靖二十一年（1542），宫婢杨金英等十六名宫女，实在不堪忍受虐待，于是聚在一起商议，密谋要杀死世宗。一天，趁世宗熟睡，身边无人，宫女们商量妥当，几个人先用黄绫抹布蒙着世宗的脸，其余的一拥而上，有的用绳子套他的脖子，有的按着他的手脚，有的则骑在他的身上，用力勒绳。但由于她们不熟悉扣结的方法，绳子得收不紧，勒了半天也没有把世宗勒死。加上心中慌乱，弄出了声响。声音传到屋外，惊动了其他的人。皇后带着太监赶紧过来查看究竟。一见这般情形，大吃一惊，慌忙解救世宗。

　　十六名宫婢全部被捕，经审讯，此案还牵涉到宁嫔王氏和端妃两名嫔妃。世宗下令将杨金英等十六名宫女押赴市曹，凌迟处死，并斩尸枭首示众。两名嫔妃也在宫中被凌迟处死。各犯族属一律处斩，家产抄没入官。这一年为农历壬寅年，所以也称作"壬寅宫变"。

　　世宗死里逃生，但他没有从中吸取教训，反而认为他是有天地神灵庇护，才会化险为夷，所以，更加崇信道学方术。只是他再也不敢居住在乾清宫，就此搬到了西苑燕王的旧宫，自称是尘世外之人，变本加厉地专事于祭神拜仙。壬寅宫变后，他不见朝臣达二十多年之久，政事多委于严嵩等人。

　　宫女斗胆谋杀皇帝，历代很少听说，这可以说是明嘉靖朝之一奇。

　　世宗费尽心机求取仙药，最终为丹石所害。由于长期服丹，他身体一直不好，久病后，又服方士王金等人所献丹药，这些所谓的"仙药"更加重了他的病情。嘉靖四十五年（1566）冬，终于病死。临终之际，他对自己的所作所为方才有所悔悟。

▶历史文化百科◀

〔超度亡魂的法事：做七〕

　　明代，人死了以后，每隔七天，就要做法事超度亡魂，共做七次，称之为"做七"。这种习俗的出典，有以下两种说法：一种认为七是火之数，而火又主化，小孩生下来时，七日一变。逢七而祭，是为了附和变化之数。另一种则认为，人出生四十九天魄生，那么人死也必须四十九天才会魄散；人死后魂魄遇七而散，直到七七之日方才散尽。

　　除了"做七"之外，如百日、期年、再期（即两周年）、服除，以及以后每年的七月十五、十周年、二十周年，也都请僧道来做法事，称为"追荐"。

141

公元1449年

○四八

中国大事记：明军败于土木堡，英宗被俘。九月，郕王朱祁钰即位，为明景帝，遥尊英宗为太上皇帝，以翌年为景泰元年。

奸臣严嵩

严嵩在世宗朝担任首辅二十年之久，得到世宗宠信。严氏父子独断专行，结党营私，打击异己。

世宗的昏愦，使奸臣有机可乘。明代著名大奸臣严嵩就出现在嘉靖朝。

平步青云

严嵩，字惟中，江西分宜人，弘治年间中的进士。起先在翰林院里做编修之类的官，后来凭着阿谀献媚的功夫步步高升，升为礼部尚书。在争论世宗生父兴献王的尊号时，许多官员被廷杖、罢官、贬谪，严嵩却看准时机，迎合世宗的旨意，并以礼部尚书的身份，悉心筹划礼仪，初步取得世宗欢心。

为了讨好世宗，上尊号那天，严嵩上奏说天空出现庆云，并施展自己的文才，撰《庆云赋》进献给世宗。世宗阅后，觉得字字典雅，语语精工，不免击节称赏，自此开始赏识严嵩。

当时的内阁首辅为夏言，是严嵩同乡，严嵩仕途上的晋升，多少有赖于夏言的引荐。他表面上对夏言恭敬异常，背地里却一直想设法取而代之。

世宗崇信道教，频频设醮祈祷。夏言为人锋芒毕露，他对世宗的斋醮不以为然。世宗赏赐给夏言、严嵩等人沉水香冠，夏言认为那是道家的服饰，不是大臣的法服，不愿穿戴，而严嵩却相反，不仅遵旨穿戴香冠，还在香冠外笼以轻纱，显得格外虔敬。两相比较，世宗自然宠信严嵩，对夏言逐渐冷落。嘉靖二十一年（1542），终于下诏罢去夏言首辅之职，令严嵩以礼部尚书兼武英殿大学士入阁参预机务，两年后，升为首辅。从这时起，一直到嘉靖四十一年（1562）被罢官止，中间仅两年时间夏言一度复出，其余都由严嵩担任首辅，前后执政达二十年之久。

窃权专行

世宗长年深居西苑，专事斋醮祈祷，不上朝视事，朝臣中除严嵩外，都见不到他的面。严嵩出任首辅时已六十多岁，居然能像青壮年人一样，精神焕发地日夜侍候在西苑。世宗因此对严嵩越加信任，赐他"忠勤敏达"四字，不久，又陆续赐匾。严嵩府第中，从大厅到内堂、藏书楼，处处悬有皇帝御赐的匾额。

"一捧雪"玉杯（上图）

传为明代嘉靖年间器物，现由河南省新野县歪子镇家传收藏。杯呈梅花形，口径7厘米，杯深2.5厘米，下部由疏密有致的梅枝围护，横斜的枝干上错落着盛开的梅花，雕工精妙。因杯中斟酒后，可呈现雪花闪闪飞舞的奇异景色，故名"一捧雪"。玉杯流落民间与严嵩专权有关，清初剧作家李玉据此创作《一捧雪传奇》，传统戏剧《温凉盏》、《审头刺汤》等均与玉杯的故事相关。

公元1519年

> **世界大事记** 葡萄牙人麦哲伦奉西班牙王命，率船队开始首次环球航行。

人物：严嵩　严世蕃　杨继盛　朱厚熜
关键词：奸佞　狡猾　恶行
故事来源：《明史·严嵩传》

严嵩正好利用自己"独承顾问"的有利地位，窃权专行，排斥同僚。世宗下的圣旨、讲的话，严嵩一律秘而不宣，即便是内阁的辅臣，也不得而知。至于票拟之事，严嵩更是牢牢把持，不让其他阁臣参与，于是，大权尽归严嵩。

常在皇帝身边侍奉，严嵩也渐渐摸透了世宗的脾性。世宗对臣下疑心很重，即便是严嵩的话，他也不全听信，时不时地找来一封奏折，自己独断，又常常故意与严嵩的意见相反，以此想对严嵩的专权有所抑制。谁知，严嵩很快掌握了应付世宗的窍门。他察言观色，反其道而行之，想排斥陷害某人，必先在世宗跟前称赞此人的长处，然后似乎不经意地提到那个人的过失，或者设法用话触及世宗忌讳和不满之处。严嵩就通过这种手法，把持住了皇帝的喜怒，从而达到他排斥异己，结党营私的目的。

父子狼狈为奸

严嵩年事渐高，虽然还是日夜侍候在西苑，但不免老朽糊涂。不过，他自有人帮忙。他的儿子严世蕃官至工部左侍郎，很有能耐，晓畅时务，颇通国典，对世宗的手札，能一览了然，并能揣摩世宗的心意奏答。尤其是他常以重金收买世宗的近侍，随时掌握世宗的言行举措。因而，每当世宗要办什么事时，他都

青玉螭凤纹环佩
上海冈行北桥明墓出土，一圆环上攀附一螭一凤。环上螭脸作猫，宽额，额心刻一道横弧线，嘴部平直，双目圆凸，十分醒目。躯体狭长，下半身从环体中穿过，细长尾分叉卷曲。环左壁一凤，形体抽象，头、啄、足、尾仅作表意，此饰雕琢精工，玉质莹润。

早有准备。严嵩见儿子如此精明，便让严世蕃代为票拟办事。诸部臣有事请他裁决，他总是叫他们去问"东楼"。"东楼"是严世蕃的别号。

严嵩父子乘机招财纳贿，他们常根据贿赂的多少，决定官员的升迁谪讁。他们借此任用私人，培植亲信。对于那些不愿依附他们的官员，则一再加以排斥、打击，一些弹劾严嵩的官员纷纷被陷害入狱，重者被置于死地，轻者被流放、罢黜。在弹劾严嵩的官员中，兵部员外郎杨继盛最为坚决，严嵩对他恨之入骨，唆弄世宗将杨继盛投入监狱。嘉靖三十四年（1555），严嵩在世宗批准处决的案件中附上杨继盛的名字，从而处死了杨继盛，做得痕迹全无。

严嵩父子狼狈为奸，党同伐异，引起了正直官员的愤慨，他们纷纷上疏弹劾严嵩父子，一心要扳倒他们。然而，世宗却不识其奸，一味宠信。他命人拆去宫中的小殿，为严嵩营造庐舍，朝夕赐御膳、法酒。还特别开恩，同意严嵩可以乘肩舆出入宫禁，可见对他的恩宠非同一般。

严嵩《钤山诗选》书影

〔历史文化百科〕

〔拟票〕

也称为票拟、票旨、条旨，为明代内阁阁臣对章奏所作出的批答。明初批答奏章由皇帝亲笔，宣德以后，由内阁阁臣将拟批答的内容通过小票墨书贴于奏疏面上进呈皇帝批准，同时换红书批出。

公元1449年

中国大事记：于谦为兵部尚书，整顿京城防务。于谦等率军击败瓦剌兵于北京城下。

〇四九

庚戌之变

鞑靼占据河套，世宗不思收复，以至鞑靼进扰京师。

夏言、曾铣力主收复河套

长期以来，明朝的北部边防一直受到蒙古各部落的侵扰。英宗时的"土木之变"就是一次最典型的入侵事件。之后，鞑靼部时常骚扰明朝边境，弘治年间，鞑靼部悍然拥众入据河套住牧。进入嘉靖朝，世宗昏愦，边防力量大为削弱，鞑靼部乘机继续占据河套，不时深入到明朝边境以内，杀掠人畜。

鞑靼占据的河套地区，三面临河，土地肥沃，在地理位置上，接近明朝的一些重要边镇。出河套，即可攻击明重镇宣府、大同、三原，震动畿辅；入河套，则可攻击延绥、宁夏、固原等地，侵扰关中。因此，河套地区对明朝的北部边防有着重要的意义。

俺答汗

俺答（1506—1582），即阿勒坦汗，鞑靼首领。1550年率军进逼北京城下，迫使明王朝开互市。1570年被明王朝封为顺义王。

鉴于河套地区的重要性，总督三边军务的兵部侍郎曾铣力主收复河套，他上书世宗，提出八项建议。其时，被严嵩排挤出内阁的夏言重新被召回，担任首辅，严嵩退居其次。夏言十分赞同曾铣的主张，在世宗面前大加称赞。嘉靖二十六年（1547），曾铣便受命率兵出塞袭击鞑靼，取得胜利，他再次上疏提出恢复河套的方略。

夏言复出后，严嵩一直不甘居于其下。次年，他借河套问题向世宗进谗言，说夏言与曾铣勾结，轻开边衅，败坏国事。昏愦的世宗竟听信严嵩的话，不分是非曲直，再一次将夏言罢官，将曾铣逮捕下狱。严嵩又唆使咸宁侯仇鸾诬陷曾铣犯有掩盖败绩之罪，世宗也不调查核实，就传旨将曾铣问斩。

曾铣一死，夏言自知难逃严嵩的陷害。偏偏这时鞑靼可汗俺答率众入侵，严嵩乘机激怒世宗说："俺答进扰，都是夏言、曾铣挑起边警所致。"于是世宗派人把夏言中途追捕回京，斩于西市。首辅被处极刑，震动朝野，再也无人敢提收复河套了。

俺答率部入侵

嘉靖二十九年（1550），俺答率部进犯大同。驻守大同的总兵仇鸾全无军事才能，面对俺答的进攻，他只得用重金收买俺答，求他不要进攻自己的防区。俺答于是引兵东去，攻占古北口，挥师长驱直入，进逼京师。

京师闻讯大乱。世宗宣布京师戒严，下令集合军队准备作战。谁知，军队却久久集中不起来。原来城中仅有四五万军士，老弱居半，还大多在总兵、提督、太监家中使唤。在这紧要关头，看管武器仓库的太监仍要按例索取贿赂，武器也无法顺利取出。世宗只好令文武大臣守守京城九门，同时派人到民间招募义勇，传檄各镇兵马入京勤王。

公元1520年

公元1520年

世界大事记：英、法缔结贸易协约。

人物：严嵩、丁汝夔
关键词：夏言、曾铣、仇鸾、昏庸
故事来源：《明史·夏言传》《明鉴·世宗》

床帐上的坠件：青玉卧童
上海卢湾打浦桥明代顾氏墓出土，长6厘米。童子伏卧状，大头圆面，头顶留桃形毛发，面相丰腴，略带微笑，抬头，翘臀，右手前伸，左手撑于后脑，左脚搭在右脚上，身穿对襟衫，露肚兜，下着肥裤，造型活泼，童趣十足。在左手臂转角处和交叉腿间，各施一孔，以便系绳坠挂，可使卧伏的身体达到平衡。

"严嵩误我！"

各镇接到勤王的诏令，陆续到达北京。仇鸾为了乘机邀功，也主动要求入援。世宗任命他为平虏大将军，节制各路勤王军队。各路援兵虽会聚北京，但因仓猝出发，都没有带粮食，世宗只得下令犒军。可钱粮及诸项费用却无从所出，户部公文转来转去，转了两三天，士兵才领得几张薄饼。军队为饥饿、疲惫所困，一点战斗力都没有。

主持军务的兵部尚书丁汝夔惶急无策，去向严嵩讨教。严嵩说："若在边塞打败仗，还可瞒过皇上。现在是在京城，在大家的眼皮底下吃了败仗，决瞒不了皇上，到时谁来承担过失？不如让鞑靼抢够了自己离去。"

丁汝夔听了严嵩的话，便传令诸将，叫他们不要轻举妄动。于是众将官不发一矢，听任鞑靼抢掠。俺答兵在北京城郊抢掠了八天，带着大量的人畜财物引兵西去。

仇鸾以为立功的机会来了，便带领军队尾随其后，佯装追击。不想在昌平附近与俺答兵相遇，被打得大败，死伤千余人。俺答大摇大摆地率兵由古北口出塞而去。仇鸾杀了几十个百姓，向世宗报捷。世宗竟对仇鸾大加称赞，加封他为太保。

丁汝夔却没有那么好的运气，世宗怪他看着俺答逞凶按兵不动，一怒之下令逮捕了他。丁汝夔急了，忙求救于严嵩，严嵩拍着胸脯对他说："有我在，一定不会让你死。"等到面见世宗时，世宗怒火万丈，严嵩在一旁一言不发。直到临刑前，丁汝夔才意识到被严嵩出卖了，他连声大呼："严嵩误我！"

嘉靖二十九年的干支纪年是庚戌年，这次俺答入侵被称为"庚戌之变"。

明代冶铁技术的体现

明朝冶铁业发展迅速，国家征收的钢铁主要用于生活用品和兵器制造。这柄钢剑就是明代兵器遗存，钢剑至今锋利，柔性极好，锈蚀并不严重，是明代炼钢技术水平的体现。

> **历史文化百科**
>
> **〔羁縻卫所〕**
>
> 明洪武、永乐年间，为加强对边疆少数民族地区的控制，陆续在这些地区建立了一些卫所，如在东北设奴尔干都司及三百八十卫、二十四所；在西北设赤斤蒙古、罕东、安定、阿端、哈密、曲先等六卫；在西藏设乌斯藏、朵甘卫都指挥使司及陇答卫指挥使司。这些卫所均以当地首领为都督、都指挥、指挥、千百户、镇抚等官，掌管当地军民政事，明朝廷赐予敕书印记。

公元1450年

中国大事记：英宗获释回到京师，入居南宫。

○五○

俺答封贡

明朝通过封贡俺答及册封三娘子，赢得北部边防的安定。

祖孙争妻

"庚戌之变"后，鞑靼可汗俺答又曾多次侵扰明朝北部边境，明朝廷上下为此大伤脑筋，而大同、宣府一带的老百姓深受战乱骚扰，苦不堪言。

隆庆四年（1570），俺答的部落里发生了一桩变故。俺答有个孙子，叫把汉那吉（也译把汉那吉），幼年丧父母，是俺答的妻子将他抚养长大的。这年，他聘袄尔都司的女儿三娘子为妻。这是门亲上加亲的婚事，因为三娘子是俺答的外孙女。谁知俺答见三娘子年轻貌美，就把她抢了过来，占为己有。把汉那吉恼怒之下，带了几个人跑到大同，投奔了明朝。

明朝封俺答为顺义王

明朝总督王崇古一面善意款留把汉那吉，一面派人上报朝廷，从安定边防的角度，主张优抚把汉那吉。王崇古的上奏到北京后，朝廷大臣议论纷纭，大学士高拱、张居正十分赞赏王崇古的建议。在他们的力主之下，穆宗下诏，封把汉那吉为指挥使。

这时，俺答正准备领兵进攻吐蕃，听说孙子逃归明朝，连忙退兵回家。他约了诸部，打算大举进犯明边。王崇古檄令各道严阵以待，使俺答一时无隙可乘。这时，俺答的妻子十分思念亲手带大的孙子，日夜在俺答面前啼哭吵闹，弄得俺答一筹莫展。

王崇古派精通蒙古语的百户鲍崇德前往俺答处，告诉他，朝廷待他的孙子十分优厚，只要将明朝叛逃的将士缚送前来，便可换回把汉那吉。俺答听了大为心动，但他担心把汉那吉已死，便派使者前往大同探望。

俺答的使者来到大同，王崇古让把汉那吉身披绯袍金带，驰马而出相

爨文、爨文刻铭

爨文即彝文，是我国彝族使用的一种表意的单音节文字。从字的形体上来看，爨文与汉字很接近，但它不是从汉字蜕变而来；从爨文中也有象形、指事文字来看，可能是仿汉字的造字法创造的。现存的爨文文献较多，但多为抄本。图为爨文抄本和明代成化二十一年（1485）所铸造的刻有爨文和汉文的铜钟，此铜钟上的爨文是现存最早的爨文文献。

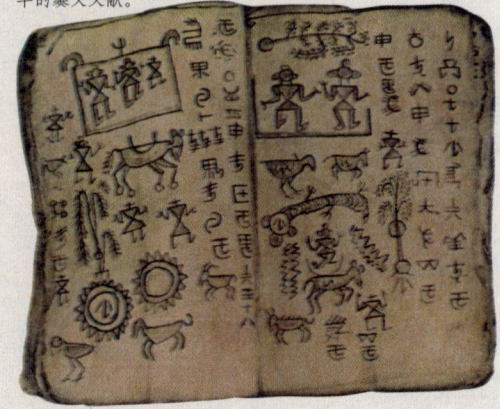

> 历史文化百科

〔西南少数族的地方官：土司〕

即土官，如宣慰使司、宣抚司、土府、土州等。元、明、清三朝，中央为巩固在边疆少数族地区的统治，采取了一种不同于内地的统治方法，即在西南少数族中任用世袭的地方官。他们长期守在这片土地上，通过世袭将官位传递，对边疆地区的民族稳定与发展有深远影响。

公元1525年

> 世界大事记：英、法签订和约。

人物：俺答、把汗那吉、王崇古、三娘子、张居正
关键词：友谊、和平
故事来源：《明史·鞑靼传》《明鉴》《穆宗神宗》

美岱召
位于内蒙古土默特右旗，前身是俺答汗的归化城，庙内有三娘子的骨灰塔。

见。使者回报俺答。俺答屏退左右，对鲍崇德说："我本不想用兵，都是你们的一些叛将怂恿的。天子若能封我为王，让我统辖北方诸部，谁敢再兴兵作乱？我死后，我的孙子必将袭封，他曾受中国恩惠，岂能背德？"他表示决心与明朝结盟通好。随即，俺答就将明朝的一些叛臣捆绑送交明朝处置。王崇古也依约送回把汉那吉，行前，对把汉那吉作了一番劝说。

王崇古上书朝廷，请求朝廷答应俺答的封贡要求，以使明军免于终年为边警奔命，从而赢得时间修饬战备。当时朝廷中有一部分官员反对和俺答通贡，说这是示弱。张居正等阁臣力排众议，请穆宗执行"外示羁縻，内修守备"的政策。于是，朝廷正式下诏封俺答为顺义王，俺答的弟弟等也得到封赏。

忠顺夫人三娘子

从此，俺答约束各部不再入侵明境，蒙、汉双方在大同、宣府一带设市贸易，两族人民通过交易互通有无，安居乐业。万历十年（1582），俺答去世，其子、孙先后袭顺义王位，三娘子又嫁与他们，"历配三王"。就是这位"历配三王"的三娘子，却掌握着实际的统治权，她继续执行与明朝友好的政策，多次严惩进扰塞下的部将，加强了蒙古地区政权与明朝中央政府的友好关系，从宣府、大同至甘肃的千里边防线平安无事。万历十五年（1587），明神宗封三娘子为"忠顺夫人"，以表彰她的功绩。

维护蒙汉和平的女英豪：三娘子（清·康涛绘）
三娘子，蒙古土默特部俺答汗之妾，她本名叫钟金，又被称为"克兔哈屯"、"钟金哈屯"、"也儿克哈屯"等（哈屯即夫人）。她才智聪明，力主与明朝和解，促成隆庆五年（1571）的俺答封贡。万历九年（1581），三娘子执掌蒙古部权柄，后被明政府封为忠顺夫人。她在蒙古部独立执政达三十二年，长期坚持蒙古部与中原和睦友好的原则，受到蒙汉两族人民的爱戴。人民传颂着她的伟大功绩，称呼和浩特为"三娘子城"。如今包头市美岱召的"太后庙"就是为了纪念三娘子而修建的，庙内灵堂供有三娘子的骨灰，又称"三娘子庙"。

147

公元1453年

> 中国大事记：也先自立为可汗。

○五一 争贡之役

由于市舶司太监的贪贿，引发了日本诸道争贡事件。

日本封建主争先入贡

明王朝虽然出现了像郑和下西洋这样的壮举，但在更多的时候，却是实行严厉的海禁政策，"严禁濒海居民及守备将卒私通海外诸国"，只允许设在沿海的市舶司与外国进行商业贸易。

日本政府当时采用入贡的方式到中国交易，宁波是日本入境的唯一港口。嘉靖初年，年幼的日本国王不能控制臣下，国内的一些封建主因有利可图，纷纷强迫国王给予符验，争先入贡明朝。

宗设与瑞佐争斗拼杀

嘉靖二年（1523）五月，日本封建主大内氏遣派使者宗设来宁波通贡。稍后，另一名封建主细川氏也派瑞佐、宋素卿来到宁波，彼此互争真伪。按宁波市舶司的规定，外国货物运抵，都由市舶司验收。货物的验发以贡使所带的勘合号数为序，否则，即以船只入港时间先后为准，使者也以先后次序得到宴请接待。

当时，宗设所持的是正德朝的勘合，瑞佐、宋素卿拿的是弘治朝的勘合。勘合不同，理应以入港先后为准。宗设的船先行抵达，但宋素卿利用自己原是中国人的方便，重金贿赂市舶太监赖恩，使瑞佐的货物先行验收。后来在宴会上，瑞佐、宋素卿又被安排在宗设之上。对此，宗设愤愤不平。这些人素来凶悍，动辄拔刀仇杀。宗设当场要与瑞佐格斗，市舶太监因收取了宋素卿的贿赂，暗中接济武器支持瑞佐，但宗设人多势众，在拼杀中，瑞佐被杀死。而后，宗设焚烧瑞佐之船，捣毁宁波市舶司的嘉宾堂，并抢劫了当地仓库。

宗设追杀仓惶逃逸的宋素卿，直至绍兴城下。宋素卿逃往他处躲避。宗设从绍兴折返宁波，沿途烧杀抢掠，俘获明军指挥袁琎、百户刘恩等，最后夺船出海，潜伏于近海岛屿。备倭都指挥刘锦追至海上，战死。浙中大震。这是日本诸道争贡引发的事件，即

明代墓葬中极为罕见的翻面金戒指

戒指，是一种套在手指上的环状装饰物，男女均用，元代以前多称指环，明朝人称"戒指"、"手记"、"代指"等。在上海明墓死者手上多戴一至两枚，最多的李惠利中学明墓一女尸双手戴六枚戒指。这枚戒指直径1.9厘米，扁圆形，中线起脊。戒面呈四角长方形，由边框和内心两部分组成。边框表面錾刻出卷云纹，线条委婉流畅。内心长方形，边缘起棱，一面饰阳文"安"，楷书，笔画粗壮，字体工整，一面錾刻人物纹，两人在树下嬉戏，内心可以来回翻动。造型规整，工艺精湛。

江南地区的"金花银"（上图）

明朝初年，政府向农民征收税赋，主要以实物交纳。随着经济的发展，自正统元年（1436）起，规定江南田赋折银征收，称之"金银花"，亦称折粮银。每年地方将收齐的散碎银两铸成银锭，上交中央户部。此锭是万历十六年（1588）福建上交户部的五十两银锭。银锭凹面刻有地方名称、税别、重量、内耗及有关官员和银匠姓名等。

148

公元1526年

世界大事记：《英-苏格兰和约》签订。

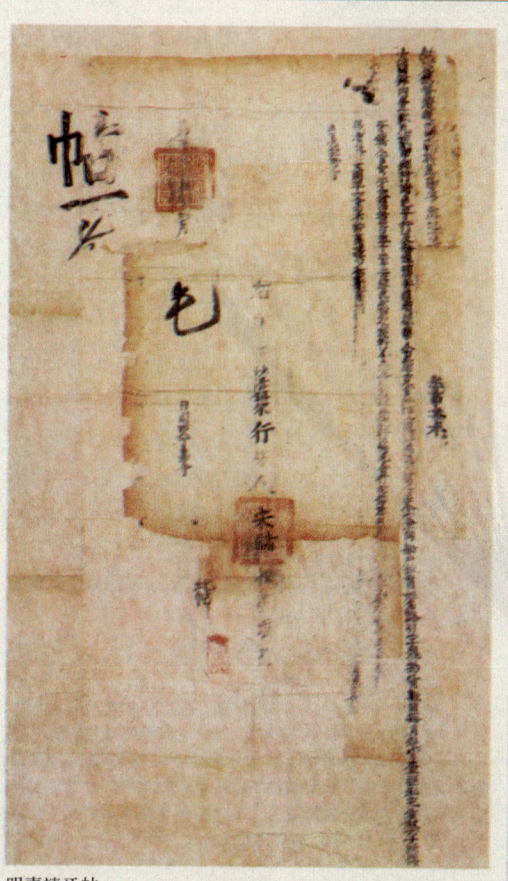

人物：宋素卿、赖恩瑞佐
关键词：凶悍、贪贿、恶行
故事来源：《明史·日本传》

明嘉靖牙帖

我国古代将为买卖双方说合交易并从中收取佣金的中介人称作"牙商"或"牙人"。到了明代，牙商须呈请官府批准并领取执照才能营业，而这种执照就叫做牙帖。图为明嘉靖年间的一张牙帖。

所谓的"争贡之役"。事发后，巡按御史等官员迅即向世宗报告，将宋素卿逮捕处死。

明停办市舶事务

争贡之役，原起于官吏腐败，贪污受贿，同时也暴露出沿海军备废弛的弊端。但朝廷中一些官员没有从事情的本质上去分析问题，却错误地以为倭患起于市舶，主张闭关。世宗于是批准停办市舶事务，中止对日的贸易。

市舶司罢撤后，日本商人改在中国海上与海盗、奸商勾结，从事武装走私活动，一些人加入到侵扰杀掠的行列，异常猖獗。沿海倭乱因此更加严重。

> **历史文化百科**
>
> **〔世界贸易网络开始建立：白银货币化〕**
>
> 白银在明代有着非同寻常的货币化过程。明初禁用白银，白银不是合法货币。由于商品经济的发展，民间私下一直在使用白银。正统初年，明英宗"弛用银之禁"，朝野皆用银。在白银从官方非法货币到事实上的合法货币过渡中，赋役折银起了很大的作用。至隆庆元年（1567），朝廷颁布法令："凡买卖货物，值银一钱以上者，银钱兼使；一钱以下止许用钱。"随着白银货币化步伐的加快，白银逐渐深入到人们的日常生活之中。
>
> 此后，人们对白银的需求量大增，国内白银储存量不足的矛盾也日益突出，于是，出现的情形是：一方面朝廷派遣的税监、矿监四处督开银矿，银矿的开采量明显增大；另一方面，海外的白银大量涌入。明代海外贸易的拓展，首先刺激了日本银矿的发现和开采。日本不仅用白银购买中国货物，而且用白银交换中国钱币。这一时期，日本白银流入中国。此时，恰值葡萄牙人东来，他们立即发现中日从事丝银贸易可以攫取巨额利润，于是参与其中，开展了活跃的中介贸易，并将贸易范围延伸到了欧洲。随后，西班牙人来了，他们也意识到必须用白银换中国商品，随之出现的就是到美洲疯狂开采银矿，并转输到中国。美洲白银流入中国数量之巨，一度导致欧洲贵金属输入量锐减。对外贸易不断发展，白银输入剧增。据估计，嘉庆、隆庆年间，仅广东市舶司每年收取的关税和外商租地税即达二百万银元。万历以来，墨西哥鹰洋银币已大量在福建、广东沿海地区通行。也正是从那时起，一个世界贸易网络开始建立，国际市场雏形初具，白银在其中起了很大作用，扮演了世界货币的角色。

公元1456年

中国大事记：瑶人侯大苟率瑶、壮民众起义。

〇五二

朱纨闽浙抗倭

朱纨巡抚闽浙，全力剿倭，却遭陷害。

倭寇祸乱东南沿海

明代边疆，存在着"北虏"、"南倭"的威胁，北虏指北方的蒙古势力，南倭指东南沿海倭寇。

倭乱早在元末明初已经出现。它的出现，既与我国国内政局有关，如元末群雄争长的局面削弱了海防；又与日本国内形势密切相关。14世纪初，日本进入南北朝分裂时期，藩侯割据，战乱不息，战败的武士、浪人便流窜到我国沿海地区走私抢劫，从事海盗活动。因为日本古时又叫"倭奴国"，所以被称作"倭寇"。

明嘉靖以后，日本陷入战火纷飞的"战国"时代。在封建诸侯支持下，日本的一些军人、盗寇与我国东南一带奸商、土豪、海盗相勾结，在沿海地区进行烧杀抢夺。这时，所谓的"倭寇"已不仅是日本人，中国的海商、海盗也占了很大部分。

《明军抗倭图》
明朝末年，政治腐败，民不聊生，倭寇趁火打劫，猖狂侵扰东南沿海地区，所到之处，烧杀劫掠，无恶不作，给沿海人民带来无尽的灾难。明朝政府组织军民积极行动，打击倭寇的侵略行为。《明军抗倭图》描绘了明朝政府军与倭寇在海上短兵相接、激烈拼杀的战斗场景。

宁波双屿被占据，倭患日重

倭患之所以在嘉靖年间加重，主要是由于当时奸臣当道，朝政腐败，无暇顾及海防建设。闽浙海防日渐削弱，战船、哨船十存一二，兵力也严重不足。另一方面，浙江、福建地处沿海，长期以来商民有出海贸易的习惯。明初实施禁海令，妨碍了商民的生计，于是，他们就开始走私贸易，

红木扇骨泥金山水画折扇
长31.5厘米，扇面展开52厘米，上海松江明代诸纯臣墓出土。折扇，在上海明代墓葬中比较常见，已发现近百把。上海明墓出土的折扇，基本为苏州生产的"吴扇"，在扇面、扇骨、扇坠以至于香色等各个方面都很考究，特别是出土的泥金笺书画扇，扇面上有文人的题字、绘画、赠言等，诗、书、画相互应和，给人一派诗情画意、香远益清的高雅之感，同史料记载吴扇中的佳品"乌骨泥金扇"相吻合，也反映出明代苏州折扇工艺，已经达到极为精细别致的地步，成为一种独特的艺术形式，深受文人士大夫欢迎。

▷历史文化百科◁

〔折扇〕

又称蝙蝠扇、聚头扇、折叠扇、撒扇，嘉靖年间受明政府委派到过日本的郑舜功在《日本一鉴·穷河话海》卷二"器用附土产"中云："扇初无扇，因见蝙蝠之形，始作扇，称蝙蝠扇，宋端拱间（988—989）曾进此。"《宋史·日本传》中记载端拱元年（988），日本僧人来华，贡物中有"蝙蝠扇两枚"。宋苏东坡言，折扇"北宋已有之"，又言："高丽白松扇，展之广尺余，合之止两指。"从这些文献记载可知，折扇由日本、朝鲜传入中国。明代永乐以后广为流行，而且与中国的书法、绘画紧密结合，成为一种独特的艺术形式。

150

公元1527年

世界大事记：亚格拉附近坎奴之役，莫卧儿皇帝巴卑尔大败印度诸邦联军。

人物：李光头 许栋 周亮 朱纨
关键词：爱国 正直 悲愤
故事来源：《明史·朱纨传》

规模愈来愈大。到嘉靖中期，巨商李光头、许栋等人竟在沿海豪族的庇护下，长期占据了宁波双屿。

双屿位于宁波府对面的海上，离舟山城东南一百里，是明代浙江沿海地区的海外交通中心。据说李光头、许栋等人与日商交易经常欠债，日商索讨迫切，李光头等便怂恿地方官兵前去围捕，却又事先通知日商，以此作为赖账的交换条件。久之，日人愤恨，便盘踞海岛，后又与李光头、许栋等勾结，四处抢劫，危害百姓。

朱纨受命巡抚闽浙

就在这个时候，朝廷派朱纨来到浙江，负责浙闽海防军务，解决日益严重的倭寇问题。朱纨，字子纯，长洲（今江苏苏州）人，正德十六年（1521）进士，历任景州知州、南京刑部员外郎、四川兵备副使、广东左布政使，嘉靖二十五年（1546），曾以右副都御史巡抚过南赣。

朱纨上任后，首先奏准革除渡船，严制保甲，搜捕通倭奸民。福建、浙江沿海商民都靠海为生，因而攻击朱纨。朱纨对此不予理会，亲自率领部队平定了覆鼎山一股倭寇，取得平定倭乱第一回合的胜利。

嘉靖二十七年（1548）四月，朱纨派都司卢镗与海道副使魏一恭进攻双屿，先清除外围倭贼。接着，又部署兵船包围双屿，断绝岛内外一切交通。起初，岛上倭船坚壁不动，等到夜间，趁海雾迷月，才倾巢而出，伺机逃逸。这时，守候多时的官军奋勇夹攻，大获全胜，俘获日本贡使周良及一批奸商。卢镗在九山洋擒拿了海盗商人头目许栋，但其同伙王直等却逃之夭夭。

朱纨受到陷害，悲愤自尽

战斗结束后，朱纨本打算在双屿驻兵立营，长期戍守，但遭到很多人反对，只得放弃驻守计划，停泊在南麂、礁门、青山、下八诸岛。

泥金几何图折扇
长34厘米，扇面展开58厘米，上海松江明代诸纯臣墓出土。竹质扇骨，扇面上墨线绘几何图案。扇骨底部系有一球形扇坠，沉香木雕刻，直径3厘米。泥金，是用金粉代替金箔来装饰扇面的。

朱纨的这些行动，损害了闽浙大族的利益，断绝了他们的通海走私之路，因此他们十分仇视朱纨。他们与海商勾结，一起诬陷朱纨所捕的倭寇尽是良民，同时还挟制地方官员对倭贼从轻处理。朱纨多次上疏，力争将首犯全部处死，但势单力薄，得不到支持。他愤慨地说："去除外国盗易，去除中国盗难。去除中国濒海之盗犹易，去除中国衣冠之盗尤难。"他的这些话，也引起了闽浙官员的不满。御史闽人周亮、给事中叶镗便出面奏请吏部改朱纨为巡视，大大削弱了朱纨的权力。第二年，朱纨上疏力陈奸商勾结倭寇的事实，请求严加惩处。周亮和御史陈九德等便弹劾他恣意擅杀，不谙事理的世宗竟下令将朱纨削职为民。

朱纨去职后，朝廷命兵科都给事中杜汝祯查办，朱纨闻讯，慷慨流涕说："我贫且病，又自负，不会屈从他人。纵然天子免我一死，闽浙人也一定会杀死我的。我自决，不用他人动手。"于是作绝命词，服药而死。

朱纨性情刚直，勇于承担责任，他一心想为国杜绝乱源，结果被陷害，朝野为之叹息。朱纨死后，浙闽防线被撤除，也不再设负责抗倭的巡视大臣，由此，倭寇的祸患日渐深重。

公元1457年

中国大事记：石亨、徐有贞、曹吉祥等发动夺门之变，迎英宗复位，改景泰八年为天顺元年，杀兵部尚书于谦、大学士王文，景帝被废为郕王。

○五三

王江泾大捷

张经受命讨倭，在王江泾大败倭寇，但因得罪奸臣，反而被杀。

张经受命讨倭

朱纨死后，倭患日渐深重。嘉靖三十二年（1553）三月，当年朱纨平倭时侥幸逃跑的王直，勾结倭贼卷土重来，数百艘船只接连而至，浙东、西、江南、北，滨海数千里同时告警。上海附近的青龙、蟠龙、乌泥泾、下砂、新场等市镇尽成瓦砾。上海县治四月至六月间接连遭受五次寇祸，县署、民居尽为火焚，街市半成焦土，停在江中的粮艘悉被烧毁。

到了第二年五月，明廷再也不能置之不理了，便任命南京兵部尚书张经总督军务讨倭。张经，字廷彝，侯官（今福建福州）人。张经原总督江南、江北、浙江、山东、福建、湖广诸军，到任后，选练将士，并征发两广地区的土兵听用。当时倭寇二万余人屯据上海县东南的柘林、川沙洼，那里一度成了倭寇侵扰江南的据点。张经认为当时江浙及山东一带的官军屡战屡败，已无战斗力，所以想到了两广的土兵。他决定等两广土兵到达后发起进攻。

次年三月，田州瓦氏兵先行到达上海地区，其他部队也陆续抵达。张经将瓦氏兵划归总兵官俞大猷守金山卫，其他诸军分别由游击将军邹继芳、参将汤克宽等将领统率。随后下令俞大猷、邹继芳、汤克宽分领三军，驻扎在金山卫、闵港、乍浦，三面围住柘林，等待永顺、保靖另外两支部队的到来。

明后期抗倭历史的记录：《抗倭图卷》（部分）（及右页图）
此图反映了嘉靖年间浙江沿海军民抗击倭寇侵扰的历史画卷。这段局部画面表现了军民经过"水上激战"、抓获倭寇、凯旋而归、报告胜利的场景。

公元1529年

世界大事记：在巴特那以西，印度莫卧儿皇帝巴卑尔大破比哈尔的阿富汗人与洛提王朝余部，奠定帝国统治根基。

人物：张经 俞大猷 赵文华
关键词：谋略 谗言 爱国
故事来源：《明史·张经传》《明史·日本传》《明史纪事本末·沿海倭乱》

其时，朝廷命工部侍郎赵文华赴江南祭海神，主持防倭军事。赵文华经过张经营地，催促张经出战，张经认为时机未到，予以拒绝。赵文华恼羞成怒，暗中上疏，告张经耗费军饷，错失战机。权宦严嵩与赵文华沆瀣一气，也在一旁横加指责。

大败倭寇

在赵文华上疏之时，前线战局已十分吃紧。大股倭寇从柘林、川沙洼四出杀掠。明军从外地调来的永顺、保靖兵此时已与张经会合，在石塘湾首战告捷。五月中旬，倭寇进攻嘉兴，张经会同浙抚胡宗宪，派参将卢镗率保靖兵为援军，俞大猷领永顺兵由泖湖奔赴平望，汤克宽率水军，由中路进发。各路明军与倭寇大战于浙江嘉兴境内的王江泾。永顺兵从泖河遏其前路，倭贼不能进，只好退入墓亭，三面阻水，明军斩贼首一千余级，溺死者千余，残余之敌仅五百人仓皇逃奔老巢。明军再追至柘林，挑敌出战，烧了倭寇的老巢，倭寇被迫从海上遁去。此役称为王江泾大捷，总计歼敌一千九百余人，烧死、淹死者不知其数。

抗倭居然有罪

王江泾大捷是明嘉靖年间抗倭斗争的一次巨大胜利，《明史》上称："自军兴来称战功第一"，极大地鼓舞了沿海人民的抗倭斗争。但是指挥这场战役的总指挥张经，却因严嵩奸党赵文华的诬陷，功罪颠倒，被捕下狱。一些大臣出来为张经说话，世宗偏信严嵩之言，反诬张经冒功，下令处死了张经。抗倭的另一名将俞大猷也因不肯屈从权贵，受到严嵩等人的陷害。抗倭居然有罪，这真是天大的笑话！

公元1461年

中国大事记：总督京营太监曹吉祥与嗣子昭武伯曹钦谋反，旋被平息。

○五四

胡宗宪诱斩王直

胡宗宪总督闽浙军务，设计抓捕了大海盗王直。

胡宗宪督海

胡宗宪，字汝贞，安徽绩溪人，嘉靖十七年（1538）进士，历任益都、余姚知县。嘉靖三十三年（1554）受命以御史巡按浙江。

当时，世宗命张经为总督，李天宠为巡抚，平定沿海倭寇，又命工部侍郎赵文华督察军务。胡宗宪多权术，善察言观色，不久就依附于赵文华，由此不断升迁，先后取代李天宠、杨宜，升任巡抚、总督。后又以兵部右侍郎总督闽浙军务。

中国古代的"凡高"：徐渭

徐渭（1521—1593），字文长，号天池山人，别号青藤，山阴（今浙江绍兴）人。工书法，善绘画，长于行草，擅长花鸟画。他曾八次乡试都名落孙山，后入胡宗宪幕府，参与策划抗倭事宜。胡宗宪被逮自杀，徐渭深受刺激，先后九次自杀，还因为杀死妻子下狱七年。晚年更是潦倒不堪，穷困交加。命运的困蹇激发了他的抑郁之气，加上天生不羁的艺术秉性，徐渭的写意花卉惊世骇俗，用笔狂放，笔墨淋漓，不拘形似，自成一家，创水墨写意画新风，历来被世人称道。杂剧《四声猿》曾得到汤显祖等人的称赞。他的诗书画处处弥漫着一股郁勃的不平之气和苍茫之感。

海盗王直占据五岛

嘉靖年间的倭乱中，有几名海盗商人头目扮演着重要角色，其中一个就是王直。王直，又名汪直，本是徽州商人，因从事走私贸易逃亡海上，后来成为海盗首领。海盗与日本商人，以及日本国内战争战败的武士相互勾结，倭人借华人为耳目，华人则以倭人为爪牙，彼此依附，出没海岛，进行掳掠抢劫。王直起初在几个岛上活动，诱导倭人到中国沿海骚扰洗劫。因为有大利可图，参加的人便愈来愈多。倭寇因受到明军的围剿，死伤惨重，有的岛上几乎无一人生还，死者家属便怨恨王直。王直一不做二不休，索性与养子汪滶、同伙叶碧川、王清溪、谢和等占据日本五岛，在那里结寨自保。王直被岛人呼为"老船主"，颇具势力。

胡宗宪设计离间倭寇

胡宗宪见倭患难以速定，便想了个计策，派遣使者到近海各岛招抚中国海盗。胡宗宪得知王直是徽州人，就利用同乡关系与他联络。先派生员蒋洲到五岛招抚，同时又把关在金华监狱中的王直的母亲、妻子释放出狱，送到杭州居住，加以厚待。王直听说亲属无恙，十分高兴，把沦落海盗归罪于俞大猷绝了他的归路，表示以后愿意帮助肃清海上势力，以赎其罪。

最早的象牙算盘（上图）

算盘在明代是商业和统计必不可少的用品。这把算盘制作精良，珠子灵活，至今仍然操作方便，是迄今发现的最早的算盘实物。

公元1532年

世界大事记：奥斯曼帝国控制巴格达。

《明史·胡宗宪传》

人物：徐海　胡宗宪　夏正　李瑚　王直
关键词：谋略　权术
故事来源

青藤画派的发源地：青藤书屋

青藤书屋是徐渭降生和读书的地方，被公认为我国绘画史上青藤画派的发源地。步入书屋，是一个小庭院，穿过庭院即是书屋，正中壁上挂着明末清初大画家陈洪绶手书的"青藤书屋"一匾，下为徐渭画像，两侧有对联"几间东倒西歪屋，一个南腔北调人"，很好地表现了徐渭的为人。

王直先派汪澂来胡宗宪处试探，胡宗宪对汪澂十分礼遇，还劝他立功。随后，胡宗宪把汪澂放了回去。汪澂以为胡宗宪可信，便把另一个海盗首领徐海入犯的消息透露给胡宗宪。不久，徐海果然引来大队倭寇侵扰瓜洲、上海、慈溪等地，他自己亲率万余人进攻浙江乍浦。胡宗宪因事先得到消息，做了准备，因此在一些地方打了胜仗。胡宗宪又设计派指挥夏正拿着汪澂的信，去劝徐海投降。徐海见信后一惊，忙问："老船主也投降吗？"当时徐海受到官军重创，已有降意，但又顾虑重重，说道："我们分三路进兵，不由我一人作主。"夏正回答说："陈东的一路已与我们有约，你自己拿主意罢。"这样一来，徐海怀疑起另一个首领陈东来。而陈东知道徐海兵营里有胡宗宪的使者，也

非常吃惊。由此，两人发生了矛盾。胡宗宪就利用这一点，诱使徐海缚献陈东等倭贼首领，随后督军在沈庄（今浙江平湖东）包围徐海，徐海投水而死。俞大猷雪夜焚烧徐海所筑的营寨，浙西倭乱渐平。

王直被处死，其部众重当倭寇

徐海被歼，但王直仍盘踞在日本岛上，随时可能领倭寇前来骚扰。嘉靖三十六年（1557）十一月，王直派叶碧川和王清溪到杭州见胡宗宪。胡宗宪要王直亲自前来。王直率数十人乘船到定海后犹豫不决，不肯上岸，胡宗宪让夏正上船作为人质，王直这才放心。于是，来到胡宗宪府第请罪，表示愿意效命抗倭。胡宗宪对王直以礼相待，慰藉备至，上疏请求赦免王直。疏上之后，科臣王国祯、巡

> ### 历史文化百科
>
> **〔徽商〕**
>
> 明代南直隶徽州府地处低山丘陵，地瘠人众，其民多外出经商，逐步在商界形成一股强大的势力。徽商四处经营，到了后来，有"无徽不成镇"之说。

155

公元1464年

> **中国大事记**：英宗去世，遗诏罢宫妃殉葬。朱见深即位，为明宪宗，以翌年为成化元年。

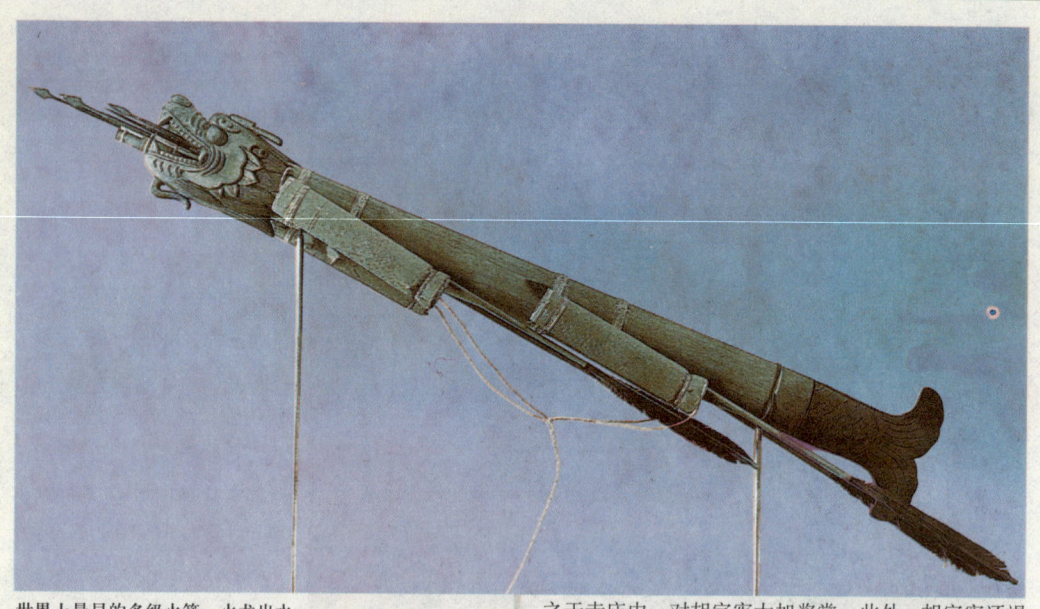

世界上最早的多级火箭：火龙出水
箭匣上为龙头下为圆柱，柱体分层装有火箭，发射时依次从龙嘴飞出，是世界上最早的多级火箭。

按御史王本固坚决反对，世宗遂下诏："王直乃元凶，不可宽恕。"胡宗宪接诏，为了自保，暗中通知按察司，把王直逮捕处死，将叶碧川、王清溪等充军发配。

王直的同党谢和、养子汪澈闻讯后，悲愤交加，立即残酷地将夏正肢解解恨。王直的部众无所归，重新加入倭寇。此后，侵扰沿海，更加凶残。倭患仍然没有从根本上消除。

朝臣弹劾胡宗宪

嘉靖三十七年（1558）春，浙江、福建沿海倭寇势力重又猖狂，骚扰台、温、福、泉、漳等州。这时，赵文华已获罪被杀，胡宗宪失去倚靠，便千方百计讨好世宗。有一次，他在舟山得到一只白鹿，连忙进献给世宗。世宗最喜欢这类玩意儿，非常高兴，供之于寺庙中，对胡宗宪大加奖赏。此外，胡宗宪还竭力与权臣严嵩相交结。这样，他在朝中的地位又巩固下来。

倭寇进犯，御史李瑚等人多次弹劾胡宗宪诱斩王直挑起倭乱，以及疲师纵敌等罪，世宗对此不予理会，嘉奖如故。稍后，倭寇造船准备从柯梅据点转移，胡宗宪纵容不击，致使倭寇乘机骚扰福建，闽人纷纷指责胡宗宪。御史李瑚再次弹劾胡宗宪。李瑚与俞大猷都是福建人，胡宗宪便怀疑是俞大猷告发了他，遂进行报复，以作战不力的罪名将俞大猷逮入狱中。

过了一年，倭寇又大举进攻温州、台州等地，给事中罗嘉宾、御史庞尚鹏奉旨勘问。罗、庞两人以胡宗宪"养寇"罪，请皇上处以重刑，但世宗不仅未作追究，还以平王直之功再加胡宗宪太子太保衔。罗、庞返回京城，再次弹劾胡宗宪侵夺民财、征赋无度。胡宗宪则屡屡上疏为自己辩白，结果非但无罪，反而获准以兵部尚书节制巡抚及操江都御史，权震东南。

156

公元1534年

> 世界大事记：英议会通过《至尊法案》，奉英王为英教会最高首脑，宗教改革开始。

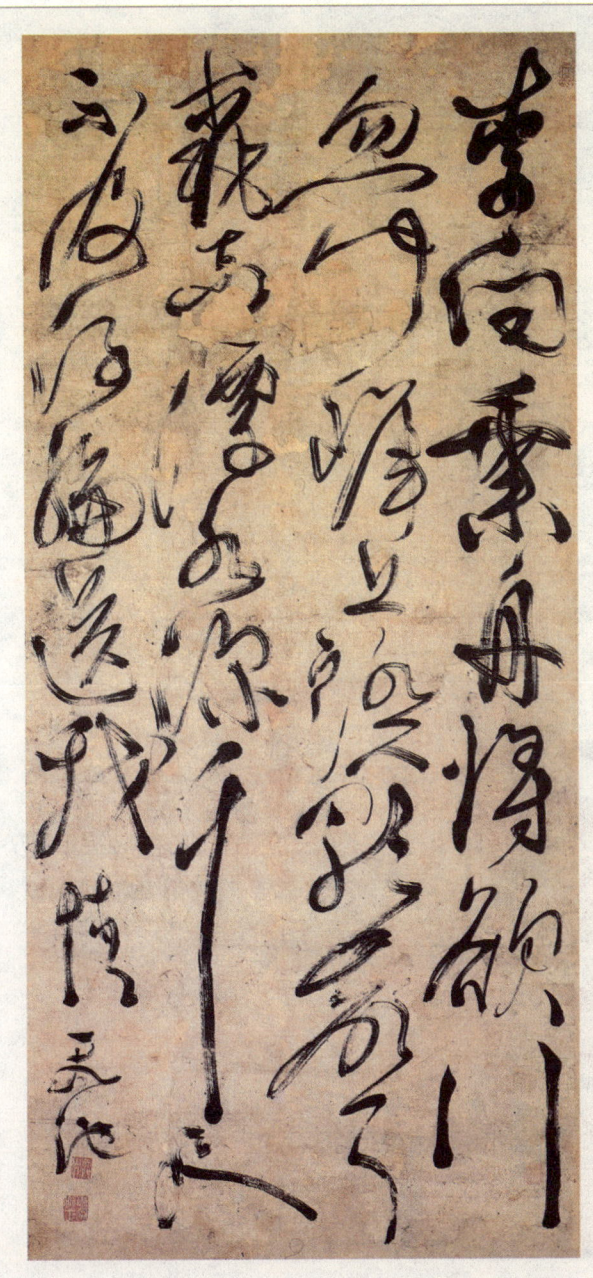

《草书李白诗》（明·徐渭书）

徐渭是个多才多艺的人，他的草书极富个性，笔触奔放豪迈，大气磅礴，有一种惊风雨、泣鬼神的气魄。从这幅《草书李白诗》中，可以看出这种非凡的气势。徐渭很讲求用笔，轻重、急缓、枯润等变化十分明显，传统的技巧和成法，全部被他的个性所掩盖。明代思想家袁宏道对徐渭极为称道，在《中郎集》中说他"不论书法而论书神"，是一位"字林侠客"。

胡宗宪督海前后十年，有小胜就论功行赏，战败却不怪罪，引起朝廷上下的不满。嘉靖四十一年（1562），严嵩失势，胡宗宪终被指为严嵩同党弹劾革职，旋即下狱，三年后病死狱中。

编著《筹海图编》

胡宗宪抗倭不力，但他在督海期间，却另有一个突出的贡献，就是与幕僚郑若曾合作编纂了《筹海图编》一书。

《筹海图编》共十三卷，图文并茂。先载录舆地全图、沿海河山图；然后记述王官使倭略、倭国入贡事略及倭国事略；再依次记载广东、福建、浙江、直隶、登莱五省沿海郡县图、倭变图、兵防官考及事宜；最后编录倭患总编年表以及倭迹发合图谱。有人说《筹海图编》完全出于郑若曾之手，这恐怕也不是事实。这部书的完成，确也有赖于胡宗宪长期督海的经历。他先任职于闽浙，后又节制东南数十府，所以能详细地编绘当时沿海的地形，并能在书中标明各次倭寇入侵的路线，此外，胡宗宪也经常亲临抗倭前沿，因而能准确、详细地记述几次重大抗倭战役的经过。

《筹海图编》在嘉靖年间即刊印发行，现存版本是隆庆年间的翻刻本。《筹海图编》在当时是一部著名的防倭参考书，今天仍是研究明代中日关系、抗倭斗争和历史地理的重要史料。

公元1465年

中国大事记：刘通率荆襄流民起义，称汉王。

○五五

"戚老虎"与"戚家军"

戚继光英勇善战，倭寇闻风丧胆，称其为"戚老虎"。他招募训练"戚家军"，奔赴抗倭战场，扫平倭寇。

嘉靖三十四年（1555），戚继光从山东调往浙江，任参将。从此以后，他的名字就与抗倭英雄连在一起，他率领的军队被称为"戚家军"，在东南地区家喻户晓，令倭贼闻风丧胆。

立志荡平倭寇

戚继光，字元敬，号南塘，山东蓬莱人。因为祖上在明朝开国时建有军功，所以他世袭登州卫指挥佥事。戚继光出生在军人家庭，从小受到严格的教育，除习武外，还好读书，通经史大义。十七岁那年，父亲去世，戚继光袭登州卫指挥佥事。几年后，被提升为署都指挥佥事，在山东御倭。那时，倭患已很严重，时常往来沿海，对百姓进行骚扰抢劫。年轻的戚继光目睹倭寇的野蛮行径，内心极为愤慨，立志要荡平倭寇，保疆卫国。

不久，戚继光奉命调到浙江御倭前线，经总督胡宗宪举荐，任参将，镇守宁波、绍兴、台州三府，当时这三府是倭寇出没最为频繁的地区。戚继光起初指挥抗倭战斗并不顺利，嘉靖三十六年（1557），一股倭寇侵犯乐清、瑞安、临海，戚继光因路途阻塞没能及时援救。随后，他与俞大猷的部队会合，在一岑港围剿海盗王直的余党，久攻不克，被朝廷官员弹劾，责令戴罪剿倭。

招募、训练"戚家军"

戚继光认真总结作战失利的教训，他发现实战中，当地卫所军士战斗力极差，从各地调来的将士，不熟悉江南地形，且纪律败坏，自相斗杀。戚继光意识到靠这样的军队是不能取得抗倭战争胜利的，于是，他向上司提出要招募新兵。

戚继光来到金华、义乌，碰巧遇上群众械斗。义乌民风剽悍，一些村落或宗族不时为一些小矛盾而爆发大规模的民众械斗。戚继光发现义乌人很勇敢，而且极富血气，便寻思："如果把这些人招募到军中，将平时的勇锐之气用到抗倭战场上，不是正可发挥威力吗？"于是，他召集群众，说现在倭寇侵扰沿海，大家应该同仇敌忾，把勇猛之气用在战场上，去与倭敌拼杀，这才是真正的好汉。听了戚继光的这番话，械斗的群众深受教育，纷纷表示愿意抗击倭寇。从这天起，从义乌各地赶来的矿工、农民络绎不绝，踊跃报名。戚继光从中挑选了三千名淳朴壮实之士，编成一支新军。

戚继光对新军进行集中训练。除了严格的战术和号令操练外，他还教了他们一种新的阵法，名叫"鸳鸯阵"。江南是水乡泽国，道路曲折，难于组织大规模的阵地战，而倭寇又经常设伏，戚继光根据这些

抗倭英雄戚继光
戚继光是明代杰出的军事家、民族英雄。十七岁世袭登州卫指挥佥事，开始了他四十年的军旅生涯。总督山东沿海备倭，所辖海疆肃靖。调入浙江，编练"戚家军"，创鸳鸯阵，转战于沿海各地。平定浙江境内倭患，又挥师南下，两度援闽，并入广东境内剿倭，肃清东南沿海倭患。大小百余战，所向无敌，"戚家军"威名享誉天下。荼毒百姓数百年的东南沿海倭患从此基本平定。

158

公元1538年

> 世界大事记：土耳其舰队自红海远征印度西北海岸，借古吉拉特围攻葡萄牙的第乌岛。同年，再度入侵波斯。占领亚丁。

人物：戚继光 俞大猷
关键词：勇敢 爱国
故事来源：《明史·戚继光传》

特点，创造了这种鸳鸯阵法，即将各种兵器集中在一个战斗小组里，长短兵器配合，彼此相倚，凭借战士近距离搏击的勇猛精神，打起仗来机动灵活。

经过几个月的苦练，这支部队已成为一支训练有素的生力军。嘉靖四十年（1561），倭寇进犯台州，戚继光带领新军在浙江沿海作战，不到一个月，九战九胜，杀敌一千多人，救出被虏掠的百姓六千余人。戚继光抗倭的胜利极大地鼓舞了浙江军民，在其他战场上，明军也屡屡告捷。浙东倭平，戚继光连升三级。

戚继光又在金华、义乌募兵三千名。在实战中，戚继光由"鸳鸯阵"又创出一种新阵法，叫"小三才阵"。这种新阵，以狼筅手居中，两长枪手夹护，两旁一牌手，一短兵手。实际上，就是一阵化为两阵。作战时，长短兵器交互使用，而且配备了战船、火器及多种特殊兵器，具有极大的威力。

人们把戚继光的军队称为"戚家军"。"戚家军"纪律严明，每到一处，从不扰民，深得百姓爱戴，被视为自己的子弟兵。

"戚家军"御倭大胜

嘉靖四十一年（1562），倭寇又侵犯福建，闽中连连告急。朝廷紧急调令戚继光征讨。"戚家军"火速开奔福建，在一个名叫横屿的地方，消灭外围敌人后，每人手持茅草一束，沿着壕沟行进，火烧敌人巢穴。这一役，共歼敌二千六百人。"戚家军"乘胜前进，又击败牛田的敌军，摧毁其据点，残余的倭寇逃奔兴化，即今莆田。戚继光号令部队全速追击，连克六十营，再消灭倭敌千余。当地百姓知道"戚家军"来了，纷纷备酒肉慰劳。

"登州戚氏"军刀（上图及下图）

戚继光，山东东牟人，他曾组织戚家军，与抗倭名将俞大猷协作，彻底铲除东南沿海倭患。镇守北方时又使北方防御得以充实巩固，现存山海关以内的北方明长城就是在他的主持下兴建而成的。军刀上刻"万历十年，登州戚氏"，说明这把军刀是戚继光任蓟镇总兵时铸造的。

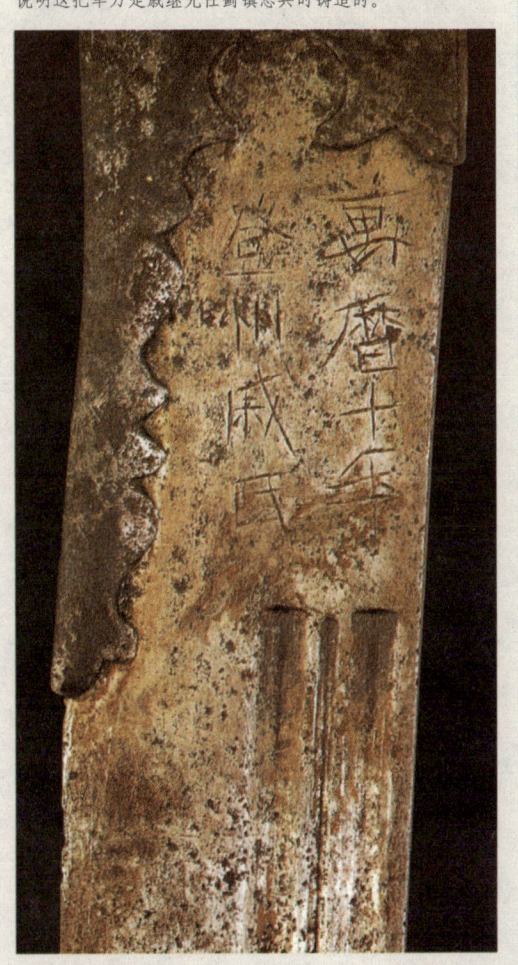

159

公元1477年

中国大事记

置西厂，太监汪直提督官校刺事。

《戚继光阵演鸳鸯》
此图出自清代马骀《马骀画宝》。

"戚家军"入闽参战数月，屡战屡胜，所向披靡。倭寇与"戚家军"多次较量后，知道了厉害，一听到"戚家军"来了，就丧魂落魄，把戚继光称为"戚老虎"。荡平福建倭寇后，"戚老虎"带领他的"戚家军"凯旋浙江，进行休整。

听说"戚家军"已离福建，倭寇奔走相告："戚老虎走了！"于是，再次猖狂进犯，一时，许多府县城失陷，时称"自倭患以来，前所未有"。倭寇攻下兴化城，烧杀奸淫，焚掠一空后弃城而去。继而又攻打平海卫，并以此为据点，四处骚扰。福建沿海警报四起。朝廷任俞大猷、戚继光为正、副总兵官，率各自部队进剿。

戚继光率军于嘉靖四十二年（1562）四月抵达福建。在平海卫战役中，"戚家军"首先出击，俞大猷和其他将领率军继之。这次大战，共歼敌两千两百人，救还百姓三千人，被倭寇占领的府县城全部收复。战

历史文化百科

〔农村社会的基层组织：里甲〕

洪武十三年（1380）诏令在全国实行里甲之制。居地相邻的以一百十户为一里，推选丁粮多者十户轮流担任里长，余下的百户分为十甲，甲有甲首，每甲十人，里长、甲首负责一里一甲的事务，催办军需税粮等。以里甲为单位服徭役，即所谓的里甲正役，每年由一名里长率领一甲十户应役，十年一轮。应役之年称"现年"，空隙之年称"排年"。

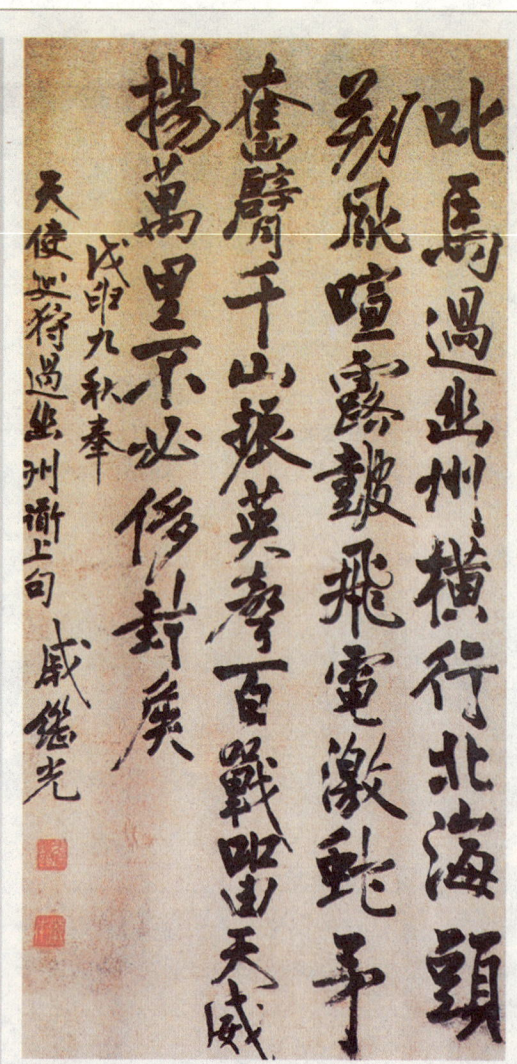

戚继光手迹
戚继光是明代著名将领，也是一位诗人。他的诗歌和书法表现了他保卫国家不图个人名利的心怀，充满了英雄豪情，"奋臂千山振，英声百战留。天威扬万里，不必侈封侯。"后论功，戚继光战功第一，晋升为总兵官，负责防守福建全省及浙江金华、温州二府。

公元1543年

世界大事记： 法军与西班牙军战于尼德兰。

"但愿海波平"

戚继光战功显赫，但他从不居功自傲，兢兢业业地率领他的"戚家军"奔波在抗倭战场的最前线，冲锋陷阵。戚继光曾写过这样的诗句："封侯非我意，但愿海波平。"这充分表达了他决心抗倭到底的赤诚之心。他在消灭了福建境内的倭寇后，又挥师南下，与俞大猷并肩作战，肃清了广东一带的倭寇残余。至此，长期困扰东南地区的倭乱基本平定。

隆庆初年，北方多警，戚继光又奉命调往北方，镇守蓟州，屡败蒙古诸部。万历十五年（1587），戚继光病死，一代将星陨落。浙江、福建、山东等地的人民为这位抗倭名将建立了许多祠堂，表彰他的不朽业绩。

世界历史上伟大工程之一：明长城

早在春秋战国时期，即有长城的修筑。以后历代为抵御北方游牧民族，各在形势险要地带筑过长城。至明代，面对鞑靼、瓦剌族的侵扰，自洪武至万历，前后动工修筑长城达十八次，西起嘉峪关，东至山海关，称为"边墙"。宣化、大同二镇之南，直隶山西界上，并筑有内长城，称为"次边"。明长城总长约6700公里，其遗迹至今还大量保存着。居庸关一带墙高8.5米，厚6.5米，顶部厚5.7米，女墙高1米。长城气魄雄伟，是世界历史上的伟大工程之一。

| 中国大事记 | 明宪宗下令允许轮班工匠以自愿形式出银代役。 |

公元1485年

○五六

抗倭名将俞大猷

俞大猷长年坚持抗倭斗争，屡建大功，与戚继光齐名。

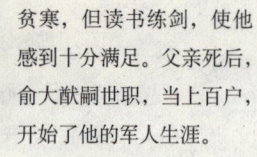

与戚继光齐名的另一位抗倭英雄就是俞大猷。

军事奇才

俞大猷，字志辅，福建晋江人。他出生在一个下层军人家庭，自小喜欢读书。有一些书对他以后的人生显然影响很大，《易经》就是其中的一部。在读这本书时，他本来受名师蔡清的传授，后来听说赵本学把《易经》中的一些思想运用到兵家，又去拜赵本学为师。他深有体会地说："兵法之数起于五，好像人身有五体，所以，虽然率领百万之兵，也可使合为一人。"少时的俞大猷对兵法产生了浓厚兴趣。以后，又跟随李良钦学剑。那时，他家境贫寒，但读书练剑，使他感到十分满足。父亲死后，俞大猷嗣世职，当上百户，开始了他的军人生涯。

嘉靖十四年（1535），俞大猷参加了那年的武会试，被授千户职，守御金门。当时，海盗、倭寇已在沿海频繁活动，年轻气盛的俞大猷出于一种责任感，大胆向监司上书，指出在海防上存在的一些问题，要求加强防守。监司看后，扔掷一旁，生气地道："一个小校安得上书。"下令杖打，并夺去其职。这是俞大猷从军后遇到的第一次挫折。俞大猷为人刚直，不愿趋炎附势，这种性格注定了他人生道路的坎坷。

负有军事奇才的俞大猷，直到嘉靖二十一年（1542）才被一些官员赏识，让他做了汀漳守备，驻守武平。俞大猷平时注意训练武士，提高其战斗力。不久，在一次海战中，俞大猷斩海贼三百多人，因此

戚继光平倭练兵的总结：《练兵实纪》书影（上图）
戚继光在抗击倭寇的战争中完成了《练兵实纪》，是他在东南沿海平倭练兵的经验总结。这位抗倭名将的战略思想是打彻底消灭敌人的歼灭战（"大创尽歼""杜其再至"），平海卫之战是他实施围歼战的成功之作，也因此平定了猖獗二十年的沿海倭患。

俞大猷楼船击倭
俞大猷（1504—1580），字志辅，号虚江，福建晋江（治所在今泉州）人。少好读书，知兵法，世袭百户。举嘉靖十四年（1535）武会试，授千户，守御金门。二十八年（1549）朱纨巡视福建，荐为备倭都指挥。又参与交黎之役，以功进参将。后转战江浙闽粤，抵御倭寇。他创造了一套用楼船歼灭倭寇的海战战术，还发明了一种陆战用的独轮车，因而屡战屡胜，多立战功，时称俞家军，与戚继光齐名。卒谥武襄。此图出自清代马骀《马骀画宝》。

公元1547年

世界大事记：印度莫卧儿皇帝胡马雍之弟卡姆兰反叛。

人物：俞大猷
关键词：勇敢 爱国
故事来源：《明史·俞大猷传》

擢署都指挥佥事，调广东任职。此后几年，他就在两广地区领兵平乱。

嘉靖中期，沿海倭患日渐深重，朱纨巡视福建时，推荐俞大猷为备倭都指挥，可见俞大猷在当时已有一定的声望。安南来犯，俞大猷参加了华南的战斗，在交黎之役中战功卓著，晋升为大将。

驰骋抗倭战场

嘉靖三十一年（1552），俞大猷奉命从华南调到浙江，任宁、台诸郡参将。在浙江抗倭前线，俞大猷出生入死，驰骋南北，给倭寇以沉重打击。但既然是战争，有时也难免会有失误，因而被人弹劾，让他戴罪杀敌。以后虽有战功，也常常是功过抵销。

俞大猷接替汤克宽为苏松副总兵驻守金山卫时，军队调防不到位，恰巧大股倭寇进犯，俞大猷初战失利。稍后，永顺兵、保靖兵赶到。俞大猷迅速带领他们向倭敌发起进攻，在浙江嘉兴的王江泾，与总督张经率领的部队协同作战，终于大败倭寇。在这场著名的王江泾战役中，俞大猷立有大功。然而，赵文华、胡宪宗等人因俞大猷不附从他们，把他的战功隐而不报，还借上次金山卫之事，将他贬为一般军官。

王江泾一战，倭寇惨败，但不久又有一批贼寇纠集起来，在江浙沿海大肆侵扰。这股倭寇凶悍异常，明军几次围剿，收效甚微。这时，一些朝臣想起了俞大猷，于是上疏力荐，要他出任浙江总兵官。俞大猷被重新起用不久，就围歼了倭寇的重要首领徐海、陈东，雪夜焚烧徐海的营寨。至此，浙西倭乱渐平。俞

洪武五年碗口铳
从文献记载和实物看，明初洪武年间曾制造多批火铳。此为洪武五年造的大碗口铳，口径11厘米，上有铭文，说明是专为水军造，证明明初火铳已经装备水军用于作战。

大猷功不可没，加都督佥事，紧接着又加署都督同知。这时大约在嘉靖三十五年（1556）。

与戚继光携手作战

嘉靖四十一年（1562），朝廷任命俞大猷为福建总兵官，戚继光为副职。两位抗倭名将携手作战，共同收复了被倭寇占领的城镇，营救出许多被掳掠的百姓。俞大猷所率的军队，被称为"俞家军"，和戚继光的"戚家军"一样，成为抗倭斗争的重要力量。

后来，俞大猷调往广东。当时，盘踞在潮州的倭寇有二万人，与海上大盗吴平相勾结，四处烧杀抢掠，地方上也有人乘机作乱。其中有个叫伍端的头领，颇有实力，惠州参将与他七战皆败。他气焰十分嚣张，对俞家军的厉害不大相信，结果一战就被打得落花流水。伍端这才相信"俞家军"果然名不虚传，当下自缚来到俞大猷营中投降，表示愿意杀倭效力。俞大猷很高兴，便让伍端等人参加了抗倭队伍。

在随后的海丰一战中，"俞家军"在当地军民的配合下，又大败倭寇，取得了海丰大捷。不久，广东境内的倭寇残余，在俞大猷、戚继光、汤克宽等将领的共同抗击下全部被荡平。

俞大猷长年从事抗倭斗争，屡建大功，名震东南。他与戚继光各有所长，俞大猷"老将务持重"，能受重任；戚继光则"飙发电举"、信赏必罚，能屡摧强敌。

万历八年（1580）俞大猷去世，在他生前战斗过的地方，百姓纷纷立祠祭祀。

公元1487年

中国大事记：宪宗去世，朱祐樘即位，为明孝宗，以翌年为弘治元年。

○五七

范钦创建天一阁

范钦在浙江宁波所建的天一阁是我国现存年代最古的藏书楼

江南是我国藏书家集中的地区。"藏书之风气盛，读书之风气亦因之而兴"，藏书之风与读书之风相得益彰，营造出一方浓郁的书香氛围。在江南杰出的藏书家中，宁波人范钦是其中突出的一个。

范钦建造藏书楼

范钦字尧卿，一字安卿，号东明，浙江宁波府鄞县人，嘉靖十一年（1532）考中进士，参加过抗倭斗争，官至兵部右侍郎。

天一阁（下图及右页图）

天一阁位于浙江宁波市城区内，是我国古代著名的四大藏书楼之一，创建于明嘉靖四十年（1561）至四十五年（1566），为明代兵部右侍郎范钦的藏书楼。"天一"之名出自汉郑玄《易经注》"天一生水，地六成之"，"以水制火"永保藏书安全。阁内原藏书一万三千多卷，其中大部分是明代刻本和抄本，还有不少是海内孤本。天一阁是我国现存的最为古老的私家藏书楼，也是亚洲现存最古老的图书馆和世界最早的三大家族图书馆之一，素有"南国书城"的美誉。

范钦先后在江西、广东、福建、陕西、河南等地当过官，他性喜藏书，利用做官的便利，每到一地就千方百计搜罗书籍，购抄了许多善本图书。人家做官离任，带回的是大堆黄金白银，而范钦回来所携带的沉甸甸的"家当"，却是满捆满捆的书籍。数十年下来，他家中书籍越藏越多，于是决心营建一座楼来存放这些书籍。从嘉靖四十年（1561）起，范钦便在其宅第的东偏、月湖之西开始建造藏书楼。

藏书楼初建时，在楼前开凿了一个水池，周围种上竹木，但当时还未命名。后来范钦在披览古代碑帖时，见《龙虎山天一池记》引有汉代郑玄注解《易经》中的"天一生水，地六成之"语句，范钦一见大喜，藏书最怕的是火，历史上不少著名的藏书楼都因火灾而毁灭。水能克火，既然"天一生水"，干脆便把自己的藏书楼命名为"天一阁"，而阁前水池则称"天一池"。为了防火，他又在"天一阁"的两侧建了封

历史文化百科

〔白话〕

在明代的语言中，一直存在着文言与白话的对立。总的说来，凡是行之成文的，多为文言，而民间的日常语言则为白话。文言的特点是文雅，有时甚至古奥，白话的特点则是浅显易懂。关于明代的白话问题，有一个误解需要给予纠正：无论是皇帝，还是士大夫，在他们的日常交谈中，甚至圣旨，也并非都是温文尔雅的文言，有时也是采用白话。

值得一提的是，自明代中期以来，在士大夫的作品中，同样出现了民间很通俗的白话，而且以白话进行文学创作，即使在士大夫的古文（即散文，与八股文的"时文"相对）中，也同样出现了广泛使用白话或其他民间通俗语言的倾向。这是明人语言生活风俗的一种新动向。

164

公元1557年

> 公元 1 5 5 7 年

世界大事记：法-西班牙哈布斯堡王朝开战。

《江浙藏书家史略》

范钦　藏书

人物　关键词　故事来源

浙江宁波天一阁远景

165

公元1488年

中国大事记：封哈密卫左都督罕慎为忠顺王。

最早的词话说唱刊本：明代成化说唱本
版匡高约17.5厘米、宽约11.5厘米。上海嘉定城东澄桥村宣家坟出土的说唱本有十二册，明成化七年到十四年（1471—1478）北京永顺堂用竹纸刊印，其中十一种"说唱词话"和一种南戏《新编刘知远还乡白兔记》。粗黑口，"说"、"唱"、"赞"等字样都用墨围。这十一种词话在中国古代小说、戏曲和唱本发展过程的研究上，是一个很重要的新发现，是过去中国任何书上都没有著录过的，可以通过它看到中国古代戏曲、说唱文学和小说的发展过程，从而了解几百年前元明间的"词话"究竟是什么。宣氏墓发现的十一种说唱词话本比明末诸圣邻的《大唐秦王词话》早了二百多年，提供了版画史和简化字体研究的材料。

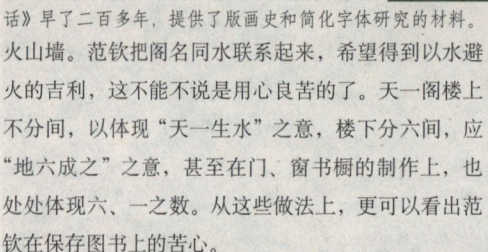

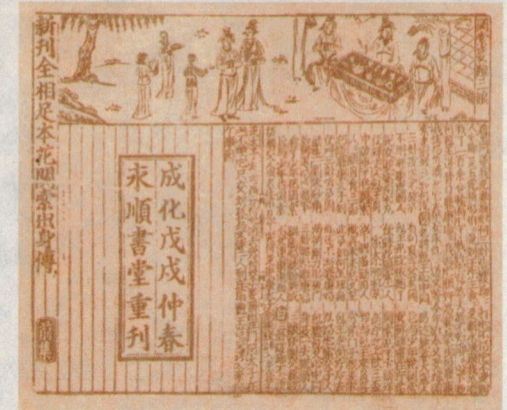

火山墙。范钦把阁名同水联系起来，希望得到以水避火的吉利，这不能不说是用心良苦的了。天一阁楼上不分间，以体现"天一生水"之意，楼下分六间，应"地六成之"之意，甚至在门、窗书橱的制作上，也处处体现六、一之数。从这些做法上，更可以看出范钦在保存图书上的苦心。

天一阁的建筑，在我国藏书楼建筑史上是首屈一指的，后来官修文渊阁、文澜阁无不以天一阁为蓝本。

天一阁的藏书

天一阁建成后，范钦更加留意访书，不断增加藏书量。当时，同乡丰氏"万卷楼"也有些旧藏，在当地很有名气，可惜主人晚年藏书成癖，不理家事，潦倒在书淫墨癖之中，以致家业日益破败，图书被门生辈盗去不少，后来又遭大火，所存无几。范钦闻知，连声叹息，于是将幸存之书全部购进。

天一阁的藏书有几个来源，除从万卷楼购抄的外，后来范钦把侄子范大澈的藏书也并入其中。此外，范钦与江南另一位藏书大家王世贞互相借抄，以及通过购买、受赠等方式，不断扩大藏书量。到范钦去世时，天一阁藏书已居浙东之首，达七万多卷，都是宋、元、明的刻抄本，十分珍贵。其后，儿子范大冲掌楼，藏书继续有所增加。但明末清初以来，由于战乱、侵吞和盗窃，天一阁藏书不断散佚。直到中华人民共和国成立后，天一阁才得到整修和维护，许多书籍重新物归原主。天一阁是我国现存年代最古的藏书楼。

天一阁的藏书内容广泛，尤以明代方志、政书、实录、诗文集数量为多，其中271种方志的65%是海内孤本，登科录、会试录和乡试录，有的为仅见之本，成为研究明代政治、经济、人物等的珍贵材料。天一阁还收藏了自三代至宋、元720余种碑帖。

166

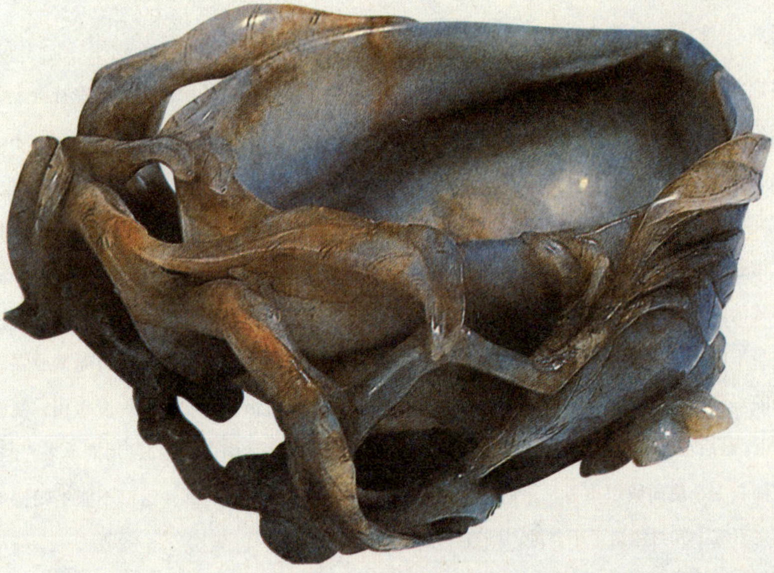

聚焦：1368 年至 1644 年的中国

大体论之，明以后的社会，仍与宋代相似。在政治上，没有特殊的阶级分别。在社会上，全国公民受到政府同一法律的保护。在经济上，仍在一个有宽度的平衡性的制约制度下，不让过贫与过富之尖锐对立化。

钱穆

明太祖起于草泽，而能铲除胡元，戡定群雄，其才不可谓不雄。他虽然起于草泽，亦颇能了解政治，所定的学校、科举、赋役之法，皆为清代所沿袭，行之凡六百年。卫所之制，后来虽不能无弊，然推原其立法之始，亦确是一种很完整的制度，能不烦民力而造成多而且强的军队。所以明朝开国的规模，并不能算不弘远。只可惜他私心太重。废宰相，使朝无重臣，至后世，权遂入于阉宦之手。重任公侯伯的子孙，开军政腐败之端。他用刑本来严酷，又立锦衣卫，使司侦缉事务，至后世，东厂、西厂、内厂遂纷纷而起。这都不能不归咎于诒谋之不臧。其封建诸子于各地，则直接引起了靖难之变。

吕思勉

明朝以八股取士，一般士子，除了永乐皇帝钦定的《性理大全》外，几乎一书不读。学术界本身就像贫血症的人，衰弱得可怜。王阳明是一位豪杰之士，他的学术像打药针一般，令人兴奋，所以能做五百年道学结束，吐很大光芒。

梁启超

晚明时代是一个动荡时代，是一个斑驳陆离的过渡时代。照耀着这时代的，不是一轮赫然

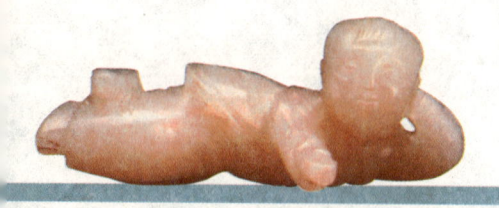

文苑泰斗，学术名家，聚焦于1368年至1644年的中国。他们以宏观或者微观的独到眼光，对明代的政治经济和社会文化的各个层面作了深入浅出、鞭辟入里的解析。这些凝聚了高度智慧的学术精华，历经岁月洗礼，常读常新，是我们走进中国历史文化殿堂的引路人。

当空的太阳，而是许多道光彩纷披的明霞。你尽可以说它"杂"，却决不能说它"庸"；尽可以说它"嚣张"，却决不能说它"死板"；尽可以说它是"乱世之音"，却决不能说它是"衰世之音"。它把一个旧时代送终，却又使一个新时代开始。它在超现实主义的云雾中，透漏出现实主义的曙光。这样一个思想史上的转型期，大体上断自隆万以后，约略相当于西历16世纪的下半期以及17世纪的上半期。

嵇文甫

随着蒙古帝国的崩溃和元朝的覆灭，中国从少数民族统治下获得了喘息的机会。一个贫苦的农民，后来成为造反的将军，建立了明朝，他不仅控制了全部汉族地区，而且向西南地区扩展了自己的势力。明初诸帝努力奋斗，常用恐怖手段使官员们循规蹈矩，以努力建立其个人对一个巨大而复杂的帝国的控制。尽管统治者极为专制，但争相跻身官僚集团的竞争程度，还是很快达到并超过了宋朝的水平。在长江下游地区，文人文化很有活力，那里的城市化程度很高，出版业也在飞速发展。这个地区繁荣的原因之一是贸易发展，这包括沿海的对外贸易。尽管明朝统治者对商业没有什么兴趣，并且试图把对外贸易纳入朝贡体制之内，但明政府却无法使中国置身于飞速发展的国际贸易体系之外，这是因为国外对中国丝绸和瓷器具有旺盛的需求。其结果是，白银流入，加速了中国经济的货币化，而且造成了广泛的社会和文化影响，其中有些影响有助于解释17世纪的社会秩序。

（美）伊佩霞

图书在版编目（CIP）数据

集权与裂变（上）/ 胡敏，马学强著．—上海：上海锦绣文章出版社，2014.2（2019.3重印）
（话说中国：普及版）
ISBN 978-7-5452-1272-3

Ⅰ．①集⋯ Ⅱ．①胡⋯②马⋯ Ⅲ．①中国历史—明代—通俗读物
Ⅳ．①K248.09

中国版本图书馆CIP数据核字（2013）第062575号

责任编辑　杨　婷　李　欣　顾承甫
特邀审读　王瑞祥
特邀编辑　王建玲　侯　磊　刘言秋　李曦曦
整体设计　袁银昌　李　静　蔡　惟
摄　　影　徐乐民
图片整理　居致琪
印务监制　张　凯

书名
集权与裂变（上）
　　——1368年至1644年的中国故事
著者
胡　敏　马学强
出版
上海锦绣文章出版社·上海故事会文化传媒有限公司
发行
上海文艺出版社发行中心
（上海市绍兴路50号　　邮编：200020）
印刷
北京一鑫印务有限责任公司
版次
2014年2月第1版　2019年3月第3次印刷
规格
787×1092　1/16　印张11
书号
ISBN 978-7-5452-1272-3/K·447
定价
33.00元

告读者　如发现本书有质量问题请与印刷厂质量科联系　T：010—61424266